추·천·사

재테크 서적의 홍수 속에서 잘못된 상식과 오해를 걸러 맑은 물 같은 정보를 주는 책이다. 사람들의 투자 행태를 꿰뚫어봄으로써 독자들로 하여금 마치 '내 얘기'를 하고 있다는 생각이 들게 한다. 전문가를 뛰어넘는 통찰력과 식견을 보여주는 이 책에는 오랫동안 풀지 못한 수학 문제의 정답을 보는 듯한 시원함이 있다.

노택선(한국외대 경제학부 교수. 한국경제신문 '노택선 교수의 생생경제' 연재)

새로운 것을 알고 익히기는 쉬우나 행동에 옮겨 실천하기는 몹시도 어려운 법이다. 그런 면에서 단순한 이론적 지식이 아니라 상당 기간 터득하고 실천해온 금융투자의 경험과 지혜를 가감 없이 알려주는 저자의 노력에 찬사를 보낸다. 실패가 반복되는 재테크의 함정에 빠졌던 경험이 있는 독자라면 이 책을 통해 그 궁금증을 시원하게 해결할 수 있을 것이다.

이동주(현대C&R㈜ 대표이사)

오랜 기간 동안 저자를 옆에서 지켜보았지만 한결같은 열정과 도전이 참 인상적이었다. 실천하기 쉬운 재테크 비법을 사람들에게 알리고자 꾸준히 노력했던 그 결과가 책으로 출간되었다. 이 책은 사람들이 실생활에서 가장 궁금해하는 금융상품의 구조와 금융투자 기법을 초보자도 금방 이해하고 실천할 수 있도록 꼼꼼하게 제시해주고 있다.

김능식(하이인재원 상무)

대부분의 증권방송 시청자들은 고기 잡는 방법을 알려주기보다는 고기를 잡아주는 전문가를 선호한다. 그러나 이 책은 개인 투자자가 가장 적은 시간으로 시장을 분석하고, 종목을 발굴하고, 투자하는 방법을 쉽게 설명해준다. 이 책을 통하여 당신의 실패를 성공으로 바꿔주는 지혜를 발견할 것이다.

김현수(이토마토 전략팀 팀장)

대부분의 사람들은 소를 잃고도 외양간을 고치려 하지 않는다. 당신이 항상 재테크에서 패배하는 이유는 정보, 타이밍이 아니라 바로 이러한 패배를 제대로 분석하지 않는 습관 때문이다. 사람들은 재테크의 실패를 자신의 책임으로 돌린다. 하지만 함정에 빠진 것이 꼭 당신의 탓만은 아니다. 이 책은 당신이 인식하지 못하고 있지만, 꼭 알아야 할 여러 가지 재테크 함정과 거기서 빠져나오는 방법에 대해 얘기하고 있다. 마땅한 돌파구를 찾기 힘든 자산 디플레이션 시대에 필요한 must have item!! 이 책을 통해 당신은 나무와 숲을 동시에 볼 수 있는 혜안과 실천 노하우를 얻을 수 있을 것이다.

최성우(『대한민국 30대 재테크로 말하라』 저자)

돈 벌기 어려운 시대다. 부동산은 앞이 보이지 않고, 주식은 불안하다. 무턱대고 투자에 나섰다간 낭패 보기 십상이다. 바야흐로 재테크 빙하기에 들어섰다. 이런 상황에서 이 책은 반갑다. 금융상품에 대한 냉철한 분석을 바탕으로 재테크의 틈새시장을 찾을 수 있다는 희망을 주기 때문이다. 책상에 꽂아두고 수익률의 함정에서 벗어나는 지혜를 얻을 수 있기를 바란다.

최석환(머니투데이 기자)

수익률의 새빨간 거짓말

바닥에서도 살아남는 이기는 투자의 기술

수익률의
새빨간 거짓말

박용제 지음

북스토리

Contents

Contents

Ⅳ. 8할의 승부를 약속하는 개인 투자법

🍎 쌍봉세대의 은퇴 쓰나미

2011년에 일본 동북부에서 일어난 진도 9.0의 강진에 의한 대형 쓰나미를 기억할 것이다. 이 쓰나미로 인한 사망자는 1만 6천명, 실종자는 4천 명에 이르러 대략 2만여 명의 인명이 운명을 달리했다. 그동안 일본 사람들은 수많은 크고 작은 지진을 겪었고 이에 대비해왔지만 2011년에 발생한 쓰나미는 영화에서나 나올 법한 일이어서 일본과 주변 국가의 충격은 매우 컸다. 그런데 1년여의 시간이 지난 지금은 언제라도 다시 발생할 수 있을 것이라 생각하게 되었다. 이렇듯 경험에 의한 인식의 변화는 우리 삶에 많은 변화를 가져온다.

최근 언론에서 '쌍봉세대'란 말을 자주 언급하고 있다. 쌍봉세대란 1차 베이비부머와 2차 베이비부머 세대를 의미한다. 우리나라 인구구조를 보면 낙타의 쌍봉처럼 불뚝 솟아 있는 구조를 보이는데, 1차 베이비부머는 1955~63년까지 약 700만 명이 태어났고, 2차 베이비부머는 1968~73년까지 약 500만 명이 태어나 총 1,200만 명으로 우리나라 인구의 1/4이 이 쌍봉세대이다.

그런데 우리가 눈여겨볼 것은 쌍봉세대의 첫 번째 주자인 1차 베이비부머의 은퇴가 2011년부터 본격적으로 시작되었다는 점이다. 그들의 은퇴는 우리 삶에 엄청난 변화를 가져올 것이다. 지금까지 단 한 번도 경험해보지 못했던 대규모의 은퇴로 인하여 앞으로 3년에서 5년만 지나도 우리나라는 사회·경제적 환경뿐만 아니라 삶의 가치도 달라지는 변화를 겪을 것으로 필자는 예상한다.

첫째, 숙련된 노동력을 가진 베이비부머 세대들이 은퇴한다면 노동생산성과 기업경쟁력이 저하되고 경쟁성장률이 둔화될 것으로 예상된다. 필자가 1995년에 입대했을 때 대부분의 고참들이 상병이나 병장이었다. 쉽게 말하면 잘 풀린 군번인 셈이다. 그리고 일병이 되었을 때 고참들이 대거 제대를 하자 중대 전투력 측정에서 매번 1등을 하던 우리 소대의 성적이 중하위권으로 급격하게 떨어졌던 기억이 난다.

이렇듯 1980~90년대 경제성장을 주도하던 베이비부머 세대의 은퇴는 노동생산성의 저하로 이어질 것으로 예견된다. 마찬가지로 잠재성장률 또한 낮아져서 2031~50년 사이에는 잠재성장률이 1퍼센트가 될 것이라는 충격적인 전망이 OECD를 통해 최근 발표되었다. OECD 34개국 중 33위라고 하니 실로 충격적이다. 그런데 이 주요한 원인은 역시 고령화에 의한 생산성 저하이다.

둘째, 경제 생산의 주체인 베이비부머가 은퇴하니 세금 낼 사람들은 줄어드는 한편 사회보장제도(국민연금, 국민건강보험, 장기요양보험 등)의 혜택을 받을 노인들만 늘어나 정부의 급격한 재정악화가 예상된다. 실제로 현재 유로존에 심각한 문제를 일으키는 그리스 정부의 부채는 GDP 대비 160퍼센트 수준이지만, 일본은 이미 200퍼센트 수준을 넘어서서 노령화된 국가의 재정이 얼마나 심각한지 알려주고 있다.

그럼 우리나라의 국가 부채 수준은 얼마일까? 2011년 기준으로 400조 원으로 GDP의 33퍼센트 수준이지만 여기에 공무원연금, 군인연금(340조 원)을 더하고 공기업들의 부채(280조 원)까지 더하면 GDP 대비 80퍼센트가 넘는다는 보고가 심심치 않게 들려오고 있다. 게다가 2012년 가계 부채는 이미 1,000조 원을 넘었다. 나라와 국민 모두가 적지 않은 부채로 허덕이고 있고, 앞으로 경제성장이 뒷받침되지 않는 이상 더욱 심각해질 것으로 예상된다.

셋째, 소비를 주도하던 베이비부머들의 은퇴로 인한 전반적인 내수경제의 침체가 예상된다. 은퇴 후에는 줄어든 소득으로 인하여 소비가 급감할 수밖에 없고, 또 가지고 있는 자산을 노후자금으로 소비해야 하므로 저축이나 투자도 급감할 수밖에 없다. 통계적으로 살펴봐도 우리나라 60대 이상 가구의 소비는 40대 가구의 65퍼센트, 50대 가구의 70퍼센트 수준임을 알 수 있다.

우리나라 경제는 내수보다 수출의 비중이 더 크긴 하지만, 소비주도 세대인 베이비부머들이 은퇴함에 따라 옷도 안 사고, 외식도 안 하고, 차도 안 바꾸고, 가전제품도 안 바꾸는 시대가 도래할 수 있다는 것이다. 내수침체가 심각한 경제 문제인 것은, 내수침체는 곧 고용의 감소와 경제성장의 저하를 뜻하기 때문이다.

넷째, 은퇴 이후 부동산 처분에 따른 주택 가격 하락이 예상된다. 우리나라 베이비부머의 주택 보유율은 2011년 기준으로 82퍼센트가 되는데, 이중에 41퍼센트가 향후 노후생활을 위해 집을 줄이겠다는 의사표시를 했다. 1차 베이비부머의 은퇴 자산은 총 3억 4천만 원 수준인데, 이 중의 75퍼센트인 2억 5천만 원이 부동산이라서 이것을 처분하거나 혹은 담보로 연금을 받지 않고는 노후생활을 하기가 어려울 것으로 판단된다.

실제로 우리나라 수도권의 중대형 아파트는 벌써 5년 전부터 하락세에 접어들었다. 최근에 수도권 집값 하락을 보면 중대형 평수가 소형 평수보다 훨씬 많이 떨어졌다. 우리나라 1~2인 가구 수가 작년 기준으로 50퍼센트를 넘어섰다는 통계가 있다. 베이비부머의 은퇴는 이런 핵가족화를 더욱 부추길 것으로 보인다. 설문조사에 의하면 은퇴 후 자녀들과 살겠다는 사람은 20퍼센트도 되지 않는다고 한다. 4~5인 가구가 은퇴 후에는 1~2인 가구로 변모하고 있으니 중대형 아파트 가격이 떨어지는 것은 당연하다. 문제는 앞으로도 수도권 중심 역세권의 소형 평수를 제외하고는 아파트 가격의 하락은 지속될 것으로 보인다는 점이다.

다섯째, 은퇴 후 국민연금을 받기까지 55~65세까지의 소득이 없는 기간을 '소득 크레바스'라고 하는데, 이 기간을 살아가기 위해서 노인 구직자들이 증가할 것으로 예상된다. 2011년 서울시 25개 노인취업알선센터에 구직등록을 한 노인 2명 중 1명만이 직업을 구했고, 취업 직종은 빌딩 관리, 환경미화, 경비원, 운전 등의 단순노무직이 절반이 넘는다고 한다. 이들의 평균급여는 80~100만 원 수준이다. 몇 달 전에 실시한 한국토지주택공사(LH)의 실버사원 모집경쟁 기사를 보면 60~80세 구직자 2,000명 모집에 모두 1만 8,977명이 몰려 최종 경쟁률이 9.5대 1이었다. 지역별로는 서울이 17.8대 1, 그 중에서도 서초 · 강남은 무려 48.6대 1이라는 기록적인 경쟁률을 나타냈다고 한다. 이들 중에는 대

기업 임원이나 중견간부 출신, 그리고 석·박사 출신들도 있다고 하니 노인 구직자의 문제는 특정계층이 아닌 우리 사회 전반적인 문제로 확산될 것으로 보인다. 젊은이들과 노인들 모두 일자리를 찾아 헤매지만 지금과 같은 낮은 경제성장이 지속된다면 노인들에게 주어질 일자리는 그리 많지 않을 것이다. 일자리는 한정되어 있는 반면, 은퇴자들은 매년 30만 명 이상 배출되기 때문이다.

그럼 자영업은 어떨까? 은퇴 후 퇴직금으로 치킨집 또는 편의점 같은 자영업을 생각하는 베이비부머도 꽤 될 텐데, 경기침체 및 자영업자의 폭발적인 증가로 최근에는 창업 3년 이내 폐업하는 비율이 50퍼센트가 넘는다고 한다. 경기는 안 좋아서 수요는 없는데 은퇴자들의 창업이 늘어나서 공급은 늘어나니 앞으로 자영업도 더 어려워질 것으로 생각된다.

그렇다면 이제 우리가 관심을 갖고 있는 재테크 트렌드는 어떻게 변할 것인지 알아보자.

재테크의 시대는 가고
가치보존의 시대가 온다

1997년 IMF로 필자의 아버지 또한 사업이 어려워졌다. 아버지의 사업이 힘들어지고 1년이 지난 무렵이었다. 아버지는 3년 만기 은행 적금을 가지고 고민했다. 연이율이 24퍼센트인데 깨야 하나 말아야 하나, 라는 내용이었다. IMF가 터진 직후 가입한 것이라 금리가 높았던 것으로 기억한다. 실제로 1997년 1월 기준으로 1년 만기 정기예금 금리는 13퍼센트였다.

그런데 2012년 6월 현재 1년 만기 정기예금 금리는 잘해야 4퍼센트이다. 그마저도 찾아보기 힘들다. 불과 15년 사이에 금리는 1/3 수준 이하로 떨어져버린 것이다. 금리가 하락한다는 것은 이제 단순한 저축이 아닌 적극적인 재테크 수단이 필요하다는 것을 뜻한다. 그래서 IMF 이후 경기가 좋아지자 2000년부터는 너도나도 재테크 열풍에 휩쓸렸다. 펀드와 변액보험, 그리고 주식시장에 개인투자자들이 많이 늘어났다.

또한 IT의 발전으로 누구나 HTS(Home Trading System)를 이용하여 쉽게 주식뿐 아니라 펀드, 선물, 채권 등도 매매할 수 있는 환경이 되었다. 거기에 2003~2007년까지 5년간 지속된 상승장은 많은 투자자들에게 희망을 가져다주었다. 하지만 2008년 서브프라임발 금융위기 이후 2011년 유럽발 재정위기, 2012년 6월 현재 그리스와 스페인 문제가 불거짐에 따라 또 다른 위기에 전 세계가 촉각을 모으고 있다. 2000년 초반에 IT 관련 주식의 폭락에 따른 IT버블 이후 한동안 잠잠했던 시장에 부동산 버블로 촉발된 서브프라임발 금융위기, 그리고 이제는 남유럽 국가들의 국가 채무로 인한 재정위기가 찾아오고 있는 것이다.

그런데 제일 중요한 사실은 최근에 이런 여러 위기를 겪으면서 우리는 더 가난해졌고, 부자들은 더 부유해졌다는 것이다. 뉴스를 보면 감춰왔던 탐욕스런 시장자본주의의 부작용이 서서히 그 모습을 드러내는 듯하다. 그 피해는 애꿎은 중산층에게 고스란히 돌아오는 게 현실이다.

가장 쉬운 예로, 최근 5년간 지속된 주택 가격 하락으로 인하여 대부분의 사람들은 가난해졌다. '집은 빚을 내서라도 사야 한다'는 부동산 폭등기를 겪었던 부모님들의 뼈아픈 사무침에 따랐던 우리들은 부동산 버블 붕괴로 피해를 입고 있다. 최근에는 집값은 떨어진 상황에서 대출금 상환 압력에 시달리는 가구가 점차 늘어나고 있다는 뉴스가 심심치 않게 나오고 있다. 은행 대출을 끼고 주택을 구매한 중산층들이 낮아진 주택 가격 때문에 은행으로부터 대출 상환의 압력에 시달리고 있는 것이다. 이것이 바로 하우스 푸어, 워킹 푸어가 탄생하게 된 우리의 냉혹한 경제 현실이다.

예금에 넣어두자니 물가상승률보다 못한 금리이고, 부동산에 투자하자니 시장이 좀처럼 나아질 기미가 보이지 않고, 주식에 투자하자니 2008년 이후 계속되는 금융위기로 폭락장이 연출되지 않을까 고민스럽다. 간혹 좋은 투자처나 정보가 있다 해도 평범한 서민들까지는 혜택을 보기 어려워 보인다. 그래서 이제는 저축과 재테크의 시대를 지나 자신의 자산을 지키기만 해도 성공하는 '가치보존의 시대'에 직면해 있다고 할 수 있다. 흔히 투자 시장이라 부르는 부동산, 펀드, 주식, 원자재 등의 시장들도 개별적으로 존재하지 않는다. 이들은 시장경제라는 울타리 안에서 서로 유기적으로 영향을 주고받고 있다. 그러므로 이제 단순한 재테크를 벗어나 좀 더 길게 보고, 더 넓게 보고 투자해야 하는 시기에 직면한 것이다.

🍎 개인 투자자들의 현실

처음 주식시장에 뛰어들 때 돈을 잃을 것이라고 생각하는 사람은 없다. 그런데 대다수의 개인 투자자들은 시간이 지날수록 투자에 대한 지식과 정보의 양은 늘어가지만, 매일 홍수같이 쏟아지는 정보의 진위를 해독할 능력은 늘지 않는다. 여러 가지 시장의 충격에 투자원칙을 잃고, 처음 가졌던 희망과는 달리 계좌는 점점 줄어들기만 한다.

2007년 11월 국내 주식시장은 2,085포인트를 찍고 내리막길을 타기 시작했다. 불과 석 달 만에 1,600포인트까지 곤두박질친 코스피시장은 2008년 5월 1,888포인트까지 반등했지만, 서브프라임발 금융위기가 터진 2008년 10월 최저점인 892포인트를 찍는다. 이렇게 일 년 만에 반토막도 안 되는 저점을 찍은 코스피는 2년하고도 절반이 지난 2011년 4월 2,231포인트를 찍었다.

급변하는 시장 환경 속에서 힘없는 개미들은 언제나 먹기 좋은 밥이 된다. 상황이 이러하니 대박의 꿈은 쪽박을 가져다 주고, 주식시장은 건전한 투자의 장으로 인식되기보다 투기의 장으로 기억되기 쉬웠다. 개인 투자자 중에 단 5퍼센트만 승리한다는 척박한 환경 속에서 우리가 승자가 되는 방법은 진정 없는 것일까?

적을 알고 나를 알면 백전 백승이라 했던가. 그러나 필자가 경험한 주식시장은 적(시장)을 알고 나(투자자)를 알아도 아주 잘 해야 백전 팔십승이다.

필자 역시 2000년 초반 직장에 취업하고 주식 투자를 시작하면서 혹독한 신고식을 치렀다. 소문만 믿고 투자한 주식이 상장폐지를 당해서 몇 주 만에 휴지조각이 되어버리기도 하고, 과거보다 많이 떨어진 우량주를 따라 들어갔다가 꼬박 3년 만에 겨우 본전을 찾은 기억도 있다. 전업투자자가 아닌 직장인이었기에 매일 HTS를 볼 수도 없어서 2008년 리먼 사태로 인한 폭락장에서는 손절매할 타이밍을 놓쳐 그동안 쌓아왔던 많은 수익을 날리기도 했다.

그동안 우리가 겪은 주식시장은 외국인과 기관 투자자들이 중심에 있어 개인들이 싸워 이기기엔 너무도 어렵고 역부족인 시장이었다. 하지만 주식시장이 뼈아픈 경험으로 인해 터부시되는 것 또한 안타까운 일이라 생각했다. 직장인이나 자영업자들이 투자하기에 앞서 주식시장을 조금이나마 이해하고, 우리의 투자금을 빼앗아가는 여러 가지 수익률의 함정에 빠지지 않는다면 개인 투자자도 충분히 수익률을 올리는 이기는 게임을 할 수 있지 않을까.

이것이 유명한 애널리스트도 아니고 투자의 달인이나 증권업계에 종사하는 펀드매니저도 아닌, 수많은 개인 투자자 중의 하나이면서, 평범한 샐러리맨인 내가 이 책을 쓰게 된 이유이다.

2012년 현재 우리나라 부동산은 계속되는 경기부양 정책 발표에도 도무지 힘을 쓰지 못하고 계속 바닥을 다지는 중이다. 거기에 소비자물가 상승률은 연중 평균치 2배에 달하는 4.7퍼센트(2011년 8월 기준, 2011년 평균 4퍼센트)까지 올라갔다가 최근에 겨우 4퍼센트 안쪽으로 접어들었다. 이런 상황에 비춰볼 때 시중 예금 금리 3퍼센트대는 물가상승률보다 낮은 수준이다. 은행에 돈을 넣어봤자 결국 손해라는 이야기다.

그에 반해 현재의 주식시장은 개인 투자자에게 상당히 매력적으로 보인다. 물론 2008~2009년 하락장에서 입은 큰 손실로 인해 아직까지도 투자를 망설이는 사람들이 더 많을 것이다. 그러나 필자는 이런 환경일지라도 이제는 개미 투자자가 이기는 게임을 할 수 있다고 믿는다. 이것이 이 책의 기획 배경이기도 하다.

이 책은 맹수들이 넘쳐나는 주식투자 세계에서 개미 투자자들의 소중한 자산을 지키려는 간절함에서 시작되었다.

필자는 지난 5년간의 투자에서 연평균 20퍼센트 이상의 꾸준한 수익을 내왔다. '주식투자 1,000퍼센트 달성하기' '급등주 따라잡기' 등 직업을 가진 개인 투자자들은 엄두도 내기 힘든 방법으로,

매일 매 시간마다 HTS와 씨름해야 하는 투자방법으로 달성한 것이 아니라, 직장에서 내 할일 다 하면서 하루에 20분, 주말에 한 시간 시황을 분석하는 정도의 수고만으로 달성한 수익률이다.

믿기지 않는가? 물론 시장이 좋지 않은 경우 필자 또한 고배를 마시며 기다려야 했다. 그러나 필자가 이 책에서 이야기하는 내용들만 잘 숙지해서 적용해본다면 당신도 충분히 누릴 수 있는 수익률이라고 자신한다. '오마하의 현인'으로 불리는 워렌 버핏의 연평균 수익률도 40년간 20퍼센트 수준이다. 필자는 그동안의 경험들을 때로는 통계적으로, 때로는 거시적으로, 때로는 기업 가치 분석으로, 때로는 차트를 활용해서 이야기해 나갈 것이다. 물론 이 책에는 변하지 않는 투자 원칙과 철학이 있다.

I. 함정에 빠진 개인 투자자

1
be careful!

주식 투자의
수익률 함정

 스프링복과 개미 투자자의 공통점

스프링복spring-bok을 아는가? 혹 복어가 떠오르는가? 필자도 처음 들었을 때는 스프링처럼 팔딱팔딱 뛰어오르는 참복이나 황복의 사촌쯤 되는 줄 알았다. 그런데 알고보니 아프리카에 사는 가젤(영양)의 한 종류였다. 스프링복은 아프리카 남쪽에 서식하는데, 이들은 평소에는 무리지어 한가로이 풀을 뜯어 먹고 지내다가 무리가 점점 불어나면 이상집단행동을 하기 시작한다. 이유인즉 처음에는 풀을 충분히 뜯어 먹으면서 사이좋게 지내다가 무리가 점점 늘어나면서 뒤따르던 무리들은 풀이 부족해지기 때문이다. 결국 풀을 먼저 먹기 위해 앞에 있는 무리를 쫓아 뛰게 된다. 그러다 보면 모든 영양들이 뒤처지지 않으려고 다 함께 뛰기 시작한다. 영양들의 속도는 갈수록 빨라져 결국 무리 전체가 내달리기 시작한다. 수천 마리의 영양들은 어느새 풀을 뜯어 먹을 생각은 하지 않고 앞만 보고 뛰게 된다. 밤낮을 가리지 않고 몇 날 며칠을 앞을 향해 내달린다. 결국 이들은 벼랑 끝에 다다르고 앞서던 영양을 따라 낭떠러지로 아래로 떨어져 최후를 맞는다.

왜 스프링복은 밤낮 쉬지 않고 질주를 하는 걸까? 또 왜 벼랑으로 떨어지고 말았는가? 첫 번째는 과욕으로 인해 목표(풀)를 놓쳐버렸기 때문이고, 두 번째는 남들도 뛰니까 나도 뛴다는 군중심리에 기인한 바가 크다고 생각한다.

나는 스프링복을 보자 대한민국의 대다수 개미 투자자들이 떠올랐다. 우리 또한 한 치 앞길도 모른 채 정확한 목표수익률도 없이 무작정 앞으로만 달려간다. 결국에는 벼랑 끝으로 떨어져 회복할 수 없는 큰 상처를 입는다. 그리고는 '주식시장은 나와 맞지 않아' '나는 운이 없어'라는 좌절감을 안은 채 시장을 떠난다.

무엇이 땀 흘려 번 우리의 돈을 삼켜버렸는가? 무엇이 주식시장을 투기꾼의 장으로 치부해버리는 선입관을 만들어주었는가? 누가 깡통계좌는 성공하는 투자자가 되기 위해 한 번은 치뤄야 할 신고식 같은 통과의례라고 말했는가? 그렇게 실패하면서도 왜 우리는 1천만 원으로 10억 원을 만들었다는 0.0001퍼센트도 안 되는 가능성에 목을 매고 또 실망하고 좌절하는가?

우리는 이제부터 가장 논리적으로, 그리고 과학적으로 개인 투자자들이 시장에서 실패하는 이유에 대해 알아볼 것이다. 또한 그 가운데서 반드시 맞부딪치게 될 수익률의 함정에 대해서도 이야기해볼 것이다. 그리고 차근차근 나(개인 투자자)를 돌아보는 시간을 가진 후, 적(시장)이라 생각했던 시장을 속속들이 파헤쳐볼 것이다.

 ## 이자율과 수익률의 차이를 알고 시작하자

우리는 종종 이자율과 수익률의 개념을 혼돈해서 사용한다. 그래서 투자를 결정할 때 적잖이 실수도 하고, 투자 결과에 대해서 오해를 하기도 한다. 투자를 위해서는 이자율과 수익률의 차이를 정확히 이해하는 것은 매우 중요하다.

우선 이자율은 일정 기간(년, 반기, 분기, 월)을 정해놓고 투자한 원금 대비 늘어난 이자의 비율을 말한다. 만약 정기예금의 이율이 4퍼센트라고 하면 보통 '원금에 대해 연이율 4퍼센트의 단리로 이자를 지급한다'라는 뜻이다. 쉽게 얘기해서 1천만 원을 1년 만기 예금에 넣으면 이자가 40만 원 붙고, 여기서 이자소득세 15.4퍼센트를 떼고 나면 34만 원을 수령하게 된다.

그렇다면 수익률은 무엇인가? 수익률은 일정 시점(시점은 정하기 나름)에서 평가할 때 투자한 원금 대비 늘어난 수익의 비율을 뜻한다. 앞의 경우에 이자율은 연 4퍼센트가 맞지만, 수익률은 연 4퍼센트가 아니다. 34만 원을 1천만 원으로 나눈 연 3.4퍼센트가 실제 수익률이다. 또한 수익률에는 '연환산'이라는 용어가 들어가는데 그 이유는 다음과 같다.

A는 펀드 투자 6개월 만에 수익이 10퍼센트 났다고 가정하고, B는 펀드 투자 2년 만에 수익이 20퍼센트가 났다고 가정하자. 수익률을 비교할 때는 일정 시점을 빼고 나면 좀처럼 비교하기가 어렵다. 그래서 '연환산 수익률'의 개념을 도입한다. A는 6개월동안 10퍼센트의 수익이 났으므로 연환산 수익률은 20퍼센트이고(물론, 아직 미확정 수익이긴 하다), B는 2년 동안 20퍼센트가 났으므로 연환산 수익률은 10퍼센트이다.

정리하면 이자율은 일정 기간 동안 원금에 대해 지급을 약정한 이자의 비율을 뜻하고, 수익률은 일정 시점에서 원금에 대해 지급된 실제 수익의 비율을 뜻한다. 그래서 이자율은 사전(事前)적인 개념이고, 수익률은 사후(事後)의 개념이다.

특히 금융상식이 부족하면 이자율과 수익률의 개념을 혼동하게 되는데, 그 대표적인 예가 정기예금과 정기적금의 차이다. 정기예금은 펀드로 따지면 거치식 투자와 동일해서 1천만 원을 1년간 투자했을 경우 약정된 이자율과 비슷한 수익률을 올리게 되지만, 매월 일정 금액을 넣는 정기적금은 실제 약정된 이자율의 절반도 못 미치는 수익률을 얻는다. 이것이 이자율과 수익률의 대표적인 사례이다. 사례는 뒤에서 상품별로 자세히 설명하기로 하자.

[표 1-1] 정기예금과 정기적금의 이자율과 수익률

구분	투자방법	약정 이자율	실제 수익률	비고
정기예금	거치식 투자	4%	3.4%	이자소득세 감안
정기적금	적립식 투자	4%	1.7%	이자소득세 감안

 ## 수익률의 함정 1_ 제로썸 수익률의 함정

대부분의 사람들은 금융상품을 선택할 때 수익률을 매우 중요하게 생각한다. 수익률은 모든 금융상품을 선택하는 기준으로, 적어도 물가상승률 이상이어야 인플레이션에 대비할 수 있다. 따라서 물가와 수익률은 항상 밀접한 관계 속에 있게 된다. 그런데 이제까지 이해한 수익률을 주식 투자에 대입하면 이상한 결과가 나온다.

간단한 예를 들어보자. 35세 직장인 김세경 씨는 종잣돈 1억 원을 가지고 두 가지 투자를 선택할 수 있다. A는 첫해 20퍼센트 수익률을 주지만 다음 해에는 −20퍼센트를 주는 투자이고 , B는 첫

해에는 –20퍼센트의 수익률을 주지만 다음 해에는 20퍼센트의 수익률을 주는 투자이다. 당신이라면 어떤 투자를 선택하겠는가? 보통 필자가 강의 때 물어보면 대부분 후자를 선택했다. 그러나 계산을 해보면 결과는 다음과 같다.

A : 1억 원에 20퍼센트 수익률을 더하면 1억 2천만 원

　　1억 2천만 원에 –20퍼센트 수익률을 적용하면 9천 6백만 원

B : 1억 원에 –20퍼센트 수익률을 적용하면 8천만 원

　　8천만 원에 20퍼센트의 수익률을 더하면 9천 6백만 원

결과는 똑같다. 신기한가? 당연하다. 우리가 초등학교 수학에서 배웠듯이 곱셈은 앞뒤가 바뀌어도 답은 항상 똑같다. 다만 우리가 응용을 못했을 뿐이다.

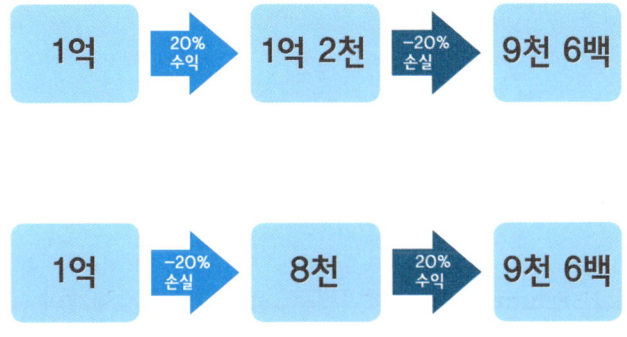

그런데 여기서 정말 중요한 사실은 1억 원이 9천 6백만 원이 되었다는 점이다. 물론 20퍼센트 수익이 날 때 친구들과 한잔 먹었던 술값, 잦은 매매로 인한 거래수수료와 증권거래세를 합치면 4백만 원 이상이 사라지게 된다. 이것이 바로 필자가 말하는 수익률의 함정의 시작이다.

첫해에는 20퍼센트 수익을, 다음 해에는 −20퍼센트의 수익률을 적용하면 0퍼센트인 제로썸(Zero-sum)의 수익률을 냈지만 계좌에 있는 돈은 4백만 원 이상 사라졌다. 도박이나 선물옵션 투자 시장에서 제로썸 게임은 누군가 돈을 잃으면 그 잃은 만큼 누군가는 돈을 딴다는 이야기이지만, 수익률 게임에서 제로썸은 항상 투자자에게 손실을 안겨준다.

당신은 수익률의 함정에서 자유로운가? 아니면 지금 수익률의 함정에 빠져 있는가? 수익을 내고 있는 것 같은데도 이상하게 잔고가 늘지 않는 투자자는 수익률의 함정에 빠져 있지 않은지 지금 계좌를 열고 살펴봐야 한다.

 수익률의 함정 2_ 대박이 쪽박이 되는 이유

Hi-Risk Hi-Return. 투자자라면 누구나 들어봤을 투자세계의 진리이다. 즉, 위험이 있는 곳에 수익이 있다는 뜻이다. 그러나 바꿔 말하면 높은 수익률의 그림자 뒤엔 언제나 많은 위험이 도사리고 있다는 뜻이기도 하다.

요즘 경기 불황에도 활황세를 누리고 있는 대부업을 잠깐 생각해보자. 대부업체를 찾는 대부분의 사람들은 제1금융권인 은행에서도 제2금융권인 카드사나 캐피탈에서도 돈을 빌릴 수 없는 낮은 신용등급의 사람들이다. 그래서 이들은 연 최고 39퍼센트의 법정이자율을 주고서라도 돈을 빌리려 한다. 대부업자 입장에서는 최고 39퍼센트 고수익을 주는 한편, 돈을 떼일 수 있는 고위험을 동시에 안겨주는 고객들인 것이다. 물론, 대부업자는 좀처럼 망하지 않는다. 채권을 추심하는 그들만의 노하우가 존재하고, 일부분 돈을 떼이더라도 이익이 나는 높은 수익 구조를 가지고 있기 때문이다. 이들은 고객들의 높은 채무불이행 위험을 잘 통제하고 높은 이자를 잘 받아서 수익을 내는 것이다.

그러나 돈을 빌리는 사람의 입장은 어떠한가? 신용이 없다는 이유로 결국 높은 이자를 물게 되고, 버는 족족 이자만 대다가 눈덩이처럼 불어나는 빚을 감당할 수 없게 된다. 도대체 대부업자와 주식시장의 차이는 무엇인가? 또 신용불량자와 개인 투자자의 공통점은 무엇인가? 왜 대부분의 개미 투자자들은 주식시장에서 실패하는 것일까? 다음의 사례에서 살펴보자.

올해 37세인 김정섭 씨는 공무원이다. 한 달 실수령액 300만 원이 조금 넘는 돈으로 주택대출금 70만 원, 보험료 20만 원, 아이들 교육비 50만 원, 아파트 관리비와 전기세, 가스비, 통신비에 40만 원을 내고 나면 120만 원이 남는다. 이 금액 가지고는 그냥 밥먹고 사는 것 이외에 다른 엄두를 내지 못한다. 그래서 김정섭 씨는 2007년 5월 적금으로 모은 종잣돈 2천만 원을 가지고 과감하게 주식시장에 뛰어들었다. 마침 동료로부터 시가총액이 1,000억 원이 안 되는 코스닥 세력주에 대한 정보를 듣게 된다.

2007년 6월 3,000원에 들어간 ○○주식은 불과 한 달 만에 4,500원이 되었고 무려 50퍼센트의 수익률을 챙기게 된다. 이제 그의 수중에 있는 돈은 수수료를 감안하지 않고 3천만 원이다. 4,500원에 전량 매도 후 6,000원까지 올랐지만 이내 하한가를 맞고 현재는 1,200원에서 거래 중이다. 다행히 폭락을 피한 김정섭 씨는 친구들과 거하게 술 한잔을 하고 하룻밤에 300만 원을 써버렸다. 평소 못했던 외식도 하고 아내와 아이들 선물도 좀 사니 얼추 100만 원이 들었다.

수중에 남은 돈은 2,600만 원! 선무당이 사람 잡는다고 했던가. 김정섭 씨는 이제 어떤 종목에 투자해도 수익을 남길 자신이 있었다. 두 번째 종목은 추천받은 2종목 중 좀 더 우량한 종목을 골랐다. 이 또한 시가총액 1,000억 원 미만의 소형주였다. 9,000원이 넘는 가격대가 조금 부담이긴 했지만, 신규 상장주에 견실한 회사여서 공모 이후 두 달 만에 무려 50퍼센트가 올랐고, 또 아직 본격적인 상승은 시작도 안 했다는 말에 2,600만 원어치를 매수했다.

김정섭 씨가 매수한 종목은 얼마 안 가 11,000원을 한 번 찍더니 한 달 만에 4,500원까지 떨어지고 말았다. 이제 김정섭 씨의 손에 남은 평가액은 1,300만 원 수준. 투자를 시작한 지 채 석 달이 못 되어서 700만 원이 사라지고 말았다. 그러나 김정섭 씨는 아직도 희망을 버리지 못하고 빚을 내서라도 물타기를 하고 싶은 마음이 간절하다.

위의 얘기를 듣고 어떤 생각이 드는가?

김정섭 씨의 수익률은 첫 달에는 3천만 원을 만들어 50퍼센트였고, 둘째 달에는 2,600만 원이 1,300만 원이 되어 똑같이 −50퍼센트이지만, 제로썸 수익률의 함정에서 배웠듯이 계좌는 수수료를 감안하지 않고도 700만 원이 사라졌다.

그래도 300만 원어치 술도 먹고, 100만 원어치 쇼핑과 외식도 했으니 따져보면 손해는 정확히 300만 원이다. 만약 김정섭 씨가 50퍼센트 수익이 난 금액을 술도 먹지 않고 외식이나 쇼핑도 하지 않은 채 그대로 재투자했으면 어떻게 되었을까? 그렇다면 그의 잔고는 1,500만 원이 되었을 것이다. 어쨌거나 첫 달에 50퍼센트 수익을 내고 두 번째 달에 −50퍼센트를 낸 김정섭 씨의 계좌는 순식간에 줄어들고 말았다.

[표 1 - 2] Hi-Risk, Hi-Return의 함정

투자 기간	기초 투자금	기말 투자금	수익률 (복리)	투자 기간	기초 투자금	기말 투자금	수익률 (복리)
1	10,000	11,000	10.0%	1	10,000	15,000	50.0%
2	11,000	9,900	-10.0%	2	15,000	7,500	-50.0%
3	9,900	10,890	10.0%	3	7,500	11,250	50.0%
4	10,890	9,801	-10.0%	4	11,250	5,625	-50.0%
5	9,801	10,781	10.0%	5	5,625	8,438	50.0%
6	10,781	9,703	-10.0%	6	8,438	4,219	-50.0%
7	9,703	10,673	10.0%	7	4,219	6,328	50.0%
8	10,673	9,606	-10.0%	8	6,328	3,164	-50.0%
9	9,606	10,567	10.0%	9	3,164	4,746	50.0%
10	10,567	9,510	-10.0%	10	4,746	2,373	-50.0%
11	9,510	10,461	10.0%	11	2,373	3,560	50.0%
12	10,461	9,415	-10.0%	12	3,560	1,780	-50.0%
13	9,415	10,356	10.0%	13	1,780	2,670	50.0%
14	10,356	9,321	-10.0%	14	2,670	1,335	-50.0%
15	9,321	10,253	10.0%	15	1,335	2,002	50.0%
16	10,253	9,227	-10.0%	16	2,002	1,001	-50.0%
17	9,227	10,150	10.0%	17	1,001	1,502	50.0%
18	10,150	9,135	-10.0%	18	1,502	751	-50.0%
19	9,135	10,049	10.0%	19	751	1,126	50.0%
20	10,049	9,044	-10.0%	20	1,126	563	-50.0%

만약 미래의 수익률이 예측 가능하다고 가정해보자.

김정섭 씨가 −50∼50퍼센트의 변동폭을 주는 시가총액 1,000
억 원 미만의 개별주 대신에 −10∼10퍼센트의 변동폭을 가진 시가총액 3조 원 이상의 소위 굴뚝주라 불리는 우량 종목에 투자했다면 어떻게 되었을까? 1천만 원으로 시작해서 계속되는 제로썸의 수익률을 가정하면 표 1-2와 같은 놀라운 결과를 가져오게 된다.

계속되는 제로썸 수익률 게임에서 우량주에 대한 투자는 10개월이 지나면 원금이 950만 원 수준이 되지만 개별주에 대한 투자는 230만 원이 되고, 20개월이 지나면 우량주는 900만 원 개별주는 56만 원이 된다. 이것의 의미를 이해하겠는가? 앞에서 배웠듯이 제로썸 수익률은 원금이 줄어들지만 그 변동폭이 클수록(결국 위험이 클수록) 내 원금은 급속하게 줄어든다는 이야기다.

이것을 한마디로 정리하면 다음과 같다.

> 개미 투자자들이 **대박을 쫓는 투자를 한다면 쪽박**이 되기 쉽다.

그런데도 우리는 우량주보다 개별주를 선호하는 개인 투자자들을 더 많이 볼 수 있다. 왜 그럴까?

그 이유는 바로 투자원금의 차이에 있다. 만약 당신이 100억 원을 가진 부자라면 1퍼센트 수익률은 1억 원이 되지만, 1천만 원을 가진 개인 투자자라면 1퍼센트는 10만 원에 불과하다. 그래서 자산이 상대적으로 작은 개인 투자자들은 보다 높은 수익률을 찾아, 개별주를 찾아 투자할 확률이 높다.

필자가 종종 지인들에게 종목을 추천하면 대부분은 중장기간 투자하는 우량주보다는 단기간에 급등 가능성이 있는 개별주를 알려달라고 말한다. 이것이 바로 개인 투자자들이 가지고 있는 구조적인 문제이다. 원금이 작기 때문에 더 큰 수익률을 선호하는데, 만약 원금을 잃게 되면 다시 회복이 불가능한 상태가 된다는 것이다. 그러나 부자들은 원금이 크기 때문에 개인 투자자에 비해 상대적으로 더 안정적인 수익률을 선호하고, 만약 원금을 잃게 되어도 전부를 투자하지 않았기 때문에 언제든지 다시 회복이 가능하다.

 ## 수익률의 함정 3_ 확정 수익률과 예상 수익률의 함정

필자가 상담을 해보면 대부분의 사람들은 낮은 금리이지만 확정 수익률을 약속하는 은행 상품과 높은 금리의 투자 수익률을 제시하시만 원금 손실 등 위험을 감수해야 하는 펀드 등의 투자 상품 중에서 많은 고민을 한다. 도대체 어느 정도의 수익률을 쫓아야 현재의 확정 금리 상품보다 안정적이면서도 높은 수익률을 챙길 수 있을까? 다음의 이야기에서 그 해답을 찾아보자.

올해 45살인 조중식 씨는 그동안 모은 현금성 자산이 1억 원이 되었다. 조씨의 목표 수익률은 시중 금리의 2배 수준. 여러 가지

예금 상품을 찾던 중 시중 은행보다 1퍼센트 정도 금리를 더 주는 저축은행의 1년 만기 정기예금의 수익률이 최고 5퍼센트 수준임을 알았다.

[표 1-3] 확정 수익률 vs 원금 손실 없는 5할 예상 수익률   (단위 : 천 원)

(A안) 꾸준한 5% 수익률

(B안) 10% 수익률 확률 0.5, 0% 수익률 확률 0.5

투자 기간	기초 투자금	기말 투자금	수익률 (복리)	투자 기간	기초 투자금	기말 투자금	수익률 (복리)
1	100,000	105,000	5.0%	1	100,000	110,000	10.0%
2	105,000	110,250	5.0%	2	110,000	121,000	10.0%
3	110,250	115,763	5.0%	3	121,000	121,000	0.0%
4	115,763	121,551	5.0%	4	121,000	121,000	0.0%
5	121,551	127,628	5.0%	5	121,000	121,000	0.0%
6	127,628	134,010	5.0%	6	121,000	133,100	10.0%
7	134,010	140,710	5.0%	7	133,100	133,100	0.0%
8	140,710	147,746	5.0%	8	133,100	133,100	0.0%
9	147,746	155,133	5.0%	9	133,100	146,410	10.0%
10	155,133	162,889	5.0%	10	146,410	161,051	10.0%
11	162,889	171,034	5.0%	11	161,051	161,051	0.0%
12	171,034	179,586	5.0%	12	161,051	161,051	0.0%
13	179,586	188,565	5.0%	13	161,051	177,156	10.0%
14	188,565	197,993	5.0%	14	177,156	177,156	0.0%
15	197,993	207,893	5.0%	15	177,156	194,872	10.0%
16	207,893	218,287	5.0%	16	194,872	214,359	10.0%
17	218,287	229,202	5.0%	17	214,359	214,359	0.0%
18	229,202	240,662	5.0%	18	214,359	214,359	0.0%
19	240,662	252,695	5.0%	19	214,359	235,795	10.0%
20	252,695	265,330	5.0%	20	235,795	259,374	10.0%

그러나 조씨는 이런 금리를 받고는 예금에 넣어두는 것이 도무지 못마땅했다. 더군다나 그의 투자 성향은 지극히 보수적이라 '확정'이란 단어가 들어가지 않으면 마음이 놓이지 않았다. 그런데 최근 Y은행의 원금보장형 ELD(주가지수연계예금)란 상품을 소개받았다. 상품의 내용은 다음과 같다.

2011년 5월 25일 코스피200지수 대비 1년 후의 지수가 40퍼센트 이내로 상승할 경우 '지수상승률×0.5'의 수익률을 받게 되고, 한 번이라도 지수가 40퍼센트 초과하여 상승하면 연 6퍼센트 수익률을, 지수가 기준 대비 하락하거나 같으면 원금만을 돌려주는 상품이다. 결국 최소 0퍼센트에서 최대 20퍼센트의 수익률을 주는 상품이다.

당신은 이와 같은 상황에서 어떻게 하겠는가? 확정 수익을 안겨주는 5퍼센트짜리 저축은행 정기예금을 선택하겠는가? 아니면 밑져도 본전인 최대 20퍼센트 수익률을 안겨주는 ELD를 선택하겠는가? 손쉽게 비교해보기 위해서 ELD의 수익률을 조씨의 목표 수익률인 10퍼센트라고 가정하고 다음과 같이 시뮬레이션을 해보았다(표 1-3 참조).

표 1-3에서 볼 수 있듯이 꾸준히 5퍼센트의 수익률을 내는 것과 동일한 10퍼센트 수익률을 내기 위해서는 투자기간 중 원금 손실이 없다는 가정하에서도 5할의 승부를 내야 한다. 즉 10년간 투자할 경우에 다섯 해는 지수가 상승으로 마무리해야 5퍼센트의 확

정 수익률을 주는 것과 동일한 결과를 준다는 이야기다.

얼마전 은퇴한 양준혁과 같은 최고의 타자들도 타율이 3할 5푼 대이다. 즉 10번 타석에 들어설 경우에 3.5번 안타를 친다는 이야 기다. 주식으로 바꿔 얘기하면 10종목을 들어가서 3.5종목에서 수익을 내는 경우를 뜻한다.

당신은 현재 몇 할의 승률을 가지고 있는가? 최소한 원금을 잃 지 않고 5할의 승부를 낼 자신이 있으면 주식을 해도 좋다. 그러 나 원금을 잃게 되는 대부분의 투자의 경우 우리는 승률을 더 올 려야만 한다. 이것이 바로 확정 수익률과 예상 수익률이 보여주 는 수익률 함정이다.

더 현실적인 예로 당신이 다음과 같은 투자상품을 권유받았다 고 가정해보자.

A안 : 5%의 확정 수익률 약속하는 저축은행 1년 만기 정기예금 상품

B안 : 10%의 예상 수익률을 가지는 펀드 상품(10년간 수익률에 의하 면 7번은 10% 수익을, 3번은 −10% 손실을 낸다)

당신은 어떤 상품을 선택하고 싶은가? 실로 투자자에게 7할의 승부는 대단한 것이다. 7할의 승부가 예상되는 B안인가? 아니면 안정적인 A안인가?

다음 표 1-4를 통해서 정답을 알아보자.

[표 1-4] 확정 수익률 vs 원금 손실 있는 7할 예상 수익률

(A안) 꾸준한 5% 수익률

투자 기간	기초 투자금	기말 투자금	수익률 (복리)
1	10,000	10,500	5.0%
2	10,500	11,025	5.0%
3	11,025	11,576	5.0%
4	11,576	12,155	5.0%
5	12,155	12,763	5.0%
6	12,763	13,401	5.0%
7	13,401	14,071	5.0%
8	14,071	14,775	5.0%
9	14,775	15,513	5.0%
10	15,513	16,289	5.0%
11	16,289	17,103	5.0%
12	17,103	17,959	5.0%
13	17,959	18,856	5.0%
14	18,856	19,799	5.0%
15	19,799	20,789	5.0%
16	20,789	21,829	5.0%
17	21,829	22,920	5.0%
18	22,920	24,066	5.0%
19	24,066	25,270	5.0%
20	25,270	26,533	5.0%

(B안) 10% 수익률 확률 0.7, -10% 수익률 확률 0.3

투자 기간	기초 투자금	기말 투자금	수익률 (복리)
1	10,000	11,000	10.0%
2	11,000	12,100	10.0%
3	12,100	13,310	10.0%
4	13,310	14,641	10.0%
5	14,641	13,177	−10.0%
6	13,177	14,495	10.0%
7	14,495	13,045	−10.0%
8	13,045	11,741	−10.0%
9	11,741	12,915	10.0%
10	12,915	14,206	10.0%
11	14,206	12,786	−10.0%
12	12,786	14,064	10.0%
13	14,064	15,470	10.0%
14	15,470	13,923	−10.0%
15	13,923	15,316	10.0%
16	15,316	16,847	10.0%
17	16,847	15,163	−10.0%
18	15,163	16,679	10.0%
19	16,679	18,347	10.0%
20	18,347	20,181	10.0%

당신이 가입한 B의 펀드는 10년간 10퍼센트의 투자 수익률을 7번 줄지라도 5퍼센트씩 꾸준히 투자한 A안에 비하여 10년째에는 약 200만 원이, 20년후에는 630만 원이 부족하게 된다.

이제 어느 정도 이해가 되는가? 개인 투자자로 원금 손실을 감안하고 확정 수익률보다 2배 이상의 수익률을 올리기 위해서는 적어도 8할 이상의 승부를 감행해야만 한다.

이것은 투자한 기간을 총 10년으로 보면 10년 중 8년 이상이 확정 수익률의 두 배 이상의 수익률을 줘야 한다는 이야기와 동일하고, 종목으로 따지면 내가 선택한 10개 종목 중에 8개가 확정 수익률의 두 배를 줘야 한다는 이야기다. 참으로 쉽지 않은 이야기다.

그렇다면 종목별로 분산 투자한 경우는 어떠할까? 1년간 5퍼센트의 확정 수익률을 따르지 않고 10퍼센트 혹은 −10퍼센트의 투자상품 10개에 투자했다고 가정해보면 다음과 같은 결과를 보인다.

다음 표 1-5를 보면 10가지 종목에 100만 원씩 투자할 경우 7개 종목에서 10퍼센트 수익을 내고 3개 종목에서 −10퍼센트를 내는 7할 승부의 경우에는 전체 수익률이 4퍼센트이고(1천 40만 원÷1천만 원)이다.

[표 1−5] 1년간 10종목에 나누어 투자할 경우 7할의 승부(좌)와 8할의 승부(우)

구분	기초 투자액	수익률	기말 평가액	구분	기초 투자액	수익률	기말 평가액
종목1	1,000	10%	1,100	종목1	1,000	10%	1,100
종목2	1,000	10%	1,100	종목2	1,000	10%	1,100
종목3	1,000	10%	1,100	종목3	1,000	10%	1,100
종목4	1,000	10%	1,100	종목4	1,000	10%	1,100
종목5	1,000	10%	1,100	종목5	1,000	10%	1,100
종목6	1,000	10%	1,100	종목6	1,000	10%	1,100
종목7	1,000	10%	1,100	종목7	1,000	10%	1,100
종목8	1,000	−10%	900	종목8	1,000	10%	1,100
종목9	1,000	−10%	900	종목9	1,000	−10%	900
종목10	1,000	−10%	900	종목10	1,000	−10%	900
합계	10,000	4%	10,400	합계	10,000	6%	10,600

8개 종목에서 10퍼센트의 수익을 내고 2개 종목에서 −10퍼센트를 내는 8할 승부의 경우에는 전체 수익률이 6퍼센트(1천 60만 원÷1천만 원)이다. 결국 확정 수익률을 5퍼센트로 가정할 때 이보다 더 많은 수익을 내기 위해서 종목 선택도 8할의 승부를 해야만 한다.

물론, 모든 가정들이 한 번에 돈을 넣는 거치식 투자를 가정했기 때문에 적립식 투자의 경우에는 달라지지만, 이조차도 우리에게 시사하는 바는 매우 크다. "작아도 꾸준한 수익률이 실제 투자에서는 더 유리한 경우가 많다는 것이다."

 ### 오마하의 현인, 워렌 버핏이 주는 교훈

지금까지 우리는 3가지 유형의 수익률의 함정에 대해서 이야기해보았다.

첫째, 수익률의 제로썸 게임은 결국 투자자에게 손실을 가져다준다는 것.

둘째, 높은 수익률 게임을 즐기는 개미들이 대박이 아닌 쪽박을 찰 수밖에 없는 이유.

셋째, 확정 금리보다 2배의 수익률을 내려고 할 때는 원금 손실을 고려할 때 8할의 승부를 해야만 한다는 것.

이제 당신에게 묻겠다. 8할의 승부! 자신이 있는가? 단순히 동전을 던지는 게임이어도 10번 중 8번이 나와야 하는 것이 8할의 승부다. 그리고 도박판의 타짜들도 고개를 젓는 것이 8할의 승부이다. 그럼 우리는 개인 투자를 일찌감치 포기해야 하는가? 아니다. 바로 여기에 해답이 있다.

원금을 잃지 않는 투자의 경우 5할의 승부를 하면 된다. 5할의 승부는 공부하면 충분히 할 수 있고, 그 이상도 할 수 있다.

여기서 잠깐 워렌 버핏의 6가지 투자원칙을 살펴보자.

첫째, 투자시점을 기다려 가격이 낮을 때 매수한다. 이 뜻은 투자에 있어 현금 비중을 늘려 잡으라는 이야기다. 실제로 통계로 보면 미국 내 가치주 펀드들의 현금 보유 비중이 4퍼센트인 데 반하여, 버핏의 현금 비중은 18퍼센트에 달한다. 우리나라만 보더라도 2008년 금융위기 발생 직후 2007년 고점 대비 50퍼센트 가격에 우량주를 살 수 있었다. 바겐세일할 때 장바구니를 채우려면 현금이 있어야 한다는 이야기다.

둘째, 단기 매매를 자주 하지 말고 소수의 종목에 장기 투자한다. 버핏은 본인의 기준에 입각하여 될성부른 좋은 기업에 장기간 투자한다. 버핏은 다른 펀드 매니저의 1/3 수준인 보통 40여 개의 종목에 집중 투자한다. 단기간의 잦은 매매는 수수료만 날릴 뿐 투자자에게 큰 실익이 되지 않는다.

셋째, 주당순이익(EPS, 기업이 벌어들인 순이익을 그 기업이 발행한 총 주식 수로 나눈 값)보다 자기자본수익률(ROE, 자기자본에 귀속할 당기순이익의 자기자본에 대한 비율)을 투자 척도로 삼고 보통 ROE가 15퍼센트가 넘는 기업에 투자한다. EPS보다 ROE를 본다는 것은 단순한 기업의 이익의 크기가 아닌 자기자본에 비례한 이익의 크기를 보겠다는 것이다(ROE는 당기순이익을 자기자본으로 나눈 것이다. 자기자본에 비해 기업이 얼마나 당기순이익을 내는가를 보는 척도로 높을수록 우수한 기업이다).

넷째, 꾸준한 매출 성장을 가져올 수 있는 장기적인 경쟁력을 가진 독과점 기업에 투자한다. 버핏은 아무도 흉내낼 수 없는 핵심기술을 가지고 있으며 진입장벽 또한 높은 기업을 사랑한다. 버핏이 장기간 투자한 이런 특징을 가진 대표적 기업이 바로 코카콜라이다.

다섯째, 향후 25년간 성장할 수 있는 잠재력 있는 기업에 투자한다. 단기 호재가 아닌 긴 안목을 보고 투자하란 말이다. 우리나라만 보면 중국 내수확대 수혜주, 2차전지, 신재생에너지, 바이오관련, 녹색환경주, 실버산업관련 등의 종목이 이런 테마가 될 것이다.

여섯째, 투자의 제1원칙은 돈을 잃지 않는 것이다. 그리고 투자의 제2원칙은 제1원칙을 절대로 잊지 않는 것이다.

　정리하면 버핏은 6가지 투자원칙 중 가장 중요한 것은 돈을 잃지 않는 것이라고 말했다. 우리가 듣기엔 누구나 쉽게 할 수 있는 평범한 이야기라 생각할 수 있지만, 이제 수익률의 함정에 대해 알고 있는 이상 워렌 버핏이 괜히 가치 투자의 귀재가 아니라는 것을 알게 되었을 것이다.

　그렇다. 투자의 게임에서 가장 중요한 것은 버핏도 얘기하고 필자도 강조하는 돈을 절대로 잃지 않는 것이다. 결국 수익률보다 리스크 관리가 투자의 핵심이다.

2 기관, 외국인의 함정

be careful!

 외국인이 투자하기 좋은 시장이란?

　IMF를 슬기롭게 이겨내고 새 천년을 맞이한 우리나라는 2000
년 IT버블을 맞이하긴 했지만, 2003년 3월부터 2007년 10월까지
537포인트에서 2,085포인트까지 4배가 넘는 지속적인 증시 상승
을 기록했다. 4년 반 동안 지속적인 상승을 이끌었던 것은 외국인
의 순매수가 주요한 역할을 했다.

　1999년 3월 전 현대증권 이익치 회장이 주도한 '바이코리아펀
드'로부터 시작된 우리나라 국민들의 펀드 열풍은 실로 광풍에 가
까웠다. 판매 시작 불과 1개월 만에 3조 원이 팔리고, 3개월 만에

12조 원이 쌓이는 엄청난 선풍을 일으킨 것이다. 그때의 상황은 농담 반 진담 반으로 주부가 적금 깨고 들고, 시골 농부도 소 팔아 펀드 산다는 이야기가 나오곤 했다. 물론 이때의 주도주는 IT 관련 주식으로 대부분 1년 후 전 세계적인 IT버블 붕괴와 함께 펀드 수익률은 ─43퍼센트를 기록한 쓰라린 해프닝으로 끝났지만, 온 국민에게 '간접투자'라는 열풍을 일으킨 계기가 되었던 것은 사실이다. 그리고 2000년부터 외국인들은 우리나라 주식을 열심히 사기 시작했다. 이로 인해 주가는 지속적으로 상승하기 시작한다.

우리가 여기서 중요하게 보아야 할 것은, 2003~2007년까지의 주가지수 상승은 대부분 외국인 투자자에 의한 것이라고 생각해야 한다는 것이다.

그렇다면 어떤 사건들로 이렇게 주가가 상승하였는지 자세히 알아보자.

첫째, IT버블 이후 본격적으로 FRB(미연방준비제도이사회)에서 기준금리를 인하함에 따라 엄청난 양의 달러화가 전 세계로 퍼졌기 때문이다. 주식시장에서 말하는 유동성 장세가 글로벌적으로 실현된 것이다. 미국은 IT버블이 터지자 주가 폭락이 실물경제로 퍼지는 영향을 최소화하기 위해 대대적인 금리 인하를 단행한다. 6퍼센트의 기준금리를 1년이 채 안 되어서 1.75퍼센트까지 낮춘 것이다. 이때 증가한 엄청난 양의 달러화가 전 세계 투자시장으로 퍼져서 자산가치의 상승을 불러왔다.

둘째, IMF를 거치면서 대대적인 구조조정을 통해 살아남은 우리나라 기업이 정부의 고환율 정책과 맞물려 많은 이익을 내기 시작했기 때문이다. 비만으로 온갖 질병을 달고 살던 운동선수가 IMF라는 혹독한 처방을 통해 군살들을 걷어내고 건강을 되찾게 된 데다가, 정부의 막대한 지원을 통해 효과적인 시스템과 장비를 갖추어 새로운 기록들을 갱신하게 되었다는 것과 매우 흡사한 이야기이다.

셋째, IMF 이후 외국인에게 자본시장을 완전 개방하면서 대규모의 외국인 자본이 국내 주식시장에 들어오게 되었기 때문이다. 더불어 주식시장의 대세 상승과 함께 불어닥친 펀드 열풍은 개인 투자자의 참여를 이끌어내어 더 많은 자금이 시장으로 들어오게 되었다.

정리하면, IT버블이 불러온 금융위기를 해소하기 위한 방법으로 미국은 기준금리를 내리고 많은 양의 달러를 발행하였으며, 자국에서 투자 기회를 찾지 못한 해외자금은 신흥시장으로 흘러 들어오게 되었던 것이다.

저금리 시장에서 투자자들은 추가 수익의 기회를 찾아 헤매고, 풍부한 유동성은 새로운 투자처를 찾게 하는데, 신흥 아시아 국가 중에서도 IMF에게 호된 매를 맞고 절름발이가 되었으나 전 국가적인 금 모으기 운동 등으로 빨리 위기를 극복하고 내실 있는 우량기업을 많이 보유한 대한민국은 외국인들에게 충분히 매력적인 시장이었던 것이다. 이것이 바로 2003~2007년까지 'BUY 코리아'를 외치며 외국인들이 대한민국 주식시장을 견인해준 원동력이 된 것이다.

2008년 금융위기에 우리가 빼앗긴 것은?

그런데 문제는 2008년 다시 발생했다. 엄청난 통화량의 증가로 1996~2005년까지 물가상승 없는 경쟁성장(골디락스경제)을 이룬 미국은 엄청난 주택 가격의 상승을 맞이했다. 5년간 평균 주택 가격이 60퍼센트 이상 상승하던 미국 주택시장의 종말의 징후는 2006년부터 나타났는데, 신규 주택 판매가 급격히 감소하기 시작했던 것이다. 문제는 주택 가격의 버블이 사라짐에 따라 서브프라임 위기로 총칭되는 부실주택담보대출의 연체율이 급증하게 된 것이다. 기초자산(부동산)의 가격 붕괴는 엄청난 소비 위축과 부실 채권을 만들었으며, 부동산을 기초자산으로 월가의 머리 좋은 투자 전문가들이 만들어낸 파생상품을 섞은 모기지(Mortgage) 채권은 전 세계로 유통되어 미국의 부실이 전 세계로 퍼져 나가는 위기를 만들어냈다.

참 안타까운 이야기이지만, 1990년대 제조업이 대부분 붕괴되어 아무것도 생산하지 못하는 전형적인 소비국가인 미국의 달러 남발이 불러온 자산 가격 상승이 전 세계로 퍼졌고, 결국 실질경제의 성장 없는 통화량의 증가는 엄청난 자산의 붕괴를 가져왔다. 이것이 2000년에는 주식으로, 2008년에는 부동산으로 옮겨가며 시장에 큰 충격을 주게 된 것이다.

2007년 11월 2,085포인트를 넘은 고점에서 2008년 10월 892포인트로의 하락은 단순히 계산할 때 1,000조 원의 시장에서 400조 원의 시장이 된 것이다. 그 사이 증발해버린 600조 원의 시가총액 중 40퍼센트를 투자한 외국인들은 최소한 240조 원의 대한민국의 국부를 가져가버린 것이다. 위기가 발생하는 시점에는 항상 외국인의 매도가 먼저 쏟아지기 때문이다.

 코스피는 아직도 매력적인가?

2000년부터 지금까지의 주식시장 흐름에 대해 알게 된 당신은 다음과 같은 질문을 던질 것이다.

"코스피는 아직도 매력적인가요?"

이에 많은 애널리스트들과 경제 전문가들이 얘기한다.

"아직은 가능성이 열려 있다."

그러나 코스피의 예상 PER가 8배 수준밖에 되지 않고, 우리나라의 기업경쟁력이 글로벌 수준으로 올라가고 있으며, 경상수지가 흑자가 난다고 무조건 코스피가 성장할 수 있다고 생각하는 것은 큰 모순이다. 왜냐하면 우리나라의 주식시장(코스피+코스닥)의 투자는 2011년을 보면 외국인 31퍼센트, 개인 투자가 24퍼센트, 일반법인이 30퍼센트, 기관 투자가 13퍼센트, 정부 및 공기업이 2퍼센트의 투자 비율을 나타내고 있기 때문이다. 아직도 대한민국 주식시장을 쥐락펴락하는 것은 외국인이다. 자본시장에 대한 개방도가 매우 높은 우리나라 주식시장에서 성공하려면 이런 외국인 투자자들의 마음을 읽어내야 한다.

만약 당신이 막대한 자금을 굴릴 수 있는 외국인 투자자라면 어떤 시장에 투자할 것인가?

첫째, 자본유출입에 대한 규제가 자유로운 시장이어야 한다. 즉, 쉽게 말하면 투기성 핫머니를 쉽게 받아들이는 유연한 시장이어야 할 것이다.

둘째, 우수한 기업이 많은 시장경제를 가진 나라이다.

셋째, 주식시장이 상당히 발전해서 누구나 자유롭게 주식을 사고팔 수 있는 많은 시장 참여자를 가진 나라이다.

넷째, 환율이 지속적으로 하락하는 추세라서 주식 가격이 오르지 않더라도 환차익을 얻을 수 있는 나라여야 한다.

다섯째, 기업 가치에 비해 외부 충격에 의한 시장 변동성을 크게 줄 수 있는 시장이어야 한다.

여섯째, 시세차익에 대해 세금이 전혀 없는 나라이다.

어떤 나라가 생각이 나는가? 필자는 우리나라 대한민국이 바로 떠오른다. 다시 말하면 좋은 기업이 많고, 인터넷 발달로 인해 수많은 시장 참여자를 모을 수 있고, 적당한 남북 긴장 관계 등 주식시장 또한 여러 가지 충격에 잘 흔들리며, 환율이 꾸준히 하락 중인 대한민국은 아직도 외국인들에게 매력적인 시장임에는 분명하다.

그러나 이것도 한 가지 담보를 전제로 한다. 전 세계적으로 투자처를 찾는 글로벌 유동성이 풍부할 때에 해당되는 이야기이다. 시중에 넘쳐나는 돈이 없다면 누구도 위험성이 있는 게임에 투자하지 않기 때문이다.

 ## 큰손을 따라야 하는 이유

수익을 내기 위해서는 '달리는 말에 올라타야 한다'는 증시 격언을 많이 들어보았을 것이다. 필자도 이 격언에 100퍼센트 동의한다. 이 말은 두 가지 뜻을 내포하고 있다.

첫 번째는 주식의 대세 상승기에는 항상 주도주가 있는데, 이 것을 사야 수익을 낼 수 있다는 뜻이다.

두 번째는 그런 증시 상승을 주도하는 매입세력(흔히, 우리는 이 것을 주포라고 말한다)을 따라야 한다는 것이다.

그런데 곰곰이 생각해보자. 실제로 달리는 말에 올라탄다는 것 은 여간 용기가 필요한 일이 아니다. 그렇다면 어떻게 해야 하는 가? 과연 주도주를 사야 할까? 아니면 비주도주를 사고 기다려야 할까? 이 문제는 뒤에서 투자원칙을 정립할 때 자세히 이야기하 기로 하고, 일단은 우리 시장에서 큰손은 누구이며, 왜 큰손을 따 라야 하는지에 대해서 이야기해보자.

시가총액 300억 원이 조금 넘는 코스닥에 상장되어 있는 유망 한 중소기업이 있다고 가정하자. 이 기업은 기존보다 치료 효과 가 10배에 달하는 항암제 신약 개발에 한창인데, 먹어도 머리카 락이 빠지지 않고 정상세포에는 아무런 해가 없어 치료기간도 기 존보다 1/5가량 줄어드는 임상실험 결과가 알려진 후 세계적인 다국적 기업들도 모두 주목하고 있다.

마지막 3차 임상실험을 마치고 그 결과를 기다리고 있는 상황 에서 드디어 '주포'가 등장한다. 물론 그의 실체를 알 수는 없지만 단기간 실제거래의 15배에 달하는 물량을 매입하며 주가는 5연 속 상한가를 기록한다. 뉴스는 이 종목을 주목하게 되고, 이미 바 닥에서 2배나 올랐지만 개미 투자자는 수익률 게임에 동참한다

(이후 이야기는 당신의 상상에 맡기겠다).

불과 일주일 만에 이 기업의 가치가 2배가 오른 것은 아니지만 주가는 2배가 올랐다. 여기에는 매입의 주체가 있고, 이를 따라서 투자한 사람들은 이 매입의 주체가 주식을 매도하기 전까지는 수익률 게임에 동참할 수 있을 것이다. 이 종목이 단순한 작전주이든 가치주이든 이런 일들은 우리 증시뿐 아니라 전 세계적으로 비일비재하게 일어나는 일이고, 장이 좋든 나쁘든 상한가를 가는 '희망에 부푼 종목'은 언제든 존재한다.

간단히 정리하면 주포가 언제 팔지를 알 수만 있다면, 달리는 말에 올라타는 투자는 최고의 선택된다. 주가는 결국엔 합리적 수준으로 수렴하게 될 확률이 높을 뿐이지 항상 합리적이지 않고, 언제든 고평가와 저평가 상태는 존재하므로 우리가 의식해야 할 투자 지표는 기업의 가치보다도 오히려 주포 세력의 움직임이라 해도 틀린 말은 아니다.

어떤 브랜드의 옷이 유행을 선도하고 급격한 매출신장을 이루는가는, 어떤 의류업체가 내놓은 신상품이 품질도 좋고 유행에 민감하게 반응하고 가격이 적절한가도 중요하지만, 실제 시장에서는 '김태희' 같은 유명 연예인이 드라마에 어떤 옷을 입고 나오는가, 어떤 연예인이 그 옷을 입고 광고하는가가 판매에 가장 중요한 변수가 된다는 것이다. 그래서 우리는 시장에서 가장 주요한 매수세력을 형성하고 있는 외국인 및 기관의 투자 패턴을 항상 예의 주시해야 하는 것이다.

　다시 말하면 외국인이 떠난 빈자리에는 큰 함정이 기다리고 있고, 우리가 수익을 내기 위해서는 외국인이 떠나기 전에 먼저 떠나야 하는 큰 숙제를 가지고 있는 것이다. 그런데 외국인들의 투자는 우리나라 기업의 가치뿐 아니라 이자율, 환율, 국제수지, 각종 경제 위험 등 여러 가지 변수에 얽혀 있고, 또한 기업가치뿐 아니라 다른 변수에도 쉽게 변동 가능하다는 것이다. 그래서 주식투자는 단순한 주가지수 선물의 포지션 및 기술적 차트 분석으로만 가능한 게 아니라, 반드시 거시경제에 대한 이해와 통찰력이 수반되어야 한다.

주포란?

정식 증권용어는 아니다. 흔희 야구에서 홈런을 많이 치거나 장타를 치는 사람을 주포라 한다. 다시 말하면 '4번 타자'인데, 주포가 잘하면 그 팀은 게임에서 승리할 확률이 높아진다. 이와 마찬가지로 한 주식이나 투자시장의 흐름을 바꿀 수 있는 투자세력을 주포라고 할 수 있다. 흔히 외국인, 기관 투자가, 큰손이라 불리우는 개인 투자자 등이 주포에 해당된다.

II. 재테크의 함정에서
벗어나라

1. 재테크의 허와 실
2. 금융상품 수익률의 함정

1 재테크의 허와 실

be careful!

2000년대부터 우리나라는 재테크 열풍에 휩싸였다. 단기간 돈을 벌게 해주겠다는 화려한 제목의 재테크 관련 책들이 넘쳐났고, 이런 트렌드에 뒤처질새라 사람들은 모이기만 하면 재테크 이야기를 했고, 너도나도 재테크 공부에 열을 올렸다. 특히, 주식과 부동산에 관한 책은 최고의 주가를 올렸다.

그런데 그동안의 실상은 어떠한가? 1997년 IMF와 2000년 IT버블과 2003년 카드 대란과 2008년 서브프라임발 금융위기와 2011년 미국과 유럽의 재정위기를 겪으면서 부자들은 더욱 부자가 되고, 열심히 부자들을 따라가려던 평범한 사람들은 더욱더 가난해졌다. 한 연구기관의 조사에 따르면 2000년 도시 가구의 가처분소득기준 5분위배율(최상위 20퍼센트의 평균소득을 최하위 20퍼센트의 평균소득으로 나눈 값)을 보면 4.05배였지만 2010년에는 4.82로 그 격차는 더 벌어졌다. 무엇 때문에 이런 양극화가 벌어졌을까? 여러 가지 이유가 있겠지만 부자에게는 위기가 초과수익을 얻을 또 다른 기회였지만, 평범한 중산층에게는 위기는 말 그대로 위기였기 때문이다.

여기서 한 가지 짚고 넘어갈 것은, 기본적으로 우리가 재테크란 용어를 이해하는 데 문제점이 있다는 것이다. '단순히 이런 상품은 이제 매력이 없다' '이런 투자기법은 시대에 어긋났다'고 말하는 것이 아니라 아주 근본적인 가정들이 잘못되었다는 것이다.

재테크란 무엇인가? 용어 자체로 보면 '財 + Technology'의 약자로 '돈을 불리는 기술'이라는 뜻이다. 1980년대 일본에서 유래된 말이다. 쉽게 말하면 돈을 불릴 수 있는 기술을 알려준다는 의미이다. 그런데 여기서 말하는 재테크에는 중요한 두 가지의 가정이 필요하다. 첫 번째는 불릴 돈(종잣돈)이 필요하고, 두 번째는 언제 어떤 기술을 써야 하는지를 알고 있어야 한다는 것이다. 다시 말하면 돈도 있고 언제 무엇을 해야 하는지 알고 있는 사람들에게 필요한 기술을 알려주는 것이 재테크란 것이다.

예를 들어 주활 씨는 군대를 제대하자마자 운전면허학원에 등록해서 대형차 면허를 취득했다. 하지만 이후 주활 씨는 10년째

운전기술을 활용하지 못하고 있다. 마땅히 운전할 차도 없고, 대형면허를 가지고 있지만 하고 있는 일 자체가 대형면허랑은 전혀 상관없기 때문이다. 게다가 버스 면허 소지자들이 넘쳐나서 경력 없이는 버스기사로 취업도 어렵다고 하면 주활 씨가 가지고 있는 대형면허는 장롱면허일 뿐 돈벌이로는 전혀 영향력이 없는 것이다.

마찬가지로 아무리 화려한 재테크 비법을 알고 있다 하더라도 종잣돈도 없고, 이를 시기적절하게 활용할 수 있는 안목이 없다면 당신이 알고 있는 재테크 지식은 무용지물과 같다.

 ## 저축을 할까, 투자를 할까?

대부분의 투자자들은 안전한 저축을 할 것인지 아니면 위험을 조금 감수하고서라도 투자를 할 것인지 망설인다. 짧은 기간 안정적이고 고수익을 준다는 상품은 지구상에 존재하지 않으며, 혹 그런 상품이 존재하더라도 십중팔구는 사기성이 농후한 상품일 수밖에 없다. 그래서 사람들은 많은 상품 속에서 어떤 상품을 선택해야 할지 어려워한다. 이제 그에 대한 해답을 찾아보자.

우선 우리의 금융환경부터 자세히 살펴보아야 한다. 1990년대 초반과 지금을 비교해보면 그 차이는 명백하게 드러난다.

불과 20년 전이지만 정말 많은 것이 달라졌다. 1차 베이비부머(1955~1963년생, 약 712만 명)는 우리 인구의 15퍼센트를 감당하는데, 그들이 열심히 일하던 시기가 바로 1990년대이다. 이때 우리나라의 경제성장 속도는 무척이나 빨랐다. 1991년의 경제성장률은 9.4퍼센트였으며, 1960대 후반부터 1990년대 초반까지 경제성장률은 거의 10퍼센트에 근접하는 놀라운 성장률을 보였다. 시중 은행 정기예금 금리는 최소 12퍼센트가 넘었다. 임금상승률도 15퍼센트에 달했다. 말 그대로 3고시대(고성장, 고금리, 고임금)에 살고 있었던 것이다. 그만큼 자산 증가의 속도도 빨랐으며 경제 발달로 인한 부동산 가격도 많이 올랐던 것이 사실이다.

그런데 지금은 어떠한가? 1997년 IMF를 시작으로 여러 번의 경제위기를 겪으면서 많은 것들이 달라졌다. 2011년도 경제성장률은 3.6퍼센트에 불과하고, 2012년 경제성장률은 3퍼센트 초반이 예상되고 있다. 시중 금리는 어떠한가? 1년 만기 정기예금 금리는 4퍼센트이고, 임금상승률은 5퍼센트 초반이다. 20년이 지난 현재는 3저시대(저성장, 저금리, 저임금) 시대가 도래한 것이다. 이것이 시사하는 바는 다음과 같다.

첫째, 이제는 저축만으로는 자산가치의 상승을 기대하기는 어렵다. 실질금리라는 말을 한 번쯤은 들어보았을 텐데, 실질금리란 실제 받은 금리에서 물가상승률을 뺀 것을 말한다. 좀 더 자세히 적어보면 다음과 같다.

실질금리 = 세후수신금리 − 소비자물가 상승률

실질금리가 마이너스란 얘기는 더 이상 저축만으로는 물가상승률을 따라잡을 수 없다는 것이다. 즉, 단순한 예금의 형태로는 내가 가진 돈의 자산가치를 보전할 수 없다는 것이다. 만약 실질금리가 마이너스라 하면 은행에 돈을 넣어둘수록 내 돈의 값어치는 떨어진다.

우리나라도 2010년 2분기부터 실질금리가 마이너스로 떨어져서 2011년 3분기 최저치인 −1.63퍼센트를 기록했다. 저금리가 계속되고 물가상승률이 높아지는 경기둔화가 지속되면 실질금리는 지속적으로 낮은 수준이나 마이너스를 기록할 수밖에 없는데, 1990년 부동산 버블 붕괴 이후 잃어버린 20년을 지난 일본 경제가 가까운 사례라고 할 수 있다. 앞으로 우리나라도 저금리 추세가 계속될 것으로 예상되고, 2011년처럼 4~5퍼센트대 고물가가 계속된다면 실질금리는 지속적으로 마이너스를 기록할 수밖에 없다. 그래서 우리는 인플레이션을 대비할 수 있는 저축 또는 투자를 적극적으로 고려해야 한다.

[표 2-1] 2011년도 1~3분기 실질금리 추이

기는 예금 금리, 뛰는 물가

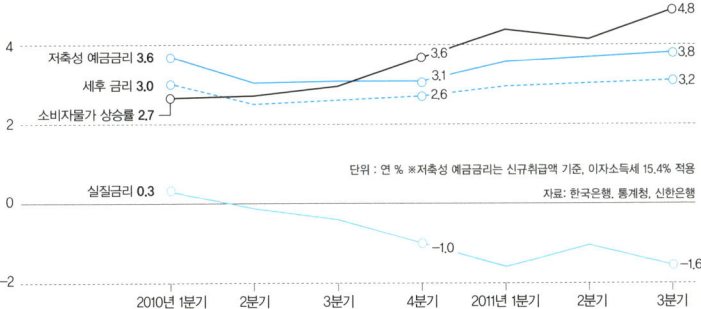

단위 : 연 % ※저축성 예금금리는 신규취급액 기준, 이자소득세 15.4% 적용

자료: 한국은행, 통계청, 신한은행

2011년 분기별 실질 예금금리

(단위 : %)

	순수저축성 예금 수신금리	세후 수신금리	소비자물가 상승률	실질금리
1분기	3.58	3.03	4.5	-1.47
2분기	3.69	3.12	4.2	-1.08
3분기	3.75	3.17	4.8	-1.63

※ 자료 : 한국은행(순수저축성 예금금리는 신규 취급액 기준, 이자소득세 세율 15.4%)

그렇다고 저축이 필요 없다는 이야기는 아니니 오해하지 않기를 바란다. 투자에 필요한 종잣돈을 모으기 위해서는 반드시 저축이라는 단계를 거쳐야 하므로, 같은 저축도 좀 더 스마트하게 할 필요가 있다는 것이다.

그에 가까운 예로 1퍼센트의 추가 금리를 주는 5퍼센트대 안정적인 저축은행을 찾아갈 수도 있고, 원금이 보장되는 ELD(주가지수연동예금)을 통하여 원금을 보장받으면서도 시중금리＋α의 수익을 올릴 수도 있으며, 은행 적금이 아닌 시중 보험회사의 사업비가 적고 공시이율이 높은 10년 이상 비과세 저축성보험을 통해 원금을 키울 수도 있다.

둘째, 이제는 저축만으로 노후 준비를 하기엔 한계가 있다.

필자는 2억 원의 비유를 상당히 많이 든다. 60세에 은퇴한 한 가장이 있다고 하자. 이 사람은 집 한 채와 퇴직금을 포함해서 2억 원을 소유하고 있다. 만약 이 가장이 1990년에 살고 있었다면 은퇴자금 2억 원을 은행 정기예금에 예치한다면 최소 13퍼센트이상의 금리를 받을 수 있었다.

2억 원 × 13퍼센트 = 2,600만 원

2600만 원 ÷ 12개월 = 217만 원

217만원에 15.4퍼센트로 이자소득세를 제하고 나면 183만 원을 매월 이자로 수령하게 된다. 20년 전 물가로 치면 183만 원으로 충분한 생활이 가능했다. 그러나 지금 2012년을 살아가는 우리는 어떠한가? 똑같이 계산해보면 다음과 같다(현재 정기예금 금리 4퍼센트 가정).

2억 원 × 4퍼센트 = 800만 원

800만 원 ÷ 12개월 = 67만 원

여기서 이자소득세를 떼고 나면 56만 원을 수령하게 되는 것이다. 이제는 2억 원의 예금으로도 노후생활을 할 수가 없게 된 것이다. 요즘 길이나 지하철에서 폐휴지를 모으는 어르신들을 쉽게 볼 수 있다. 이분들이 열심히 일하면 버는 돈이 한 달에 50~60만 원가량 된다고 한다. 바꿔 말하면 폐지를 모으는 어르신들은 통장에 2억 원을 넣어놓고 노후를 보내는 노인과 경제적으로는 크게 다를 바가 없다는 것이다.

여기서 시사하는 바는 노후를 위해서 또 다른 일자리를 준비해야 한다는 뜻도 있지만, 더 중요한 사실은 저금리 시대에는 단순한 저축으로는 노후를 대비할 수 없다는 것이다. 그래서 남보다 미리 길게 준비하고, 이자가 이자를 낳는다는 복리를 잘 활용하며, 세금을 안 내거나 줄일 수 있는 비과세 플랜 등을 적극 고려해야 한다. 그런 노후대비용 금융상품은 어떤 것이 있을까? 바로 연금저축보험이다.

시중의 연금상품은 세제적격상품과 비적격상품이 있는데, 필자는 먼저 세제적격상품의 가입을 권한다. 직장인과 자영업자 모두 연간 400만 원 한도로 소득공제를 해주는 상품이기 때문이다. 물론 소득공제 효과는 개인의 적용세율마다 차이가 있지만, 직장인에게 가장 많이 해당되는 종합소득세 세율 16.5퍼센트(주민세 포함)를 적용하면 연말정산 후 매년 2월에 돌려받는 금액이 66만 원(400만 원×16.5퍼센트)이 된다. 소득공제 한도만큼만 저축한다고 가정할 때 33.4만 원(400만 원÷12개월)이 되므로 간단하게 국가가 두 달치 저축액을 돌려준다고 생각하면 될 것이다. 각 회사마다 사업비율과 공시이율의 차이 있기 때문에 가입 전에 세밀한 검토가 필요하다(사업비와 공시이율은 평균적으로 생명보험보다 손해보험이 더 낫다. 사업비도 2~3퍼센트 적고 공시이율은 0.5퍼센트 정도 더 높다).

어쨌거나 적용세율 16.5퍼센트(주민세 포함)로 봤을 때 소득공제 효과까지 고려하면 납입원금 대비 연평균 수익률이 19퍼센트(16.5퍼센트+공시이율의 절반)에 달하는 고수익 상품이 바로 연금저축보험인 것이다.

[표 2-2] 소득세 구간 및 세율 그리고 연금저축보험의 절세 효과

과세표준	적용세율	누진공제액	연금소득공제 절세 효과 (주민세 포함)	월불입액 33만 원 대비 연말정산 환급액
1,200만 이하	6%		26.4만	80%
1,200만 초과 4,600만 이하	15%	108만	66만	200%
4,600만 초과 8,800만 이하	24%	522만	105.6만	310%
8,800만 초과 3억 이하	35%	1,490만	154만	460%
3억 초과	38% (2012년 신설)	2,390만	167.2만	500%

만약에 과세표준이 3억 원을 초과하는 고소득 연봉자가 소득공제 목적으로 연금저축보험 33.4만 원을 가입한다면 그는 2월 연말정산에 5개월치 저축액을 돌려받을 수 있다는 것이다. 그래서 소득이 클수록 연금저축 가입은 필수이다.

그런데 이것뿐만 아니라 보통 납입 및 거치기간까지 따지면 최

소 20년 이상 운용이 됨으로 복리 효과도 뛰어나다. 그래서 저금리 시대에는 연금저축보험이 필수인 것이다.

셋째, 인플레이션의 위험을 이길 수 있는 적극적인 투자 수단이 필요하다.

2011년은 높은 물가 때문에 홍역을 치룬 한 해였다. 경제성장률은 3퍼센트 초반인데 소비자물가는 한때 5퍼센트를 근접했으니 서민들의 고통을 이루 말할 수 없었다. 인플레이션에 대해서 간단히 얘기해보면 이렇다.

인플레이션이 발생하는 이유는 시중에 돈이 많이 풀리거나, 수요가 많이 늘어나거나, 비용이 상승하기 때문이다. 경제학 용어로는 순서대로 통화 인플레이션, 수요견인 인플레이션, 비용상승 인플레이션이라고 하는데 쉽게 설명하면 다음과 같다.

먼저 시중에 돈이 늘어서 생기는 경우를 살펴보자. 전 세계에 물건이 사과 100개만 존재한다고 가정하자. 그리고 화폐량은 100개(1원짜리 100개)이다. 그렇다면 가격은 '사과 1개＝1원'으로 성립될 것이다. 그런데 사과의 생산은 늘지 않았는데 정부에서 화폐량을 100개에서 200개로 늘렸다면 사과 1개의 가격은 2원이 될 것이다. 이렇게 실질적 경제성장(사과의 생산량 증가) 없는 화폐량 증가(100개에서 200개)는 인플레이션을 유발한다. 이것을 통화 인플레이션이라고 하는데, 제2차 세계대전 이후 독일이 엄청난 전

쟁 배상금을 물기 위해 마르크를 남발하자 초인플레이션이 발생한 것과 같은 이치이다.

반대로 통화량은 그대로 있는데 사과가 몸에 좋다는 이유로 사과에 대한 수요가 2배로 늘어나면 가격이 올라간다. 이런 수요견인 인플레이션은 경제성장기에 나타나는 인플레이션으로 꼭 부정적인 것만은 아니다. 우리가 20년 전에는 사용하지 않던 휴대전화를 이제는 전 국민이 소유할 정도로 확산되었는데, 이는 통신비라는 새로운 지출을 가져왔지만 그만큼 새로운 산업이 고용도 창출했기 때문이다.

마지막으로 비용상승 인플레이션은 사과를 생산하는 인건비, 비료값, 토지임대료 등이 올라서 더 이상 단가를 1개당 1원에 맞추지 못할 때 발생한다. 이런 경우는 시장 메커니즘에 의해 가격이 상승하게 된다.

어쨌거나 우리는 지금 인플레이션의 시대에 살고 있다. 중국은 매년 두 자릿수가 넘는 높은 경제성장률의 후유증으로 2011년 6퍼센트가 넘는 살인적인 물가에 시달렸고, 중국의 영향 아래 우리도 자유로울 수 없다. 또한 미국은 2000년 이후 경기부양을 위해 기축통화인 달러를 4배 가까이 많이 찍어서 전 세계로 유통하였다. 첫 번째는 금리 인하를 통해서 달러화를 많이 풀었고, 두 번째는 양적완화정책(국채 매입)을 통해서, 세 번째는 막대한 재정지출을 통해서 달러를 풀었다. 중국은 경제성장에 따른 수요견인 인플레이션을, 미국은 경제 침체를 막기 위한 통화 인플레이션을 전 세계에 제공하고 있는 것이다.

이런 인플레이션의 위험에 대비하기 위해서 재테크 전문가들은 위험자산의 비율은 '100 – 본인 나이'로 가져가는 것이 좋다고 말한다. 만약 30세의 가장이라면 70퍼센트를 위험자산으로 가져가고 나머지 30퍼센트를 저축으로 가져가라는 말이다.

그런데 무작정 이렇게 투자하기에 우려되는 부분은 있다. 섣부른 위험자산에 대한 투자는 자산의 손실을 가져올 것이 명백하기 때문이다. 안정적인 금리가 현재 은행 1년 만기 정기예금 금리인 4퍼센트라고 한다면, 우리는 8퍼센트의 수익률을 예상하고 투자할 때 최소한 8할의 승부를 벌여야만 꾸준한 4퍼센트의 수익률보다 나을 수 있다. 그래서 다음과 같이 제안하고 싶다.

종잣돈을 모으기 전까지는 안전한 투자 수단인 저축을 활용해야 한다. 이때 인플레이션을 이길 수 있는 저축 수단을 찾아야 한다. 그래서 짧은 기간(3년, 5년)을 모으는 게 아니라 길게 보고(10년 이상) 저축해야 한다.

일본처럼 2006년 이미 65세 인구가 전체 인구의 20퍼센트를 넘어서는 초고령화 사회가 되어버린 나라에서 펀드나 주식 등 위험자산에 투자했다면 금리 이상의 수익은커녕 투자 잔고는 당연히 줄어들 수밖에 없을 것이다(일본은 1990년 버블 붕괴 이후 지속적으로 주가가 하락했다). 이 모든 것이 인구 구조와도 깊은 관계가 있는데, 일본은 35~54세 경제활동 인구가 1990년을 최고점으로 지속적으로 감소하고 있기 때문에 부동산뿐 아니라 모든 투자시장에서 위험자산의 수익률은 낮을 수밖에 없다. 젊은이들이 많은 젊은 국가가 위험자산에 투자할 여력이 높은 것이 당연하고, 노인들이 많은 늙은 국가가 위험자산에 대한 투자가 낮을 수 밖에 없다는 논리에 기인한 것이다. 지금 20세인 당신이 전 재산 2억 원을 소유하고 있다면 일부를 주식시장에 투자할 수도 있지만, 지금 당신의 나이가 60세라면 선뜻 전 재산인 2억 원을 주식시장에 투자할 수 없을 것이기 때문이다.

어쨌거나 우리는 위험자산에 대해서도 신중한 투자를 요하고, 목돈을 모으기 전까지는 절대로 원금의 손실을 입거나 인플레이션 이하의 수익을 거두지 않도록 계획적인 투자 플랜을 가져가야 한다. 자세한 투자방법에 대해서는 이후 장에서 살펴보기로 하자.

재테크의 함수 엠프트(MFT)

재테크와 관련해서 여러 가지 주장들을 하지만 필자는 심플하게 다음과 같이 정의한다.

$$Y = f(M, F, T)$$

Y = 총자산 (Yield)

M = 종잣돈 (Seed Money)

F = 투자자산의 포트폴리오 (Finance Portfolio)

T = 투자 시간 (Time)

이를 소리나는 대로 '엠프트 함수'라고 명칭했다. 쉽게 설명하자면 재테크를 통해서 총자산이 늘어나거나 줄어드는 요인은 세 가지가 있는데, 첫 번째가 M, 즉 내가 가진 종잣돈이 얼마인가 하는 문제이다. 두 번째는 F, 즉 투자 포트폴리오를 어떻게 구성하였는가 하는 문제이다. 세 번째는 T, 즉 투자 시간을 어떻게 가져갔는가 하는 것이다. 쉽게 예를 들자면 2007년 11월 2,085포인트에 주가의 최정점에서 1억 원을 거치식으로 코스피지수에 투자한 투자자라면 M은 1억, F는 주식형 펀드 100퍼센트, T는 약 4.5년이 되는 것이다(물론 거치식으로 투자한 투자자는 2012년 5월 기준으로 원금 회복이 안 되었을 것이다).

이 셋 중에 어느 한 가지라도 빠지면 재테크는 불가능하다. 종잣돈 없이, 포트폴리오의 구성 없이, 시간을 들이지 않고 수익을 낼 수 있는 것은 이 세상에 존재하지 않기 때문이다. 따라서 이 세 가지를 먼저 점검하고, 내가 무엇을 가지고 있고 무엇이 부족한가 꼼꼼하게 살펴봐야 할 것이다.

재테크의 제1요소_ 종잣돈(M)

농사를 짓는 사람들에게는 대대로 내려오는 철칙이 있다. '아무리 배가 고파도 다음 해에 땅에 뿌릴 씨앗은 절대로 먹지 않는다'는 것이다. 농부들은 한 해 추수를 마무리하고 가장 좋은 씨앗만을 추려서 종이봉지나 천으로 되어 있는 주머니에 담아 바람이 잘 드는 곳에 보관한다. 이렇게 종자씨를 귀하게 여기고 다음 해를 살아갈 소망으로 생각했다.

요즘은 어떠한가? 요즘은 과거보다 종자씨의 중요성이 한층 더 강조되고 있다. 같은 벼라고 해도 어떤 품종의 종자를 쓰느냐에 따라 병충해, 수확량, 맛 등 많은 차이를 가져온다고 한다. 2010년 기준으로 전 세계 농업유전자원의 가치는 약 1,540억 달러(우리나라 원화 가치로 약 170조 원)라고 한다. '몬산토'라는 다국적 기업으로 대변되는 종자산업의 1등 나라는 현재 미국이다. '종자를 지배하는 자가 미래를 지배한다'는 슬로건 아래 종자 확보를 위한 국가간, 기업간 경쟁은 치열하다. 현재 미니 파프리카 종자 3g(500립)의 가격은 75만 원이고, 일반 파프리카의 경우 30만 원이라고 하니 다시 한번 그 가치와 중요성을 느낄 수 있을 것이다.

재테크에서도 종잣돈의 중요성은 두말하면 잔소리이다. 먼저 종잣돈의 정의를 이야기하면, 생계유지 및 다른 목적으로 쓰이지 않을 돈으로, 투자의 목적으로 최소 3년 이상 굴릴 수 있는 여유자금이다.

종잣돈에는 반드시 2가지 성격이 들어가야 하는데, 한 가지는 생계유지에 쓰이지 않는 여유자금이라는 것이고, 또 하나는 결혼 · 은퇴 · 교육 · 주택 구입 등에 쓰이지 않을 돈이어야 한다는 것이다. 내가 현재 2억 원을 가지고 있는데, 내년에 입주할 아파트의 중도금과 잔금의 일부라면 이것은 종잣돈이 아니다. 또 내후년에 유학 갈 자녀의 학자금 또한 종잣돈이 아니다. 은퇴시 손에 쥐는 퇴직금 또한 종잣돈이 아니다. 앞으로 남은 기간 살아가야 할 목숨과 같은 돈이기 때문이다.

그래서 종잣돈을 모을 수 있는 시기는 그리 많지 않다. 군대를 다녀온 직장 남성의 경우 보통 27~45세 정도까지가 종잣돈을 모을 수 있는 기간이다. 평균적으로 채 20년이 되지 않는다. 보통 45세가 넘어가면 자녀들의 학자금과 결혼 비용, 그리고 본인들의 노후비용으로 저축을 하기가 어렵기 때문이다. 어쨌거나 예전보다 늦어진 결혼과 빨라진 퇴직 때문에 우리가 돈을 모을 시간은 어머니, 아버지의 세대보다 길지 않음을 인지하고 종잣돈을 마련하기 위해 계획을 세워야 한다.

만약 종잣돈 1억 원으로 매년 10퍼센트의 수익을 낸 사람의 20년 뒤 자산은 얼마가 될까? 그리고 종잣돈 5천만 원으로 매년 10퍼센트의 수익을 낸 사람의 20년 뒤 자산은 얼마가 될까?

전자의 경우는 6억 7천만 원이 되고, 후자의 경우에는 절반인 3억 3천 5백만 원이 된다. 절반으로 시작한 종잣돈은 수익률이 같다고 가정하면 6억 7천만 원의 절반인 3억 3천 5백만 원이 된다. 여기서 중요한 시사점은 시작할 때는 5천만 원의 차이였지만, 결국에는 5천만 원의 6배가 넘는 3억 3천 5백만 원의 차이가 되어버렸다는 것이다.

[표 2-3] 종잣돈의 크기에 따른 수익의 차이

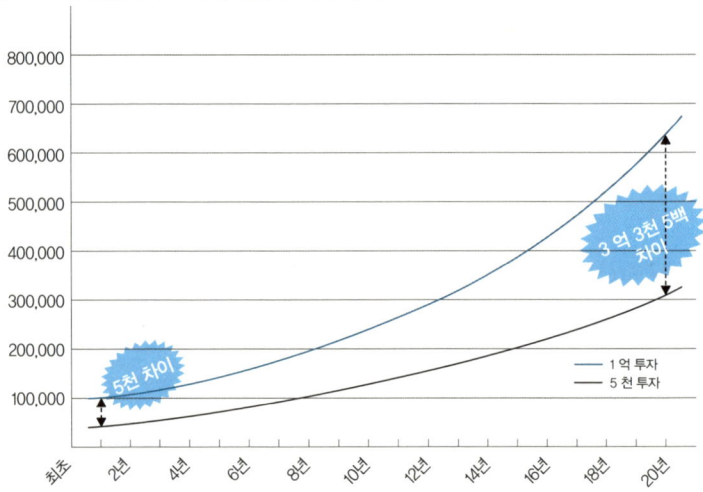

그래서 재테크에서는 얼마의 종잣돈을 가지고 시작하느냐가 무엇보다 중요한 것이다. 그렇다면 종잣돈을 모으는 방법으로는 무엇이 좋을까? 적금, 펀드, 저축성보험, ELD 등 여러 가지 수단이 있겠지만, 가장 중요한 것은 종잣돈을 모을 때까지의 투자상품은 반드시 원금 손실이 없는 상품이어야 한다는 것이다. 원금 손실이 없다는 말은 투자의 안정성이 최우선 선택의 기준이고, 그 다음이 투자 수익률이 되어야 한다는 것이다. 그런데 많은 사람들이 종잣돈을 모으려고 높은 투자 수익률을 내준다는 상품을 따라가다가 손실을 입는다. 주식은 물론이고 펀드, ELS, 변액연금, 심지어는 안전하다고 여겼던 저축은행의 예금까지 우리에게 뼈아픈 원금 손실의 상처를 남겨주었다.

그런데 가장 큰 문제점은 원금 손실을 본 투자자는 원금 손실을 만회하기 위해 더 큰 수익을 쫓아 투자할 가능성이 높다는 것이다. 5퍼센트의 손실을 만회하려고 10퍼센트를 쫓고, 10퍼센트를 만회하려고 20퍼센트를 쫓게 되는 것이 사람의 투자 심리이다. 이는 도박에 빠진 사람들이 말하는 '본전 심리'와 같다. 이것을 경제학자들은 '매몰비용의 오류(Sunk Cost Fallacy)'라고 한다.

가족끼리 호텔 부페에 갔는데 음식이 생각보다 맛이 없거나 배가 부른데도 본전 생각 때문에 원래 식사량보다 더 많이 먹거나 쉽게 식사를 끝내지 못하는 것이 그러한 예의 한 단면이다. 본전을 잃었다는, 즉 손해 봤다는 생각 때문에 그 상황에서 빠져나오지 못하는 것이다.

다시 한번 정리하면 재테크의 가장 중요한 시작은 종잣돈의 크기이며, 종잣돈을 모으기까지는 수익률을 쫓지 말고 가장 안전한 방법으로 최대한 많이, 남들보다 빨리 모아야 한다. 종잣돈 모으는 데 최고의 진리는, 우리가 어릴 적부터 많이 들어서 알고 있는 '많이 벌고 적게 쓰고 많이 저축하는 것'이다.

종잣돈은 어떻게 모아야 하는가?

그렇다면 과연 어떻게 종잣돈을 모아야 할까? 저축이 최선의 수단일까? 우리는 금융상품을 고르기 전에 먼저 다음과 같은 질문을 던져야 한다.

1. 내가 한 달에 저축할 수 있는 최대 금액은 얼마인가?
2. 내가 한 달에 지불하는 대출금의 원리금은 얼마인가?
3. 앞으로 3년 내에 목돈이 들어갈 어떤 재무적 변화(결혼, 주택 구입, 자녀 유학, 은퇴 등)가 있는가?
4. 나는 소비 성향이 강한 사람인가, 약한 사람인가?

일단 본인의 최대 저축액을 합리적으로 산출하고, 본인이 내고 있는 부채상환액을 빼준다. 그렇게 하면 순저축 가능액이 나온다(물론 부채가 존재할 경우 대부분 부채를 먼저 갚는 것이 올바른 방법이다). 그리고 나서 앞으로 최소 3년 이내에 생길 수 있는 재무적 변화에 대해서 따져본다. 결혼, 주택 구입 등 큰 돈이 들어갈 일들을 따져서 종잣돈을 모으는 것과는 분리하자는 뜻이다. 마지막으로 본인의 소비 성향을 따져본다. 근검절약이 몸에 밴 사람이면 참 좋겠지만 대부분은 그렇지 못하기 때문에 쓰고 남는 것을 저축한다는 것은 좀처럼 쉽지 않다. 그래서 본인의 소비 성향과 비추어서 단기 또는 장기의 금융상품을 선택해야 한다.

소비 성향이 크다면 일단 신용카드부터 없애고 본인의 지출을 통제해야 한다. 그리고 단기상품(1~2년짜리)인 은행적금보다는 장기상품(원금 보전 가능한 5~10년짜리 저축성보험)을 가입하는 것이 좋다. 10년 이내에서는 보험보다 은행 적금의 수익률이 다소 높은 것이 사실이지만, 따져보면 만기시 총수령액의 차이는 2~3달 정도의 불입 원금 정도밖에 차이가 나지 않는다. 10년이 넘어가면 복리 효과 및 비과세 효과 때문에 은행 적금을 두세 번 연거푸 가입하는 것보다 10년짜리 저축성보험을 드는 것이 더 낫다. 우리의 목적은 종잣돈을 모으는 것이기 때문에 모아놓은 돈을 다른 곳에 쉽게 써버리는 유혹에서 벗어나기 위해서라도 단기상품보다 장기상품이 낫다.

당신은 소비 성향이 높은가, 낮은가? 돈이 지갑에 있으면 통제가 되는가, 안 되는가? 똑같은 1억 원을 가지고 있다 하더라도 오피스텔로 소유하는 것과 금으로 소유하는 것과 통장에 가지고 있는 것은 전혀 다르다. 당신이라면 어떻게 소유하는 것이 1억 원을 오랫동안 지켜줄 것이라고 생각하는가? 어떤 게 높은 수익을 가져다 줄 것인가의 관점이 아닌, 어떤 자산을 오랫동안 팔지 않고 가져갈 수 있는가를 곰곰이 생각해보자.

재테크의 제2요소_ 시대에 맞는 포트폴리오(F) 구성

포트폴리오란 자산의 구성을 의미한다. 현재 가진 돈이 1억 원인데 부동산에 5천만 원, 채권에 3천만 원, 주식에 2천만 원을 가지고 있다면 이것이 나의 포트폴리오가 된다. 종잣돈이 준비되었다면 그 다음에 생각해야 할 것이 바로 포트폴리오 구성이다. 시대마다 초과 수익을 안겨주는 투자 수단이 존재하는데, 바로 그것을 찾아내고 투자하는 것이 성공 투자의 관건이라고 해도 과장이 아니다.

은퇴 후에 주식이나 펀드의 투자 비중을 얼마로 가져가는 것이 좋을까, 하는 질문에 앞에서 '100 – 자신의 나이'가 바로 위험자산의 투자 비중이라는 얘기를 했다. 그런데 필자는 본인의 연령에 따른 위험자산의 투자 비중을 정하는 것도 중요하지만, 어떤 투자 수단을 선택하느냐도 중요한 문제라고 생각한다.

1980년대 우리나라에서 부동산(주택)에 투자한 사람과 주식에 투자한 사람의 차이는 어떠할까? 물론 주식을 20년 이상 보유했다는 가정에서 보면 종목에 따라서는 주식이 좀 더 나은 선택일 수도 있지만, 대부분 부동산이 탁월한 선택이었다. 베이비부머 세대들이 경제활동에 주축을 이루고 있었고, 국내총생산(GDP)의 증가와 맞물려 인구도 급속도로 증가했기에 주택 가격의 폭등은 돌이켜보면 당연히 예견될 수 있는 이야기였다. 반면에 주식은 급등락을 반복했기에 부동산보다 환금성이 좋은 주식은 좀 더 쉽게 팔았을 것이고, 수익보다는 손실을 주었을 가능성이 높았다.

따라서 우리는 그 시대에 맞는 투자 포트폴리오를 구성해야 하고, 그것을 찾을 수 있는 안목을 가져야 한다.

 경기 사이클에 따른 포트폴리오 투자 방법

경기는 항상 좋지도, 항상 나쁘지도 않다. 경기는 유기적인 생명체처럼 항상 변한다. 좋을 때와 나쁠 때에 보내는 신호가 있고, 각 변곡점마다 우리가 알 수 있는 여러 가지 뉴스들이 있다. 그럼 다음 표 2-4를 보며 이야기해보자.

일단 A지점은 불경기가 상당 기간 지속되고 있는 경우이다. 한국은행에서 정하는 기준금리는 최근 몇 년 중에 최저 수준으로 동결된 상황이고, 주식시장은 투자자들이 좀처럼 관심을 보이지 않는다.

[표 2-4] 경기 사이클과 투자방법

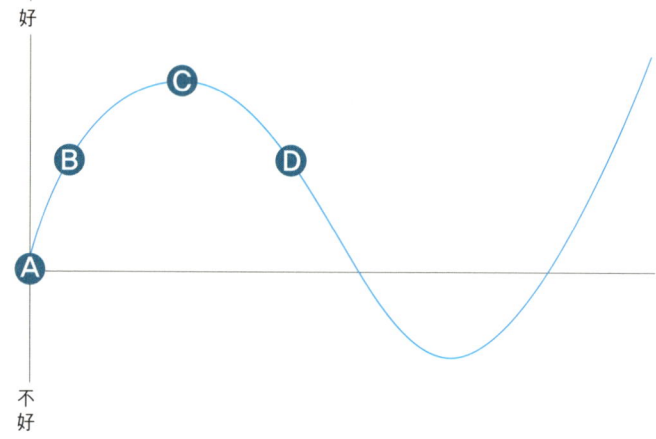

실업률은 높고, 택시 기사들은 손님이 부쩍 줄었다고 이야기한다. 자영업자들은 줄어든 매출에 월세를 감당하지 못하고 보증금만 까먹고 있다. 시중에는 저금리에 투자처를 찾지 못하는 부동자금이 넘쳐난다는 뉴스가 나오고 예금 잔고가 늘어난다. 이럴 때는 우량주를 미리 사놓는 것이 좋은 투자방법이다.

B지점은 경기가 조금 살아나는 조짐들이 보이는 시기이다. 주식시장에는 외국인이 돌아와서 매수세가 뚜렷해지고 시중엔 돈이 돌기 시작한다. 특히 이때는 부동산이 슬슬 움직일 조짐을 보이는데 전세 가격이 먼저 오르기 시작한다. 기준금리는 여전히 낮기는 하지만 정부가 물가상승 압력으로 금리를 조금 올린다는

이야기가 심심치 않게 나온다. 서민들은 경기가 좋아지는 것을 피부로 느끼지 못하지만 대기업은 조금씩 고용을 늘이고 경제에 대한 좋은 전망들이 나오기 시작한다. 만약 이때 금리 수준이 높지 않고 경제성장률 또한 양호하고 집값 또한 몇 년 동안 바닥을 다지고 있다면 부동산에 투자하는 것이 좋은 투자방법이다.

　C지점이 되면 주가는 연일 상승하면서 개인 투자자들이 주식시장에 참여하여 증권계좌의 투자 잔고가 연중 최고치를 기록하는 시점이다. 뉴스에서는 새로운 주가 상승의 시대가 도래할 것이라는 장밋빛 전망이 난무한다. 이때에는 돈을 벌었다는 개인 투자자들을 주위에서 쉽게 볼 수 있다. 다만 주도주에 올라타 수익이 많이 난 투자자와 주도주에 편승하지 못해 낮은 수익을 기록하는 투자자로 나뉠 뿐이다. 또한 개별주가 아닌 우량주들의 상승이 두드러지고, 주도주들은 연일 신고가를 갱신한다. 다만, 한국은행에서는 이미 금리를 수차례 인상했으며 기준금리는 연중 최고점을 기록하고 있다. 기준금리가 상승하여 예적금 금리노 낳이 올랐지만, 주식이나 펀드의 수익률이 월등하기 때문에 개인 투자자들은 증권 객장에 몰릴 뿐 예적금에는 별로 관심이 없다. 이때에는 주식시장은 하락세에 접어들 확률이 높고, 금리 또한 많이 오른 상태이므로 채권에 투자하는 것이 좋은 투자방법이다.

D지점이 되면 이미 주가는 고점에서 상당히 빠진 상황이다. 다만 시장에서는 일시적인 조정으로 '과대 낙폭' '밸루에이션 매력' 등의 천재일우의 매수 기회라는 이야기와 이제 추가적인 하락이 더 나올 수 있으니 조심해야 한다는 의견들이 팽팽하게 맞선다. 이때에는 개인 투자자들의 증권계좌 및 펀드 잔고 또한 마이너스 수익률을 기록하고 있으며, 부동산 시장 또한 꽁꽁 얼어붙어 있다. 정부는 추가적인 경기침체를 우려하며 금리 인하를 단행하거나 계획하고 있다는 이야기가 나오기 시작한다. 이때에는 현물 또는 현금을 보유하고 있는 게 최선이다. 금리가 낮아져서 인플레이션 이상의 수익을 주지 못하기 때문에 현물(금, 원유, 농산물) 등에 대한 대안 투자나 또는 현금을 보유(예금)하고 있는 투자가 좋은 투자방법이다.

정리하면 A지점에서는 주식을, B지점에서는 부동산을, C지점에서는 채권을, D지점에서는 현물이나 현금을 보유하는 것이 경기 사이클에 따른 투자법이라 할 수 있다.

그런데 이미 5퍼센트 미만의 저금리 시대가 도래했기 때문에 기준금리와 경기 사이클이 약간의 시차는 있지만 비슷하게 움직인다는 것에 주목할 필요가 있다. 즉 금리가 바닥일 때는 주식에 관심을 가지고, 금리가 조금 오르기 시작할 때는 부동산에, 금리가 정점일 때는 채권에, 금리가 떨어질 때는 현물 투자를 생각하는 것이 바람직하다는 것이다. 물론, 현재의 경기 사이클이 어느 시점인지, 각 시점마다 어떤 투자법이 옳은지는 경제학자나 투자 전문가 사이에도 의견이 다르기 때문에 한 사람의 의견을 절대 신봉하기보다는 대세의 흐름을 읽는 데 활용하는 것이 좋다. 금리라는 변수에도 환율, GDP, 물가상승률, 해외 시장 등 여러 가지 변수들이 너무도 복잡하게 얽혀 있기 때문이다.

2012년 3월, 지금은 어디를 지나고 있을까?

필자의 생각으로는 B에서 C로 가지 못하고 D로 옮겨간 상태라고 판단되어진다. 전 세계가 2008년 금융위기 이후 많은 돈을 풀었지만 그 돈이 기업이나 정부의 투자로 이어지지 않고 투기자본으로 흘러 들어가버렸다. 특히 실물 경제로 흘러 들어가지 못하고 경기를 부양시키지 못하는 유동성 함정에 빠져 있기 때문이다. 돈은 늘어났는데 실질 GDP가 늘어나지 못한다는 것은 투자와 고용이 활발하게 이뤄지지 않고 있다는 증거이며, 이것은 결국 소비 침체로 이어지고 그 풍부한 유동성은 자산 가격(부동산, 주식, 원자재 등)의 거품만 일으키게 된나는 것이다. 그래서 우리가 겪고 있는 지금은 어느 때보다 리스크 관리가 필요한 시점이라고 생각되어진다. 물론 현재의 유럽발 위기가 잘 해결되고 전 세계적으로 경기가 회복된다면 2012년 3분기 이후로는 C로 올라갈 확률도 많이 열려 있다. 아무튼 우리는 지금 변곡점에 서 있다.

재테크의 제3요소_ 투자 기간(T)의 중요성

투자 기간은 실제로 투자자들이 가장 간과하는 요소이다. 투자 기간이 길다는 것은 첫 번째 투자 실패를 만회할 수 있는 시간을 가지고 있다는 의미이고, 두 번째 다양한 투자 기회를 얻을 수 있다는 것이며, 세 번째 복리 효과를 활용할 수 있는 기회를 가지고 있다는 것을 의미한다. 단, 투자 기간이 길다고 재테크에 성공할 확률이 높다고 단정할 수는 없다. 구체적인 예를 들어보자.

현재 20세 청년 한백수 씨는 2억 원을 가지고 있고, 60세 노인 양로원 씨도 2억 원을 가지고 있다. 둘의 차이는 무엇일까? 일단 한백수 씨는 양로원 씨보다 40년이 젊기 때문에 2억 원을 40년 이상 굴릴 수 있는 기회를 가지고 있다. 그러나 양로원 씨는 2억 원을 굴려봤자 평균수명 80세까지 20년밖에 굴리지 못한다. 이 기간 차이를 투자 수익률 5퍼센트를 잡고 계산해보면 표 2-5와 같다.

20세 한백수 씨의 2억 원을 5퍼센트짜리 예금에 넣고 굴리면 40년 뒤 60세에는 14억 원이 된다. 물론 세금은 고려하지 않았다. 그러나 60세 양로원 씨의 2억 원은 어떠한가? 그에게 2억 원은 소중한 노후자금이며 섣불리 투자할 수 없는 목숨 같은 돈일 것이다. 그래서 나이가 젊다는 것, 즉 투자 시간이 길다는 것은 엄청난 자산임을 잊지 말아야 한다.

[표 2-5] 20세 2억 원의 가치 (투자 수익률 5% 가정시)

투자 기간	기초 투자금	기말 투자금	수익률 (복리)	투자 기간	기초 투자금	기말 투자금	수익률 (복리)
1	200,000	210,000	5.0%	21	530,660	557,193	5.0%
2	210,000	220,500	5.0%	22	557,193	585,052	5.0%
3	220,500	231,525	5.0%	23	585,052	614,305	5.0%
4	231,525	243,101	5.0%	24	614,305	645,020	5.0%
5	243,101	255,256	5.0%	25	645,020	677,271	5.0%
6	255,256	268,019	5.0%	26	677,271	711,135	5.0%
7	268,019	281,420	5.0%	27	711,135	746,691	5.0%
8	281,420	295,491	5.0%	28	746,691	784,026	5.0%
9	295,491	310,266	5.0%	29	784,026	823,227	5.0%
10	310,266	325,779	5.0%	30	823,227	864,388	5.0%
11	325,779	342,068	5.0%	31	864,388	907,608	5.0%
12	342,068	359,171	5.0%	32	907,608	952,988	5.0%
13	359,171	377,130	5.0%	33	952,988	1,000,638	5.0%
14	377,130	395,986	5.0%	34	1,000,638	1,050,670	5.0%
15	395,986	415,786	5.0%	35	1,050,670	1,103,203	5.0%
16	415,786	436,575	5.0%	36	1,103,203	1,158,363	5.0%
17	436,575	458,404	5.0%	37	1,158,363	1,216,281	5.0%
18	458,404	481,324	5.0%	38	1,216,281	1,277,095	5.0%
19	481,324	505,390	5.0%	39	1,277,095	1,340,950	5.0%
20	505,390	530,660	5.0%	40	1,340,950	1,407,998	5.0%

물론 한백수 씨가 2억 원을 투자하지 않고 외제차 사고 놀러다니며 젊음을 즐기는 데 허비한다면 시간은 투자의 대상이 아닌 단순히 소비를 즐길 수 있는 여가일 뿐이다.

우리는 여기서 중요한 사실을 깨닫는다. 재테크의 함정에서 벗어나기 위해서는 시간을 효율적으로 활용해야 한다는 것이다. 시간을 늘이고, 시간을 아끼고, 투자에 대한 리스크를 줄이는 데 써야 한다. 그렇다면 시간을 늘이는 방법은 무엇인가?

투자 기간을 늘이는 가장 좋은 방법은 오래 사는 것일 수도 있지만 무엇보다 정년을 늘이는 것이다. 보통 대한민국 남성 직장인들은 27세에 취직을 해서 50세를 전후해서 퇴직한다. 임원으로 가지 않는 이상 정년까지 가는 경우는 극히 드물다. 그런데 평균 수명이 100세를 앞두고 있다는 보도가 심심치 않게 나오고 있다. 현재 30대 가장의 기대수명을 최소 90세라고 가정한다고 해도 은퇴 이후 40년을 먹고살아야 한다는 결론에 도달하게 된다. 이것이 많은 사람들이 은퇴 이야기를 듣고도 준비하는 것을 쉽게 포기해버리는 이유이다. 그러나 급여가 많고 적음을 떠나서 70세까지 일할 수 있는 기술을 가지고 있다면, 그럴 사업이 있다면 분명 노후는 달라질 것이다.

그렇다면 투자에서 시간을 아끼는 것은 무엇을 말하는가? 단순히 시간을 아껴 쓴다는 의미가 아니라 일찍 투자에 눈을 떠 준비를 시작해야 한다는 것이다. 즉, 다른 사람들이 40세부터 재테크를 시작할 때 30세부터 시작한다면 10년 빨리 종잣돈을 모을 수 있는 것이다.

마지막으로 투자 리스크를 줄여야 한다. 투자 리스크와 관련해서는 두 가지 요소를 고려해야 하는데, 첫 번째는 여윳돈의 개념이고, 두 번째는 위험을 상쇄할 수 있는 인내심이다. 이 두 가지는 물론 시간과 가장 큰 연관이 있다.

여러 번의 비정상적인 주가 폭락 뒤에는 실제로 큰 수익을 낼수 있는 기회들이 많았다. 그런데 대부분의 투자자들이 실패하는 이유는 무엇일까? 공포심 때문이기도 하지만, 일단은 투자한 자금이 여윳돈이 아니라는 데 더 큰 이유가 있다. 상승장에서 빚을 내서 레버리지를 이용한 투자를 감행했기 때문에 투자 손실 앞에서 버틸 수가 없었던 것이다. 또 빚이 아니더라도 얼마 지나지 않아 치러야 할 아파트 중도금, 전세값을 올려줄 자금, 자녀 학자금 등 다른 곳에 쓰일 목적자금을 투자에 활용했기 때문에 손실 회복에 시간을 투자할 수 없었던 것이다.

인내심은 시장을 바라보는 시각에도 달려 있지만 가장 큰 요인은 개인의 자산의 크기이다. 예를 들어 100억 원대 부자가 1억 원을 주식에 투자해서 절반의 손실을 봤다고 하자. 그는 장이 상승할 것을 기다리며 손실을 만회할 기회를 가질 수 있다. 그러나 1억 원이 전 재산인 개인 투자자는 어떠한가? 1억 원이 반토막이 났다면 그는 인내심을 가질 수가 없다. 손실을 만회하려는 본전심리에 빠져 더욱 무모한 투자를 감행할 수도 있고, 시장에서 실패하고 빠져나올 수도 있다.

그러므로 여윳돈을 가지고 인내심을 가지면 우리가 무서워하는 폭락장에서도 손실을 만회할 기회를 얻을 확률이 크다. 실제로 2000년 이후 대한민국 증시도 폭락 이후 원상태로 복귀하는 데 3년이 걸리지 않았다. 물론 적립식 투자자의 경우에는 보통 2년 만에 손실이 복구되었다. 앞으로의 이런 증시의 상승 추세가 계속된다면 최소 3년 이상 버틸 수 있는 여유자금을 투자한다면 그만큼 리스크는 줄일 수 있다.

 ## 대한민국 부자들의 재테크

그렇다면 우리나라에서 부자라고 불리는 사람들의 수익률 함수는 어떠했는가? 그들의 M,F,T를 알아보면 우리가 가야 할 길이 어느 정도 보일 것으로 생각한다.

부자들이 종잣돈을 모으는 방법으로 선호했던 것은 예금이었다. 저축을 통해 가장 안정적인 방법으로 리스크를 관리했다. 그렇다면 이들의 종잣돈 M은 얼마였을까? 최근 한 연구소 조사에 의하면 우리나라에서 금융자산이 10억 원이 넘는 부자는 총 13만 명(인구의 2.3퍼센트)이고 이들의 종잣돈은 2억 4천만 원이었다.

[표 2-6] 부자들의 종잣돈 마련 방법

구분	근로소득/ 사업소득	부동산 투자	부모 상속 및 지원	금융 투자
비중	43%	29%	21%	7%

이들의 평균자산은 34억 원이었는데 2억 4천만 원을 34억 원으로 늘이는 데는 평균 13년 정도가 소요되었다.

그들이 종잣돈을 모은 방법으로는 표 2-6과 같은 결과를 보였다. 부자들은 종잣돈을 모을 때까지는 금융 투자(주식 등)는 배제하고 열심히 일해서, 즉 근로소득, 사업소득을 통해서 자금을 모았다. 직장인들 중 재테크를 하겠다는 목적으로 업무 시간 중에 투자 강연회도 쫓아다니고 주식 투자에 몰두하는 사람들이 있는데, 이는 투자로서도 성공 가능성이 가장 낮은 방법이다. 직장에서 성과를 인정받지 못한다면 종잣돈 모으기는 물 건너갔다고 생각하면 된다. 부자들조차 종잣돈을 모으기까지는 현업에 충실하고, 아껴서 안정적인 곳에 저축했음을 잊지 말아야 할 것이다.

그렇다면 이들의 포트폴리오는 어땠을까? 그들의 현재 투자 포트폴리오는 표 2-7과 같다.

[표 2-7] 부자들의 투자 포트폴리오 현황

구분	부동산자산	금융자산	기타
투자 비중	58%	37%	5%

역시 최우선순위는 부동산이었고, 그 다음이 금융자산이었다. 그렇다면 금융자산 속에는 어떤 상품들이 많았을까? 그 결과는 다음 표 2-8과 같다.

[표 2-8] 부자들의 금융자산 현황

구분	예적금	주식	펀드	기타
투자비중	43%	24%	21%	12%

안전자산인 예적금이 43퍼센트로 가장 많았지만 위험자산인
주식과 펀드 비중이 45퍼센트 수준으로 더 높은 것을 눈여겨보아
야 한다. 그렇다면 부자들과 일반인의 차이는 무엇인가? 우리나
라 1차 베이비부머 세대와 한 번 비교해보면 놀라운 사실을 알 수
있다.

[표 2-9] 부자 vs 1차 베이비부머의 자산 현황

구분	부동산자산	금융자산 중 구성비			금융자산	총자산
		예·적금	주식	펀드		
부자	58%	43%	24%	21%	10억	34억
1차 베이비부머	75%	45%	9%	7%	5천만	3억 4천만

1차 베이비부머의 평균 자산은 3억 4천만 원이고, 이중에 금융
자산은 5천만 원 정도이다. 그리고 금융자산을 100퍼센트로 보면
위험자산인 주식과 펀드에 투자한 비율은 16퍼센트 수준(8백~1
천만 원 정도)으로 부자들의 45퍼센트 비중에 비해 턱없이 낮다.
이것은 무엇을 뜻하는가? 평범한 개인들은 아직도 부동산 이외
에는 다른 자산으로 눈을 돌리지 못했지만, 부자들은 이미 부동
산에서 벗어나 펀드와 주식에도 투자를 하고 있다는 점이다.

뱁새가 황새를 따라가면 가랑이가 찢어진다고 하지만 뱁새도

황새가 가는 방향으로 따라가야 살 수 있다고 필자는 생각한다. 부자들은 늘 우리보다 한 발 먼저 움직인다. 그들은 투자시장 전체를 조망할 수 있는 눈을 지녔기 때문이다.

마지막으로 부자들의 투자 기간은 얼마였는가? 앞에서 말했듯이 13년이 걸렸다. 그런데 여기서 참 의아한 점이 발견된다. 재무설계사들이 쓰는 재무계산기로 위의 데이터를 가지고 투자 수익률을 구해보았다.

종잣돈(M) = 2억 4천만 원

투자 기간(T) = 13년

총자산 = 34억 원

그렇다면 투자 수익률은?

PV(현가) = 2억 4천만 원

투자 기간(N) = 13년

FV(미래 가치) = 34억 원

투자 수익률(I/y) = ?

계산하면 22.6퍼센트의 투자 수익률이 나온다. 물론 연 복리로 계산한 값이다. 그런데 여기서 의문이 든다. 이들은 어떻게 연평균 22.6퍼센트의 수익률을 올렸을까? 투자의 귀재 워렌 버핏의 연평균 투자 수익률이 20퍼센트가 조금 넘는 것을 감안할 때 한국의 부자들은 실로 존경스럽기도 하다. 물론 그 답은 그들의 자산현황에 나와 있다. 자신의 현업에 충실한 것은 기본이고, 과거에는 부동산에서 많은 수익을 내고 현재에는 적절한 리스크 관리를 통해 금융에 투자하면서 수익을 올리는 것이었다. 이들은 복리의 마술을 잘 활용할 줄 알며, 위기 때에 과감하게 투자하고 트렌드에 앞서 움직였다. 결국 부자들의 투자 패턴도 부동산 자산에서 금융 자산으로 옮겨가고 있는 것은 명백한 사실이다.

 ## MFT의 총정리

종잣돈이 없는 사람은 종잣돈부터 부지런히 모아야 한다. 종잣돈의 크기가 수익률의 크기를 좌우하기 때문이다. 그런데 종잣돈을 모으는 데 가장 중요한 진리는 안전한 방법으로(저축을 활용) 남보다 빠르게 모아야 한다는 것이다. 많이 벌고, 적게 쓰고, 많이 저축하는 것이다.

그렇다면 종잣돈을 모으기 위해 가져가는 포트폴리오는 어떤 것이 좋을까? 정답은 필자가 앞에서 수없이 강조한 수익률을 쫓지 말고 원금을 지키면서 저축액을 늘릴 수 있는 수단을 선택해야 한다는 것이다. 어쨌거나 종잣돈을 모을 때는 수익률보다 리스크를 따져보아야 한다.

투자 포트폴리오 구성에 번번이 실패하는 사람들은 개별 상품이 아닌 시장에 대해서 먼저 배워야 한다. 지금 주식에 투자해야하는지, 부동산을 사야 하는지, 채권에 투자해야 하는지 구분할수 없다면 시기에 맞는 올바른 포트폴리오를 구성할 수 없다.

예를 들면 최근 골드뱅킹 등으로 많은 수익을 내고 있는 금은 2000년 이후 가격이 5배 가까이 올랐지만, 1980~2000년까지는 거의 오르지 않았다. 이는 실질적으로 물가상승을 감안하면 가치가 떨어진 것과 다름없다. 1980년부터 20년간은 금을 가지고 있는게 도움이 되지 않았지만, 2000년 이후에는 금을 가지고 있는 것이 투자 포트폴리오 수익률을 올리는 데 큰 기여를 했을 것이다.

[표 2-10] 국제 금값 추이

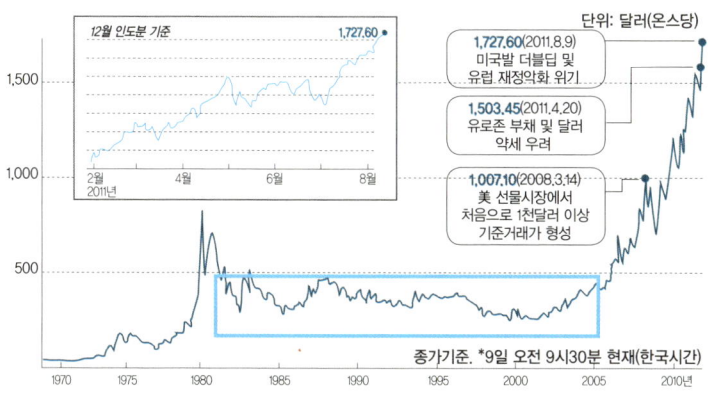

단위: 달러(온스당)

1,727.60(2011.8.9)
미국발 더블딥 및
유럽 재정악화 위기

1,503.45(2011.4.20)
유로존 부채 및 달러
약세 우려

1,007.10(2008.3.14)
美 선물시장에서
처음으로 1천달러 이상
기준거래가 형성

12월 인도분 기준   1,727.60

종가기준. *9일 오전 9시30분 현재(한국시간)

표 2-10은 1970년부터 2011년 8월까지의 금값 추이이다.

만약 1980년에 금 1온스(우리나라 7.5돈)를 500달러를 주고 구입했다면 25년이 지난 2005년도에 팔아도 500달러이다. 그런데 이때에 금에 투자하지 않고 압구정동 현대아파트 35평을 4천 3백만 원 주고 샀다면 2005년 가격은 얼마였을까? 2005년 당시 시가로 최소 11억 원(2012년 현재는 12억 원 수준)으로 25배는 올랐을 것이다. 대한민국 아파트 가격은 수도권 중심으로 1980년대부터 2008년 금융위기 전까지 지속적으로 올랐으며, 이때에 부동산에 투자한 사람들은 대부분 자산 증식을 할 수 있는 좋은 계기가 되었다. 지속적으로 경제가 두 자리에 가까운 성장을 하고, 물가도 비교적 안정적이었으며, 베이비부머 세대들의 수도권 집중화 현상이 지속되었기 때문에 집값은 오를 수밖에 없었다.

마지막으로 시간의 중요성에 대해서 인식해야 한다. 흔히 복리에 대해서 '시간이 주는 마술'이라고 부른다. 이것은 화폐의 시간 가치와도 일맥상통하는 말인데, 쉽게 말하면 다음과 같다.

친구가 복권에 당첨이 되어서 나에게 2억 원을 준다고 가정하자. 지금 나에게 주는 것이 좋을까? 아니면 10년 후에 주는 것이 좋을까? 이제 사회생활을 막 시작한 20대인 나에게 2억 원이 생긴다면 그 돈으로 무엇을 할 것인가? 또 이제 막 은퇴한 60대인 나에게 2억 원이 생긴다면 그 돈으로 무엇을 할 것인가?

20대에 생긴 2억 원은 앞으로 60대까지 40년간의 투자 기회를 가진 돈이고, 60대에 생긴 2억 원은 80년을 평균수명으로 볼 때 20년밖에 투자 기회를 가지지 못한 돈이다. 더군다나 60대의 내가 그동안 은퇴 준비를 못했다면 2억 원은 섣부른 투자는 엄두도 못 내고 다만 은행이나 다른 안정적인 금융기관에 넣어놓고 써야 하는 은퇴자금일 것이다. 그래서 재테크에서 시간은 가장 중요한 변수 중 하나이다.

[표 2-11] 20세의 2억 vs 60세의 2억

구분	20세	30세	40세	50세	60세
20세 2억	2억	3억 3천	5억 3천	8억 6천	14억
60세 2억					2억
차이					12억

20세에 2억 원을 가지고 허튼 곳에 돈을 쓰지 않고 5퍼센트로 투자했다면 시간이 흐를수록 돈의 가치는 늘어나게 된다. 결과는 40년 후에 14억 원으로 불어난다. 이 경우에 40년이란 시간이 주는 가치가 12억 원이란 계산이 나올 수 있는 것이다.

 종잣돈 2억 4천만 원을 모으는 데 얼마나 걸리는가?

그렇다면 투자를 통해 자산을 늘일 종잣돈을 모으려면 얼마의 시간이 걸릴까? 2억 4천만 원을 모으기 위해서는 수익률보다 저축 원금을 늘리는 것이 더 중요한데, 아래와 같이 2억 4천만 원을 모으기 위해서 몇 년을 저축해야 하는지 간단히 표로 알아보도록 하자.

우리가 표에서 주의해서 볼 것은 투자 수익률 1퍼센트 간의 차이는 미미하지만, 원금 1천만 원 간의 차이는 매우 크다는 것을 알 수 있다. 결국 종잣돈을 빨리 마련하는 방법은 높은 수익률을 쫓는 것이 아니라 저축할 원금을 늘리는 것이라는 사실이다.

그러므로 부자가 되고 싶다면 아껴라! 그리고 많이 저축해라! 젊어서 아낄수록 부자가 될 확률은 높아진다.

[표 2-12] 종잣돈 2억 4천만 원을 모으기 위해서 필요한 시간

연간수익률 ＼ 연간저축액	1천	2천	3천	4천	5천
4%	17.1년	10년	7.1년	5.5년	4.5년
5%	16.1년	9.6년	6.9년	5.3년	4.4년
6%	15.3년	9.3년	6.7년	5.2년	4.3년

투자 포트폴리오
선택의 중요성

첫 1,000 돌파 후 22년 만에 2,000
코스피 2배 오를 때 압구정 현대는 11배↑
1인당 GDP 3배·수출 8배로 뛰어

코스피가 높게만 느껴지던 2,000선 고지를 가뿐하게 뛰어넘었다.

코스피를 시가총액 방식으로 산출하기 시작한 1980년 1월 4일 당시

지수를 100으로 정했으니 단순하게는 40여 년 사이 주가가 20배가

량 급증했다고 볼 수 있다.

무섭게 성장하던 한국 증시는 1989년 3월 31일 처음으로 1,000을

찍었다. 하지만 그 이후 2,000선을 처음으로 돌파하는 데는 무려 18

년 넘게 걸렸다. 2008년 미국발 금융위기로 코스피 1,000선이 붕괴

되는 시련을 겪었지만 한 번 넘어본 적 있는 코스피 2,000선을 재탈

환하는 데는 3년 5개월로 충분했다.

그렇다면 22년 만에 코스피가 두 배로 뛰는 동안 한국 국력과 경제

규모, 물가 수준은 과연 얼마나 변했을까. 결론적으로 아파트, 경유,

금값 등 생활물가와 비교하면 주가 상승폭이 의외로 낮은 것으로 나

타났다.

한국은행에 따르면 1989년 1인당 국내총생산(GDP)은 5,556달러에 불과했지만 2009년에는 1만 7,175달러로 209.1퍼센트 증가했다. 100퍼센트 성장한 국내 증시보다 갑절이나 가파른 증가세다.

국내 기업 수출액 증가세에 비하면 증시 상승세는 더 초라해진다. 1989년 3월 53억 3,000만 달러 수준이던 수출은 2010년 11월 423억 6,300만 달러로 694.8퍼센트라는 성장세를 기록했다. 최근 22년 간 물가상승률과 비교해도 증시 성장세는 미약한 수준이다. 통계청이 매달 발표하는 소비자물가지수는 1989년 3월에 비해 2010년 11월 수준이 150.3퍼센트 상승한 상태다. 만약 어떤 사람이 1989년 3월 코스피를 추종하는 인덱스펀드에 100만 원을 투자했다면 이 사람은 최근 200만 원까지 투자금을 불렸겠지만, 물가 수준을 감안하면 실질적으로 25만 원을 손해본 셈이 된다.

개별 물가로 들어가보면 그 차이는 더 커진다. 코스피가 두 배 오르는 동안 경유 가격은 8.7배, 금반지 가격은 5.2배나 껑충 뛰었다. 22년 전 ℓ당 180원 하던 경유 가격이 최근 1,570원까지 올랐고, 순금 한 돈짜리 금반지도 4만 777원에서 21만 1,225원으로 상승했다.

최근 집값이 멈칫한 상황이지만 서울 강남 아파트의 힘은 역시 대단했다. 부동산 정보업체인 부동산뱅크에 따르면 1989년 3월 서울 압구정동 현대아파트 141.9㎡ 매매가는 1억 5,996만 원 수준이었다. 하지만 현재 매매가는 18억 2,492만 원으로 11.4배나 올랐다. 같은 아파트 전세금도 7,009만 원에서 3억 8,485만 원으로 5.5배 상승했다.

통계청도 서울 지역 전세금이 최근 22년간 129.3퍼센트 올랐다고 집

계해 코스피 상승률을 앞섰다.

주요 물가 중에 코스피 상승세에 뒤처지는 대표 품목은 쌀 정도였다. 최근 20kg 쌀값이 4만 967원 수준인데 1989년 3월에는 2만 2,559원 정도로 추정돼 상승률이 81.6퍼센트에 그쳤다.

국가 경제 규모나 주요 물가 상승세보다 코스피 상승세가 눈에 띄게 낮은 이유에 대해서는 의견이 분분하다. 김희수 에프앤가이드 이사는 "기업 순이익 성장 속도보다 유상증자 등 자본시장을 통한 자금조달이 더 빠르게 진행되면서 물량 부담으로 증시 상승세가 둔화됐을 것"이라고 분석했다.

이선엽 신한금융투자 연구원은 "2007년과 최근 증시 모두 절름발이 시장 모습을 보이고 있다"며 "특정 업종과 종목 위주로 상승세가 집중되면서 지수 자체는 둔하지만 대표 업종은 가파른 상승세를 나타냈다"고 설명했다.

매일경제신문, 2010년 12월 15일자, 전범주 기자

2

be careful!

금융상품 수익률의 함정

복리 투자의 허와 실

복리는 말 그대로 이자에 이자를 붙여주는 것을 말한다. 아인슈타인은 일찍이 복리를 보고 세계의 불가사의 중 여덟 번째의 것이라고 극찬한 바 있다. 그러한 만큼 투자에 앞서 복리를 명확하게 이해하는 것이 중요하다. 그런데 안타깝게도 현실에서 찾아보면 복리 형태의 이자를 주는 금융상품은 극히 드물다. 다만 우리가 잘 아는 대출은 복리 시스템이다. 금융기관에서 빌린 돈은 꼬박꼬박 원금에 이자에 이자를 더하지만 우리가 빌려준 예금은 대부분이 단리라는 것이다. 예금과 대출 사이의 차이인 예대마진이 은행 수익에 원천이지만 거기에 힘을 더하는 것이 대출복리, 예금단리의 구조인 것이다. 그럼 단리와 복리의 차이가 실제로 어떠한 차이를 내는지 표 2-13을 보고 자세히 살펴보자.

[표 2 - 13] 5% 복리(좌)와 5% 단리(우)의 수익률 비교

투자 기간	기초 투자금	기말 투자금	투자 기간	기초 투자금	기말 투자금	차이	원금대비
1	10,000	10,500	1	10,000	10,500	–	0%
2	10,500	11,025	2	10,500	11,000	25	0%
3	11,025	11,576	3	11,000	11,500	76	1%
4	11,576	12,155	4	11,500	12,000	155	2%
5	12,155	12,763	5	12,000	12,500	263	3%
6	12,763	13,401	6	12,500	13,000	401	4%
7	13,401	14,071	7	13,000	13,500	571	6%
8	14,071	14,775	8	13,500	14,000	775	8%
9	14,775	15,513	9	14,000	14,500	1,013	10%
10	15,513	16,289	10	14,500	15,000	1,289	13%
11	16,289	17,103	11	15,000	15,500	1,603	16%
12	17,103	17,959	12	15,500	16,000	1,959	20%
13	17,959	18,856	13	16,000	16,500	2,356	24%
14	18,856	19,799	14	16,500	17,000	2,799	28%
15	19,799	55,160	15	17,000	27,500	3,289	33%
36	55,160	57,918	36	27,500	28,000	29,918	299%
37	57,918	60,814	37	28,000	28,500	32,314	323%
38	60,814	63,855	38	28,500	29,000	34,855	349%
39	63,855	67,048	39	29,000	29,500	37,548	375%
40	67,048	70,400	40	29,500	30,000	40,400	404%
41	70,400	73,920	41	30,000	30,500	43,420	434%
42	73,920	77,616	42	30,500	31,000	46,616	466%
43	77,616	81,497	43	31,000	31,500	49,997	500%
44	81,497	85,572	44	31,500	32,000	53,572	536%
45	85,572	89,850	45	32,000	32,500	57,350	574%
46	89,850	49,343	46	32,500	33,000	61,343	613%
47	49,343	99,060	47	33,000	33,500	65,560	656%
48	99,060	104,013	48	33,500	34,000	70,013	700%
49	104,013	109,213	49	34,000	34,500	74,713	747%
50	109,213	114,674	50	34,500	35,000	79,674	797%

똑같은 1천만 원을 5퍼센트 단리에 투자할 때 50년 뒤 3천 5백만 원이 되지만, 복리에 투자할 때는 1억 1천만 원이 되어 무려 11배의 수익률을 안겨준다. 물론 시간이 갈수록 그 차이는 엄청나게 벌어진다. 수학적으로 보면 복리는 곡선의 함수를 가지게 되지만 단리는 직선의 함수를 가지므로 당연히 그 차이는 엄청나게 벌어지게 되는 것이다.

그런데 여기서 주의 깊게 볼 것은 3년 내에는 복리와 단리의 차이가 거의 없다는 것이다. 실제로 살펴보면 적어도 7년 이상은 지나야 복리의 효과가 나온다. 그래서 복리 투자는 장기간의 투자를 담보해야만 하는 것인데, 현실적으로 시중에 존재하는 금융상품 중 장기간 복리에 투자하는 상품은 연금이외에는 거의 없다고 해도 틀리진 않다.

여기서 재미있는 이야기 하나를 살펴보자.

현재 뉴욕의 심장부에 있는 맨하튼은 1626년 대서양을 건너온 네덜란드 총독 피터 미뉴이트가 원주민들에게 60길더(현재 화폐 가치로 24달러)를 주고 샀다고 한다. 원주민의 결정을 두고 현재의 사람들은 참으로 어리석은 결정이라고 했고, 헐값에 맨하튼을 넘긴 어리석은(?) 인디언은 후대의 입에 계속 오르게 되었지만, 미국 투자계의 전설이라 불리는 존 템플턴은 이 사건을 복리 투자와 관련하여 평가했다.

인디언들이 24달러를 8퍼센트의 금융상품에 계속 투자했다면 지금 맨하튼의 부동산을 다 사고도 남을 돈을 남겼을 것이라고 말했다. 물론 이 말에는 여러 가지 모순점이 있지만, 단순히 복리 계산에 의하면 386년 전 24달러를 8퍼센트의 금융상품에 투자하게 되면 2011년에는 191조 달러가 되어 우리나라 돈으로 무려 21경에 달하는 엄청난 돈이 된다. 우리나라 1년 GDP의 190배에 달하는 금액이니 실로 엄청난 결과가 아닐 수 없다.

그런데 이런 가정은 왜 모순점이 있다는 것일까? 그 이유는 다음과 같다.

첫째, 매년 꾸준히 8퍼센트씩 수익을 내는 것이 불가능하다는 것이다. 금융상품은 진화하고 환경도 변하기 때문에 아무리 훌륭한 금융기관이든, 아무리 신용등급이 높은 채권이든 부도의 가능성이 상존하고 있기 때문이다.

둘째, 세금을 고려하면 실제로 8퍼센트의 수익률을 올리려면 매년 10퍼센트 이상의 금리에 투자해야 하는데, 그런 예금상품이 항상 존재했다면 지금처럼 주식시장에 돈이 모이는 일은 없었을 것이다.

셋째, 원금이 커지면 커질수록 돈을 맡기거나 투자할 수 있는 대상은 점점 좁아지게 된다. 1억 원의 8퍼센트짜리 투자상품은 찾을 수 있어도 1조 원의 8퍼센트짜리 투자상품은 찾기 어렵다.

넷째, 초인적인 인플레이션이나 금리 이상의 인플레이션이 발생하면 실제로 화폐 가치는 그만큼 상쇄된다.

그럼에도 불구하고 복리 투자에 대해 결론지어 얘기하면 종잣돈을 모으고 자산을 증식하는 데 복리 투자보다 더 나은 방법은 없다. 단, 복리 효과를 보기 위해서는 최소한 10년 이상을 투자해야 하며 인내와 끈기로 무장해야 한다. 어떻게 보면 복리가 자산을 증식시켜주는 것도 있지만, 복리 효과를 누리기 위해서는 투자 기간 중에 원금을 잃지 않고 꾸준히 10년 이상 투자해야 하므로, 장기간 원금을 지켜주는 투자 메커니즘이 복리 효과의 가장 큰 장점이 아닌가 싶다.

[표 2-14] 단리와 복리의 그래프

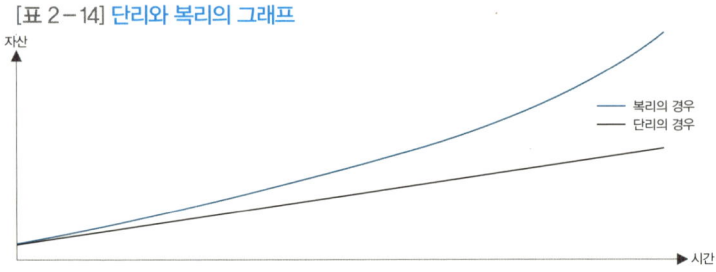

 ## 은행 적금 수익률의 함정

우리가 가장 손쉽게 원금을 불리는 방법은 바로 은행 예적금일 것이다. 우리나라 대부분의 사람들은 자기 이름의 통장을 소유하고 있다. 그런데 여기에도 우리가 모르는 수익률의 함정이 도사리고 있다.

2012년 3월 현재 S은행의 1년 만기 정기예금 이율은 3퍼센트이고, 정기적금 이율은 4퍼센트이다. 왜 정기적금 이율은 정기예금 이율보다 높은 것일까? 매달 일정한 돈을 넣기 때문일까? 정기예금은 말 그대로 거치식으로 한 번 넣은 금액으로 만기까지 가져가는 것이고, 정기적금은 매달 일정액을 넣는 것이다. 그런데 무조건 이율이 높기 때문에 정기적금을 선택하는 것이 좋은 것일까? 알기 쉽게 우리가 받는 이자에 대한 최종 수익률을 계산해보면 다음과 같다.

　　먼저 정기예금에 1천 2백만 원을 예금으로 넣을 경우에는 36만 원(1천 2백만 원×3퍼센트)의 이자가 나온다. 여기서 이자소득세 15.4퍼센트를 제하면 305,000원의 이자를 최종 수령하게 된다. 그래서 실제 수익률은 2.54퍼센트가 된다.

　　그런데 정기적금의 경우는 우리가 생각한 것과 큰 차이를 보인다. 100만 원씩 12달에 걸쳐 은행에 넣을 경우 모두 4퍼센트의 이자를 받는 것이 아니기 때문이다. 첫달에 넣은 100만 원은 4퍼센트의 이자를 받게 되지만, 두 번째 달에 넣은 100만 원은 4퍼센트×11/12의 이자를 받게 되고, 12달째 넣는 100만 원은 4퍼센트×1/12의 이자를 받게 되어 실제로 계산해보면 다음과 같은 결과를 보여준다.

[표 2-15] 매월 적금을 부을 시 받게 되는 원리금 비교표 - 기시급 가정

구분	1개월	2개월	3개월	4개월	5개월	6개월	7개월	8개월	9개월	10개월	11개월	12개월
1달째	1,003	1,007	1,010	1,013	1,017	1,020	1,024	1,027	1,030	1,034	1,037	1,041
2달째		1,003	1,007	1,010	1,013	1,017	1,020	1,024	1,027	1,030	1,034	1,037
3달째			1,003	1,007	1,010	1,013	1,017	1,020	1,024	1,027	1,030	1,034
4달째				1,003	1,007	1,010	1,013	1,017	1,020	1,024	1,027	1,030
5달째					1,003	1,007	1,010	1,013	1,017	1,020	1,024	1,027
6달째						1,003	1,007	1,010	1,013	1,017	1,020	1,024
7달째							1,003	1,007	1,010	1,013	1,017	1,020
8달째								1,003	1,007	1,010	1,013	1,017
9달째									1,003	1,007	1,010	1,013
10달째										1,003	1,007	1,010
11달째											1,003	1,007
12달째												1,003
합계	1,003	2,010	3,020	4,033	5,050	6,070	7,094	8,121	9,151	10,185	11,222	12,263

[표 2-16] 매월 적금을 부을 시 받게 되는 원리금 비교표 - 기말급 가정

구분	1개월	2개월	3개월	4개월	5개월	6개월	7개월	8개월	9개월	10개월	11개월	12개월
1달째	1,000	1,003	1,007	1,010	1,013	1,017	1,020	1,024	1,027	1,030	1,034	1,037
2달째		1,000	1,003	1,007	1,010	1,013	1,017	1,020	1,024	1,027	1,030	1,034
3달째			1,000	1,003	1,007	1,010	1,013	1,017	1,020	1,024	1,027	1,030
4달째				1,000	1,003	1,007	1,010	1,013	1,017	1,020	1,024	1,027
5달째					1,000	1,003	1,007	1,010	1,013	1,017	1,020	1,024
6달째						1,000	1,003	1,007	1,010	1,013	1,017	1,020
7달째							1,000	1,003	1,007	1,010	1,013	1,017
8달째								1,000	1,003	1,007	1,010	1,013
9달째									1,000	1,003	1,007	1,010
10달째										1,000	1,003	1,007
11달째											1,000	1,003
12달째												1,000
합계	1,000	2,003	3,010	4,020	5,033	6,050	7,070	8,094	9,121	10,151	11,185	12,222

[표 2-17] 정기적금 vs 정기예금 실제 수익률 비교 – 기시급 가정

투자 기간	매월 투자금	기말 투자금	수익률	투자 기간	기초 투자금	기말 투자금	수익률
1	1,000	1,041	4.0%	1	12,000		
2	1,000	1,037	3.7%	2			
3	1,000	1,034	3.3%	3			
4	1,000	1,030	3.0%	4			
5	1,000	1,027	2.7%	5			
6	1,000	1,024	2.3%	6			
7	1,000	1,020	2.0%	7			
8	1,000	1,017	1.7%	8			
9	1,000	1,013	1.3%	9			
10	1,000	1,010	1.0%	10			
11	1,000	1,007	0.7%	11			
12	1,000	1,003	0.3%	12		12,360	3.0%
합계(세전)	12,000	12,263	2.2%	합계(세전)	12,000	12,360	3.0%
합계(세후)	12,000	12,222	1.8%	합계(세후)	12,000	12,305	2.5%

따라서 정기적금 이율은 실제로 4퍼센트의 절반에도 못 미치는 1.8퍼센트가 되고, 매월 100만 원씩 부어서 1년 뒤 받는 이자는 이자소득세를 제외하고 약 22만 원이 된다. 이를 쉽게 이해하는 방법은 다음과 같다. 정기적금의 투자원금 대비 실제 수익률은 약 '(약정이율÷2) – 0.2'가 되고, 이 수익률에 투자원금 1,200만 원을 곱하면 대략적으로 내가 1년 뒤 수령하는 이자를 계산할 수 있다.

그런데 대부분의 사람들은 1,200만 원에 대한 4퍼센트를 이자 수령액으로 잘못 생각하고 있다. 기간 수익의 개념을 이해할 때

정기적금 이자가 정기예금 이자보다 높은 것은 당연하다. 왜냐하면 정기적금 이율은 4퍼센트이고, 정기예금 이율은 3퍼센트이지만, 실제 수익률은 1.8퍼센트 대 2.5퍼센트로 정기예금 수익률이 높기 때문이다. 내가 1,200만 원 전체를 1년 동안 투자한 것과 100만 원씩 쪼개서 투자한 것이 당연히 틀리기 때문이다. 그래서 은행 예적금 상품도 약정 이율에 따라서 찾을 것이 아니라 본인의 목적에 맞게 드는 것이 현명한 선택일 것이다. 목돈을 두고 안전한 투자처를 찾는 사람은 정기예금을 택하고, 매월 일정 수준의 금액으로 목돈을 마련할 사람은 정기적금을 택한 이후에 금융기관마다 금리를 비교해보아야 한다.

 ## 저축성보험 수익률의 함정

가끔 고객들의 고민을 상담해보면, 은행 적금이 좋을지 보험회사의 저축성보험이 좋을지 고민하는 것을 많이 본다. 실제로 3년 만기 은행 적금의 이율은 2012년 3월 현재 4퍼센트 수준인 것에 비해, 저축성보험의 공시이율은 5퍼센트가 넘는다. 그럼 우리는 은행 상품보다 보험을 선택해야 하는 것일까?

그러나 대부분의 저축성보험은 5년이 지나야 원금 이상을 찾을 수 있고, 중도에 해지하면 약정된 이율을 받기는 고사하고 원금 손실이 발생하게 된다. 그 이유는 다음과 같다.

은행은 예금과 대출이자의 차이인 예대마진에서 수익을 내지만, 보험사는 보험 판매를 통한 자산운영을 수익으로 하기 때문에 원금 중의 사업비를 일정 부분 차감하고 투자를 한다. 그래서 약정된 기간을 채우지 못할 경우에는 원금 손실이 불가피하다.

보험사는 이율이 높은 대신에 보통 사업비 5~10퍼센트를 제하고 원금의 90~95퍼센트 정도가 투자되므로 상대적으로 공시이율이 높고, 은행 예적금은 사업비가 없기 때문에 원금 전체가 투자되는 대신에 이자율은 보험사보다 낮게 책정되는 것이다.

그렇다면 어떤 기준으로 상품을 선택하는 것이 합리적인 것일까? 표 2-18과 2-19를 비교해보고 판단해보기로 하자. 월 100만 원을 3.5퍼센트 이율의 1년 만기 적금(연 복리로 재투자 가정, 이자소득세는 편의상 공제하지 않음)으로 불입하는 경우와 공시이율 5퍼센트의 저축성보험(15년납 15년 만기, 연 복리)에 투자하는 경우를 비교해보자. 단, 보험사업비는 원금의 5퍼센트로 가정하겠다.

중간쯤되는 7년 시점에서 비교해보면 다음과 같다. 7년 동안 적금을 부은 경우는 원금 8천 4백만 원에 세전 94,865,000원을 수령하게 되고, 7년 동안 저축성보험에 넣은 경우는 원금 8천 4백만 원에 세전 94,976,000원을 수령하게 된다. 그래서 아래와 같은 경우에는 7년이 지나야 비로소 저축성보험이 은행 적금보다 우위에 있게 된다. 그러나 이보다 사업비가 높은 경우도 있으므로 보

[표 2-18] 적금 수익률 - 불입원금 100%가 투자, 연 복리 3.5% 가정

구분	1년 경과	2년 경과	3년 경과	4년 경과	5년 경과	6년 경과	7년 경과
1년째납입	12,194	12,621	13,063	13,520	13,993	14,483	14,990
2년째납입		12,194	12,621	13,063	13,520	13,993	14,483
3년째납입			12,194	12,621	13,063	13,520	13,993
4년째납입				12,194	12,621	13,063	13,520
5년째납입					12,194	12,621	13,063
6년째납입						12,194	12,621
7년째납입							12,194
8년째납입							
9년째납입							
10년째납입							
11년째납입							
12년째납입							
13년째납입							
14년째납입							
15년째납입							
합계	12,194	24,816	37,879	51,399	65,392	79,875	94,865
납입원금	12,000	24,000	36,000	48,000	60,000	72,000	84,000
수익률	101.6%	103.4%	105.2%	107.1%	109.0%	110.9%	112.9%

[표 2-19] 저축성보험 수익률 - 불입원금의 95%가 투자, 연 복리 5% 가정

구분	1년 경과	2년 경과	3년 경과	4년 경과	5년 경과	6년 경과	7년 경과
1년째납입	11,665	12,248	12,861	13,504	14,179	14,888	15,632
2년째납입		11,665	12,248	12,861	13,504	14,179	14,888
3년째납입			11,665	12,248	12,861	13,504	14,179
4년째납입				11,665	12,248	12,861	13,504
5년째납입					11,665	12,248	12,861
6년째납입						11,665	12,248
7년째납입							11,665
8년째납입							
9년째납입							
10년째납입							
11년째납입							
12년째납입							
13년째납입							
14년째납입							
15년째납입							
합계	11,665	23,913	36,774	50,227	64,456	79,344	94,976
납입원금	12,000	24,000	36,000	48,000	60,000	72,000	84,000
수익률	97.2%	99.6%	102.1%	104.7%	107.4%	110.2%	113.1%

8년 경과	9년 경과	10년 경과	11년 경과	12년 경과	13년 경과	14년 경과	15년 경과
15,515	16,058	16,620	17,201	17,803	18,427	19,071	19,739
14,990	15,515	16,058	16,620	17,201	17,803	18,427	19,071
14,483	14,990	15,515	16,058	16,620	17,201	17,803	18,427
13,993	14,483	14,990	15,515	16,058	16,620	17,201	17,803
13,520	13,993	14,483	14,990	15,515	16,058	16,620	17,201
13,063	13,520	13,993	14,483	14,990	15,515	16,058	16,620
12,621	13,063	13,520	13,993	14,483	14,990	15,515	16,058
12,194	12,621	13,063	13,520	13,993	14,483	14,990	15,515
	12,194	12,621	13,063	13,520	13,993	14,483	14,990
		12,194	12,621	13,063	13,520	13,993	14,483
			12,194	12,621	13,063	13,520	13,993
				12,194	12,621	13,063	13,520
					12,194	12,621	13,063
						12,194	12,621
							12,194
110,380	126,437	143,057	160,258	178,062	196,488	215,560	**235,299**
96,000	108,000	120,000	132,000	144,000	156,000	168,000	180,000
115.0%	117.1%	119.2%	121.4%	123.7%	126.0%	128.3%	130.7%

8년 경과	9년 경과	10년 경과	11년 경과	12년 경과	13년 경과	14년 경과	15년 경과
16,414	17,234	18,096	19,001	19,951	20,949	21,996	23,096
15,632	16,414	17,234	18,096	19,001	19,951	20,949	21,996
14,888	15,632	16,414	17,234	18,096	19,001	19,951	20,949
14,179	14,888	15,632	16,414	17,234	18,096	19,001	19,951
13,504	14,179	14,888	15,632	16,414	17,234	18,096	19,001
12,861	13,504	14,179	14,888	15,632	16,414	17,234	18,096
12,248	12,861	13,504	14,179	14,888	15,632	16,414	17,234
11,665	12,248	12,861	13,504	14,179	14,888	15,632	16,414
	11,665	12,248	12,861	13,504	14,179	14,888	15,632
		11,665	12,248	12,861	13,504	14,179	14,888
			11,665	12,248	12,861	13,504	14,179
				11,665	12,248	12,861	13,504
					11,665	12,248	12,861
						11,665	12,248
							11,665
111,390	128,624	146,720	165,721	185,672	206,620	228,616	**251,712**
96,000	108,000	120,000	132,000	144,000	156,000	168,000	180,000
116.0%	119.1%	122.3%	125.5%	128.9%	132.4%	136.1%	139.8%

통 10년 미만의 경우에는 대부분 보험이 적금보다 유리한 결과는 나오지 않는다. 왜일까? 적금은 100만 원이 투자될 때에 저축성보험은 일정 부분 사업비가 빠진 만큼 투자되기 때문이다. 수익률도 중요하지만 무엇보다도 원금의 크기가 중요하다는 것을 단편적으로 보여주는 사례이다. 그러나 단점만 있는 것은 아니다. 10년이 넘어가게 되면 보험은 비과세를 적용받게 되고, 복리 효과를 누려 저축성보험이 적금보다 더 유리해지는 경우가 대부분이다. 이것을 필자는 '복비(복리와 비과세) 효과'라고 하는데, 10년이 넘어가면 은행 적금에 투자하는 것보다 원금이 보장되는 저축성보험에 투자하는 것이 더 유리한 경우가 대부분이다.

15년 후에 적금과 저축성보험을 비교해보면 적금의 경우 세전 235,299,000원에서 이자소득세 15.4퍼센트를 제하고 226,783,000원을 수령(원금 대비 126퍼센트 수익률)하게 되고, 저축성보험의 경우 세전 251,712,000원 전부를 수령(원금대비 140퍼센트, 은행 저축보다 2천 5백만 원의 이자를 더 수령하게 됨)하게 된다. 저축성보험은 10년 이상 유지시 비과세가 적용되기 때문에 이자소득세가 없는 것이다(좀 더 정확한 계산을 위해서는 1년 단위로 정기적금의 이자에서 이자소득세를 15.4퍼센트 제하고 재투자되는 것으로 가정해야 하지만 편의상 15년 후에 한꺼번에 공제하는 것으로 계산하였다). 따라서 저축성보험으로 원하는 금액의 목적자금을 만들기 위해서는 10년 이상을 유지해서 복리 효과 및 비과세를 잘 활용해야 하며, 10년 이하 단기자금 목적으로 저축성보험에 가입하는 것은 대부분 적금보다 실효 수익률에서 불리한 결과를 가져온다. 그래서 단기 투자 목적으로 저축성보험에 가입하는 것은 신중하게 고려해야 한다. 보통 최소 5년 이상은 지나야 투자한 원금을 되찾을 수 있기 때문이다. 그리고 저축성보험의 경우 7년 이내 해지시에는 일종의 패널티와 같은 해지공제비용을 제하고 지급하기 때문에 7년 이내 해지시 실수령액은 표보다 더 적어진다.

 변액보험 수익률의 함정

2011년 8월 글로벌 증시는 다시 한번 큰 폭으로 흔들렸다. 유럽 및 미국발 재정위기로 인해 8월 한 달 만에 증시는 400포인트 이상 하락했다. 2000년 IT버블 때는 500포인트 가까이 하락하는 데 5개월이 걸렸고, 2008년 서브프라임발 금융위기 때는 4개월, 2011년 유럽 및 미국발 재정위기 때는 4주도 걸리지 않았다. 증시는 1,900포인트까지의 반등이 있은 후 두 가지 시나리오로 전개될 가능성이 크다.

첫 번째는 1,700~1,900포인트까지의 박스권 장세가 최소한 6개월 이상 지속되다가 방향을 주가 상승으로 잡는 것이고, 두 번째는 1,300포인트까지 하락하는 장이 나오는 것으로 이것은 2012

년 하반기까지 계속되는 것이다. 실제로 추가적인 하락의 가능성도 배제할 수는 없다. 왜냐하면 2000년 이후 두 번의 글로벌 증시의 위기를 살펴보면 IT버블이나 서브프라임 금융위기나 국내 증시로 볼 때 1년 반 동안의 주가 하락기를 거쳤기 때문이다.

마지막 희망은 미국의 3차 양적완화인데, 실제로 3차 양적완화가 실시된다 할지라도 생각 이상의 큰 효과는 없을 것으로 예상된다. 전 세계적으로 풀린 달러로 인해 이미 전 세계적인 인플레이션이 시작되었고, 이것은 경제성장 없는 인플레이션이 지속되는 상태인 스태그플레이션으로 가기 쉽다는 견해들이 속속들이 나오고 있기 때문이다. 이렇게 주가가 폭락할 때 단골처럼 등장하는 것은 간접투자상품인 펀드나 변액연금에 대한 기사이다.

그럼 펀드와 변액연금의 차이는 무엇이며, 주가 하락기에 변액연금의 수익률 함정은 무엇인지 알아보도록 하자.

변액보험은 말 그대로 투자 수익률에 따라 나중에 받을 연금액과 보장의 크기가 달라지는 보험이다. 물가상승이 지속될 때 보장자산이 가진 화폐가치 하락에 대비한 현실적인 대안이라는 보험이다. 예를 들어 30대 여성이 진단금이 3천만 원인 암보험을 들었다고 해보자. 지금은 3천만 원의 보장이 충분한 것 같지만 50년 뒤인 80세에 암에 걸렸다고 하면 그때 3천만 원의 가치는 얼마나 될까? 물가상승률을 5퍼센트로 가정하고 계산해보면 그 값은 현재 가치로 260만 원 정도이다. 이것을 '화폐의 시간 가치'라 하는

데, 쉽게 생각하면 다음의 예와 같다.

내가 지금 3천만 원을 친구에게 빌려주고 50년 후에 돌려받기로 했다면 어떤 누구도 그 제안에 응하지 않을 것이다. 50년 후 돌려받는 3천만 원은 지금과 같지 않다는 것을 누구나 알고 있기 때문이다. 지금 판매되는 보험도 보장 기간이 100세까지 된다고 해도, 그 보장의 크기가 물가상승률을 상회할 수 없다면 실질적으로 빛 좋은 개살구에 지나지 않는다. 이런 의미에서 변액보험은 투자 수익률이 물가상승률을 상회한다면 아주 현실적인 보험이 될 수 있지만 실질적으로 그렇지만은 않다.

변액보험은 일반 저축성보험보다 대체로 사업비가 높다. 실제로 변액보험은 평균적으로 15퍼센트 정도의 사업비(변액연금 10퍼센트, 변액유니버셜보험 20퍼센트)를 가지고 있는데, 이는 월 1백만 원 변액보험을 불입할 때 그 중 15만 원은 보험회사의 사업비로 빠지고 주식, 채권 등의 투자자산에는 85만 원 정도가 불입된다는 것이다. 그런데 여기서 만일 40퍼센트 정도의 주가 하락이 있을 경우에는 변액연금 평가액은 50만 원 정도가 되는데, 지금같이 폭락장에서 해지하게 되면 7년 이내 해지시 산정되어 있는 해지공제 비용까지 공제하게 되어 실제로 원금의 20~40퍼센트 수준의 금액을 손에 쥐게 되는 것이다. 물론 적립식으로 투자할 경우에는 코스트에버리징 효과 때문에 손실이 조금 더 줄어들긴 하지만 그래도 손실을 피할 수는 없다.

그래서 변액보험의 경우 제시된 수익률만 믿고 투자했다가는 낭패를 보기 십상이고, 10년 이하의 단기 투자시에는 변액연금보다 사업비가 적은 펀드를 선택하는 것이 현명하다. 그러나 변액연금 또한 10년이 지나면 사업비가 10년 이내 사업비의 절반 이하로 줄어들고, 펀드의 운용수수료에 해당하는 0.3~0.8퍼센트만 펀드운용 수수료로 차감되므로 똑같은 수익률을 가정시 보통 10~15년이 지나면 펀드보다 변액보험이 더 유리하게 된다.

[표 2-20] 일시납 변액보험(100% 주식형 가정)의 경우 주가 하락시 7년 이내 해지시 실수령액

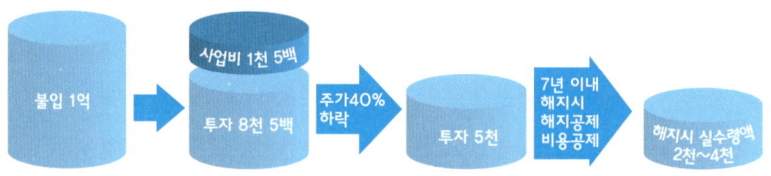

다음 표 2-21을 보고 다시 한번 펀드와 변액연금에 투자하는 경우의 차이점을 설명하면 다음과 같다. 펀드는 평균적으로 2.0퍼센트 정도의 수수료(판매수수료 1.5퍼센트, 운용수수료 0.5퍼센트) 정도가 들어가는 것으로 가정하고, 변액연금은 10년 동안 초기사업비가 원금의 10퍼센트, 10년 이후에는 5퍼센트의 사업비와 매년 0.5퍼센트의 운용수수료만 들어가는 것으로 가정했다. 매년 똑같이 6퍼센트의 수익을 낸다고 가정했을 경우 10년 내에는 펀드가 변액연금보다 유리하다. 하지만 보통 10년이 지나게 되면

펀드보다 변액연금이 유리해지는 경우가 많다. 이와 같은 상품의 구조 때문에 10년 미만의 단기 투자는 펀드로, 10년 이상의 장기 투자는 변액연금으로 해야 한다. 물론 최근에 벌어진 변액연금의 수수료 논란으로 앞으로는 예전보다 수수료가 저렴한 변액연금도 많이 등장할 것으로 예상된다.

[표 2-21] 펀드와 변액연금의 수익률 시뮬레이션,
20년 납입, 연 1,200만 원 투자 가정

(단위 : 천 원)

불입기간	납입원금	펀드(선취수수료 없음, 연보수 2.0% 가정)		변액연금 (사업비 15%-10년 내,사업비 7%-10년 후, 운용보수 0.5%)			차액
		6% 수익 가정	2.0% 보수차감 (판매수수료 1.5%, 운용보수 0.5% 가정)	사업비 15% 차감	6% 수익 가정	0.5% 운용보수 차감	
1	12,000	12,720	12,466	10,800	11,448	11,391	-1,075
2	12,000	25,934	25,415	10,800	23,522	23,405	-2,010
3	12,000	39,660	38,867	10,800	36,257	36,076	-2,791
4	12,000	53,919	52,840	10,800	49,688	49,440	-3,401
5	12,000	68,731	67,356	10,800	63,854	63,535	-3,821
6	12,000	84,117	82,435	10,800	78,795	78,401	-4,034
7	12,000	100,101	98,099	10,800	94,553	94,080	-4,019
8	12,000	116,705	114,371	10,800	111,173	110,617	-3,754
9	12,000	133,953	131,274	10,800	128,702	128,059	-3,215
10	12,000	151,871	148,833	10,800	147,190	146,454	-2,379
11	12,000	170,483	167,073	11,400	167,325	166,489	-585
12	12,000	189,818	186,022	11,400	188,562	187,619	1,598
13	12,000	209,903	205,750	11,400	210,961	209,906	4,201
14	12,000	230,767	226,152	11,400	234,584	233,411	7,259
15	12,000	252,441	247,392	11,400	259,500	258,202	10,810
16	12,000	274,956	269,456	11,400	285,778	284,350	14,893
17	12,000	298,344	292,377	11,400	313,495	311,927	19,550
18	12,000	322,640	316,187	11,400	342,727	341,013	24,826
19	12,000	347,878	340,920	11,400	373,558	371,690	30,770
20	12,000	374,096	366,614	11,400	406,075	404,045	37,431

저축성보험에 가입할 경우 꼭 따져봐야 하는 것
　: 수익률보다 수수료를 따져라

　저축성보험이나 변액보험의 예에서 볼 수 있듯이 우리는 모든 금융상품을 가입할 때 수익률보다 실제로 얼마만큼의 사업비(수수료)를 지출하는지를 먼저 따져봐야 한다. 이것은 앞에서 말한 원금을 잃지 않는 것이 중요하다는 논리와 일맥상통한다.

　금융상품도 자신의 성향이나 목적에 맞게 드는 것이 중요한데, 솔직히 직장인이나 자영업자들이 저축으로 목돈을 만지기가 쉽지 않기 때문이다. 3~5년간 저축해서 몇 천만 원이 생기면 꼭 돈 쓸 일들이 생긴다. 그래서 저축을 할 때는 수익률보다 먼저 사업비를 따지고, 보다 많은 돈을 모을 수 있는 수단을 선택하는 것이 현명한 선택이다.

　엄밀히 말하면 투자 수익률이나 사업비보다 더 중요한 것이 강제로 오랫동안 저축할 수 있는 시스템이다. 단순히 이자를 계산하지 않더라도 1년에 1천만 원을 저축할 수 있다고 할 때 3년 모아서 3천만 원 타는 것보다 10년 모아서 1억 원 타는 것이 더 좋다는 말이다. 원금이 커질수록 소비성 자산보다는 투자형 자산에 재투자될 확률이 높아진다.

　목돈을 만드는 저축은 어떤 상품보다도 저축성보험이 좋다. 단기간에는 사업비 때문에 은행 적금보다 수익률이나 환급금은 빠지지만 보통 5년 이상 지나 원금이 회복되고, 10년이 지나면 복리와 비과세의 혜택을 동시에 안겨주기 때문에 어떤 상품보다 높은 이자 수익을 얻을 수 있다(최근 세제 개편에서 논의되는 것이 금융소득 종합과세를 4천만 원에서 2천만 원으로 줄이고, 비과세 상품을 축소하는 방향으로 전개되고 있기 때문에 비과세 상품을 미리 꼭 하나는 가입하는 것이 좋은 투자 플랜이 될 수 있다). 앞에서 말했듯이 10년간의 저축은 2~3년간의 짧은 적금과는 만기에 받는 금액에서 큰 차이가 난다. 물론 이런 필자의 주장에 혹자는 매년 은행 예금의 원금과 이자를 다시 은행 예금에 재투자함으로써 동일한 복리 효과를 낼 수 있다고 말하지만, 실질적으로 매년 그렇게 투자해서 10년 가까이 돈을 모으는 것이 쉽지 않다. 중간중간 우리 앞에 자산소비 리스크가 도사리고 있기 때문이다.

단리와 복리의 그래프를 저축성보험에 적용해보면 표 2-22와 같다. 표 2-14와 꼭 비교해보길 바란다.

[표 2 – 22] 저축성보험과 은행 적금의 차이

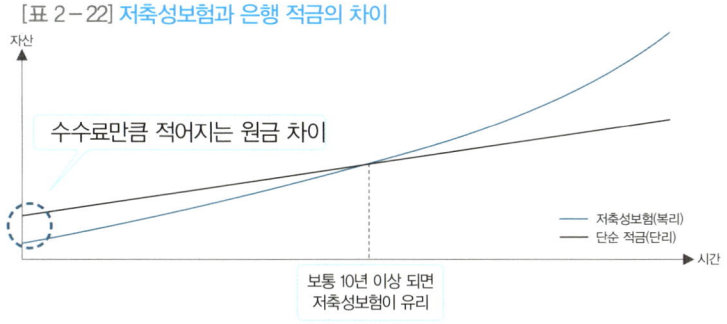

정리하자면 우리가 저축 상품을 고를 때 먼저 고려해야 하는 포인트는 다음과 같다. 오랫동안 많은 돈을 저축할 수 있는 시스템 → 원금에서 떼어가는 사업비율(수수료율) → 수익률순으로 고민해봐야 할 것이다.

변액연금보험 논란이 우리에게 알려주는 시사점

살면서 집 다음으로 큰 돈을 들이는 것이 보험료라는 통계가 있다. 2012년 1분기 통계청이 발표한 월평균 가계 소득은 412만 원 수준인데, 실제로 작년 기준으로 월평균 가계 보험료는 4인 가족 기준으로 30만 원 수준을 넘어섰다. 물론 여기에 보장성보험이 아닌 저축성보험까지 합치면 그 금액은 더 늘어난다. 만약 4인 가구 월평균 보험료를 30만 원이라 가정하면 1년에 360만 원이다. 보통 보험의 납입 기간이 20년 정도 되니, 평생 내는 보험료는 7천 2백만 원이 된다. 실제로 집 다음으로 많이 들어가는 소비가 보험이 맞다.

그런데 대부분의 사람들은 가입 시점에만 상품에 대해 이해할 뿐 지나고 나면 자신이 어떤 보험을 가입했는지 모르는 경우가 다반사이다. 그도 그럴 것이 보험 상품의 담보들이 복잡하고 어렵기 때문이다. 여기에 최근에 벌어진 변액연금에 대한 수익률 논란은 우리에게 많은 점을 시사하고 있는데, 보험 전문가가 아닌 이상 논란의 진위를 좀처럼 파악하기 어렵다.

2012월 4월 4일 금융소비자연맹이 발표한 k-컨슈머 리포트 2012-2호에 따르면 "변액연금보험 60개 상품 중 6개를 제외한 나머지 상품들의 실효수익률은 지난 10년(2002~2011년)동안 평균 물가상승률인 3.19퍼센트에도 미치치 못했으며, 변액연금의 실효수익률은 연평균 1.5퍼센트 수준이었다. 특히 가입기간 10년 미만인 상태에서 중도 해지할 경우 큰 손실을 볼 수 있다"라고 발표했다.

[표 2-23] 변액연금보험 실효수익률 상위 6개(금융소비자연맹 발표)

판매채널	회사	상품명	실효수익률(연평균)
설계사	교보생명	무)교보우리아이변액연금보험	4.06%
	교보생명	무)교보100세시대변액연금보험 II	3.92%
	PCA생명	무)PCA파워리턴변액연금보험	3.55%
은행	교보생명	무)교보First우리아이변액연금보험	4.28%
	교보생명	무)교보First100세시대변액연금보험	4.22%
	ING생명	무)스마트변액연금보험 1종(적립형)	2.73%

우선 수익률 산정은 납입보험료 대비 10년 후 해지환급금을 기준으로 산출되었다. (수익률 산정 = 10년 후 해지환급금 ÷ 납입보험료) 이것을 10으로 나누면 연평균 실효수익률이 되는 것이다. 실제로 교보생명의 우리아이 변액연금의 경우 20만 원씩 매월 10년을 불입했다고 가정하면 총불입원금은 2,400만 원이고, 실제로 10년 후 해지환급금은 3,375만 원이 되어서 3375÷2400=1.406이 나오고 여기서 나온 40.6%의 수익률을 10년으로 나누면 연평균 수익률이 4.06%가 나왔다는 것이다. 실로 이런 수익률 산정방식은 금감원 공시기준으로 **연환산 수익률 = 누적수익률×356÷운용일수**의 방식으로 산출된 것이다.

그러나 이런 실효수익률 발표에 대항하여 생명보험협회는 수익률 산정방식에 잘못이 있다고 반박하고 나서 소비자들의 혼란은 가중되고 있다. 이 말을 들으면 이 말이 맞는 것 같고, 저 말을 들으면 저 말이 맞는 것 같은 상황이 최근에 벌어지고 있는데, 우리가 지금까지 이야기해온 수익률의 함정을 응용하면 아주 쉽게 이해할 수 있다. 먼저 각 측의 주장을 들어보자.

1. 금융소비자연맹 주장의 핵심

(1) 보험료에는 기본적으로 평균 10~14퍼센트의 사업비가 들어가기 때문에 대부분의 변액연금의 실효수익률은 연평균 1.5퍼센트 수준밖에 되지 않는다.

(2) 변액연금의 수익률을 공시할 때는 납입원금 대비 해지환급금을 따져야 하는 것이 논리적으로 맞다. 납입원금에서 사업비를 제한 실제로 보험료 특별계정에 불입되는 금액 대비 해지환급금을 따지는 것은 논리적으로 모순이다.

(3) 따라서 10년 이내의 단기 목적으로 가입한 변액연금은 물가상승에도 미치치 못하는 결과를 초래할 수밖에 없는 상품 구조를 가지고 있어서, 이 점을 소비자들은 명확히 알고 변액연금은 10년 이상의 장기상품임을 알고 가입해야 한다.

2. 생명보험협회 주장의 핵심

(1) 변액연금의 경우 한꺼번에 돈을 넣는 거치식이 아닌 적립식임으로 수익률을 산정할 경우 10년이 아닌 5년으로 나눠져야 실효수익률이 제대로 나오게 된다.

(2) 변액연금의 각 펀드별로 설정일이 다른데, 아직 10년이 지나지 않은 펀드도 모두 10년이 지난 것으로 가정해서 단기 수익률로 미래의 수익률을 계산하는 것은 왜곡이 있다.

논란이 되는 핵심 두 가지는 '수수료를 뺀 원금을 분모로 수익률을 계산하느냐, 아니면 원금을 분모로 계산하는가?'라는 문제와 '연평균 실효수익률을 계산할 때 적립식(적금 방식)임을 가정할 때 10년으로 나눠야 하는가, 5로 나눠야 하는가?'라는 문제이다.

만약 변액연금의 수수료를 10퍼센트로 가정하면 다음과 같은 계산이 가능해진다.

금융소비자연맹은 납입원금 전체에 해당하는 2,400만 원을 분모로 쓰고, 생명보험협회는 납입원금에서 수수료 10퍼센트를 차감한 순수하게 펀드로 불입되는 2,160만 원을 분모로 써서 펀드 수익률을 계산할 것이다(펀드 수익률의 공시는 순불입원금 대비 수익률로 따지는 것이 맞긴 하다).

이렇게 계산하면 원금 대비 수익률은 40.6퍼센트에서 56.2퍼센트로 늘어나게 된다. 그래서 금융소비자연맹은 생명보험협회의 변액연금 펀드 수익률의 공시는 실제 납입원금 대비 산출한 수익률보다 과장되게 공시된다는 것이다.

어떤 공시방법이 맞다고 생각하는가? 소비자 입장에서는 당연히 금융소비자연맹 방식의 수익률 공시가 옳다고 할 것이다. 물론 순수하게 변액연금펀드 수익률을 비교한다면 '납입원금 – 수수료'를 차감한, 펀드로 들어가는 원금을 분모로 가지고 얼마가 늘어났는지 계산해야 한다. 하지만 금융상품 선택에 있어 가장 중요한 것은 수익률이 아니라 숨어 있는 수수료를 따져보는 것이다. 보험이든 펀드든 자기의 불입원금 대비 얼마나 투자되고 있는지 반드시 수수료율을 따져보아야 한다.

[표 2 – 24] **금융소비자연맹 vs 생명보험협회의 변액연금보험 실효수익률 계산법**

이제 두 번째 논란인 10년으로 나눌 것인가, 5년으로 나눌 것인가의 문제를 살펴보자. 먼저 앞에서 이야기한 '은행 적금의 수익률 함정'을 잘 적용해보면 쉽게 이해가 갈 것이다.

실제로 1년 만기 시중 은행 적금 4퍼센트로 실제 수익률을 따져보면 4퍼센트를 절반으로 나눈 2퍼센트에, 세금까지 고려하면 0.2퍼센트 정도를 뺀 총불입원금 대비 1.8퍼센트 정도 수준밖에 안 된다고 언급했다. 실제로 월 100만 원씩 1년간 적금을 넣었을 때 만기에 받는 금액은 1,200만 원의 4퍼센트인 48만 원이 아니고 22만 원 수준이다. 첫달에 들어가는 100만 원은 월 초에 불입을 가정할 경우 100만 원×4퍼센트×12/12만큼의 이자를 받지만, 두 번째 달의 경우 100만 원×4퍼센트×11/12만큼의 이자를 받게 되고, 마지막 달에 들어가는 100만 원은 100만 원×4퍼센트×1/12만큼의 이자를 받기 때문이다. 이것이 바로 매월 불입하는 적립식 투자의 경우 오해하기 쉬운 수익률의 함정이다. 우리가 말한 이런 이유로 생명보험협회에서는 40.6퍼센트를 10년이 아닌 5년으로 나누는 것이 옳다고 주장하는 것이다.

그런데 바꾸어 말하면 이 논리는 적금의 실효수익률은 1.8퍼센트가 아니라 4퍼센트라고 주장하는 것과 같은 이치이다. 물론 생명보험협회의 논리가 틀린 것은 절대 아니다. 오히려 논리는 옳다. 그런데 실효수익률은 그렇게 계산한다는 것 자체가 모순이라는 말이다.

사실 이것은 변액보험만의 문제가 아니라 모든 금융상품들이 여태까지 실효수익률을 정확하게 알리지 않은 데 기인하는 문제이다. 다른 금융사들은 실효수익률을 제대로 알리지 않는데 유독 변액연금만 실효수익률로 제시하는 것 자체가 오해가 있다는 말이다. 필자도 그 말에 전적으로 동의한다. 그리고 오늘의 이 논란은 비싼 금융상품을 소비하지만 잘 모르고 구매하는 소비자들의 무지뿐 아니라, 그를 악용하는 일부 보험사나 설계사에게 문제가 있다고 해야 한다. 그리고 상품의 수수료를 포함한 상품의 구조에 대한 이야기들을 자세히 알려주지 않은 일부 금융회사들도 책임이 있다.

　솔직히 금융회사들은 본인들의 상품 판매를 위해 장점은 부각하고 단점은 줄여서 얘기할 수밖에 없다. 그렇다면 방법은 한 가지! 소비자가 똑똑해져야 한다. 그리고 정확하게 비교할 수 있는 지식과 능력을 가져야 한다. 그것이 최근에 발생한 변액연금의 논란이 우리에게 시사하는 바다. 앞으로 금융상품은 더 복잡해지고 어려워질 것이기 때문이다. 그래도 다행인 것은 이번 계기를 통하여 금융회사들은 각고의 노력을 기울여 소비자들에게 좀 더 투명하고 좋은 상품을 만들 것으로 생각되어진다.

　실제로 요즘 변액연금의 판매가 절반 수준으로 급감했다는 보도가 심심찮게 들려온다. 그러나 필자는 10년 이상을 보고 노후를 목적으로 가입할 경우 변액연금도 좋은 상품이라고 생각한다.

그래서 금융상품은 무엇보다도 본인의 목적에 맞게 가입하는 것이 중요하다고 거듭 강조하는 것이다. 화려하게 포장된 수익률에 속지 말고 목적과 기간을 따져보고, 수수료가 얼마인지 알아보고, 꾸준히 수익을 낼 수 있는 상품인지 따져보는 것이 중요하다.

 펀드 수익률의 함정

2008년 리먼 사태로 불리는 금융위기를 겪기 전에 실로 펀드 열풍은 대단했다. 연 수익률 30퍼센트 달성은 기본이고, 심지어 100퍼센트까지 초과하는 펀드들이 속속 등장하여 소비자들을 현혹했다. 그런데 지금은 어떤가? 2011년 하반기를 돌아보면 그리스발 유럽 재정위기 속에 시장은 급변하며 환율은 1,200원, 주가는 1,700포인트를 왔다갔다 했다. 그때 계좌를 열어본 고객들은 아마도 2~3년간 쌓아온 수익이 한순간에 날아갔거나 마이너스 투성이의 잔고를 보게 되었을 것이다.

시간을 더 거슬러 올라가서 2010년 9월 주가가 1,800포인트를 회복하자 은행 창구의 10명 중 7명이 펀드 환매를 하기 위해 온 고객이었다고 한다. '펀드런'이라 불리는 펀드 환매로 불과 며칠 만에 1조 원 이상이 유출되었다. 2007년 2,000포인트 고점에서 투자를 시작한 고객들이 원금을 회복하자 대규모 펀드 환매를 시작한 것이다. 다시 떨어질지도 모른다는 불안심리에서 시작된 펀드 환매는 1,800포인트에서 2,000포인트까지 몇 개월간 지속되었다.

2000년 바이코리아 열풍으로 첫 등장한 적립식 펀드는 우리에게 이제 낯설지 않은 투자수단이 되었다. 그런데 대부분의 고객들은 펀드를 고를 때 여러 가지 정보에 부족한 것이 사실이다. 펀드 운용사, 펀드의 과거 수익률 추이, 펀드 설정액, 펀드의 비용과 환매방법 등을 보게 되는데, 여기서 펀드 수익률(펀드 수익률은 http://www.funddoctor.co.kr에서 쉽게 조회할 수 있다. 또한 신규로 가입할 펀드의 수익률 추이도 검색할 수 있다)이 고객의 펀드 선택에 주요한 기준이 되는 것이 사실이다.

2011년을 보면 수익률 랭킹 1~2위는 자동차에 투자한 펀드였다. 그러면 1년간의 수익률만을 보고 펀드를 선택하면 될까? 물론, 아니다. 1년 동안 수익률 1위인 삼성KODEX자동차 상장지수펀드(ETF)의 수익률이 42.55퍼센트였다면, 말 그대로 1년 전 정확히 1천만 원을 펀드에 거치식으로 넣었을 경우에 수익률이 42.55퍼센트가 된다는 말인가? 즉 지금 환매하면 내 손에 1천만 원의 원금하고도 425만 원을 더 쥐게 된다는 뜻인가? 또 거치식이 아닌 적립식에는 어떠한가?

은행의 정기예금과 정기적금이 다르듯이 이것 또한 마찬가지이다. 거치식 펀드의 경우 기준가의 변화만 보면 되지만, 적립식의 경우에는 평가금액(펀드 보유좌수×기준가÷1,000)을 봐야 한다. 예를 들어 주가가 절반으로 떨어졌다가 다시 올라온 경우를 가정할 때 매월 10만 원씩 적립식의 투자한 경우를 살펴보면 다음 과 같다.

[표 2-25] 3개월간 주식형 적립식 펀드에 10만 원씩 투자한 경우

기준가	2천 원	1천 원	2천 원
매입좌	50,000	100,000	50,000

만약에 거치식 투자라면 기준가가 2천 원에서 3개월 뒤 2천 원 이 되었으므로 수익률은 0퍼센트이다. 수수료를 감안하면 약 −2 퍼센트 내외의 손실만을 보게 될 것이다. 그러나 적립식 투자의 경우 전혀 달라진다. 두 번째 달에 기준가가 절반으로 떨어져서 매입좌수가 2배가 되었기 때문이다. 이것을 적립식 펀드의 코스 트 에버리징 효과라고 하는데, 적립식 펀드의 경우는 다음과 같 이 수익률을 구한다. 위와 같은 경우 펀드 평가 금액은 (펀드 보유 좌수×기준가)÷1,000이므로 (50,000+100,000+50,000)×2,000 ÷1,000=40만 원이 된다.

이 경우 펀드 수익률은 '(평가금액 − 투자원금)÷투자원금× 100'을 한 것이므로 (40만 원 − 30만 원)÷30만 원×100을 하게 되 면 펀드 수익률은 33퍼센트가 나오게 되는 것이다. 따라서 펀드 회사에서 공시한 수익률을 보고 적립식 펀드의 수익률을 판단하 기에는 무리가 있다. 다행히 위에서 예시한 펀드닥터의 경우에는

이런 점을 가정하여 주간 수익률의 평균으로 수익률을 보여준다. 즉, 3개월간 주간 수익률의 평균을 보여준다는 것이다. 실제로 앞에서 예로 든 수익률 42.55퍼센트의 삼성KODEX자동차 상장지수펀드(ETF)의 수익률은 기준가격으로만 계산해보면 28퍼센트 정도가 나온다. 즉, 정확히 1년 전 1천만 원을 거치식으로 투자한 투자자는 425만 원이 아닌 280만 원의 수익을 거둔다는 것이다.

그럼 적립식의 경우에는 어떠한가? 이것은 위와 같이 평가액을 기준으로 수익률을 따로 계산해야 한다. 여기서 중요한 것은 적립식의 경우에는 기준가가 올랐다 하더라도, 급격히 올랐다가 떨어진 경우와 떨어졌다 올라간 경우의 수익률은 확연히 차이를 보이게 된다. 적립식 투자의 경우 기준가가 폭락했다가 다시 올라갔을 경우가 그냥 상승했을 경우보다 더 큰 수익을 주기 때문이다. 그래서 나의 현재 보유좌수와 기준가를 알고 투자원금을 알면 누구나 쉽게 펀드 수익률을 구할 수 있다.

각종 사이트에서 보여주는 펀드 수익률은 자기마다 투자한 기준이 다르므로 참고용일 뿐이고, 펀드 선택에서 가장 중요한 것은 최소한 3년 동안 최고의 수익률이 아닌 꾸준한 수익률을 내는 펀드를 찾고, 특히 2008년이나 2011년과 같은 폭락장에서 방어를 잘하는 펀드를 찾는 것이 관건이라 하겠다.

펀드의 수익률 계산법

1. 거치식인 경우

[현재 기준가(1,800)−처음 기준가(1,100)]÷처음 기준가(1,100)×100 = 63.6%

따라서 거치식인 경우는 살 때의 기준가와 팔 때의 기준가만 확인하면 간단히 수익률을 구할 수 있다(단, 1년이 지나면 기준가는 다시 1,000으로 리셋하고 보유좌수를 조정함으로 1년이 지난 펀드는 좌수도 고려해야 한다. 2번과 같이 평가하면 된다).

2. 적립식인 경우

먼저 평가금액을 구한다.

평가 금액 = 총보유좌수 × 현재 기준가격 ÷ 1,000

만약 현재 총보유좌수가 3백만좌이고 기준가는 1,800이라고 하면 다음과 같다.

평가 금액 = 3,000,000×1,800÷1,000 = 5,400,000원

그 다음으로 수익률을 다음과 같이 구한다.

만약 매월 10만 원씩 36개월을 부었다고 하면 다음과 같다.

[평가 금액(540만 원)−투자원금(360만 원)]÷투자원금(360만 원)×100 = 50%

 재테크에서 반드시 고려해야 하는 자산소비 리스크

    필자는 지금까지 위험자산에 대한 섣부른 투자는 더 큰 자산의 손실을 가져올 수 있다는 것을 수익률 함정의 사례를 통해 보여줬다. 그리고 재테크의 함수를 통해서 무엇보다도 종잣돈을 많이, 빠르게 모으는 것이 중요하다고 설명했다. 또 각 금융상품들이 가지고 있는 수익률의 함정에 대해서 설명했다. 그런데 이것보다 더 중요한 것이 자산소비 리스크이다.

우리가 은행 적금을 통해서 큰 돈을 만지기 어려운 이유는 3년 또는 5년짜리 적금을 들어서 모이는 금액이 몇 천만 원 수준이므로 우리가 생각하는 억대의 금액을 모으기 어려운 것도 있지만, 더 중요한 것은 만기가 되면 꼭 돈이 들어갈 일들이 생기기 때문이다. 이런 이면에는 자산소비 리스크라는 것이 숨어 있다. 여기서 말하는 자산소비 리스크는 3년 뒤에 만기가 된 적금을 다시 재투자하지 못하고 충동적으로 차를 사거나 계획에 없던 해외여행을 가거나, 심지어 큰 고민 없이 남에게 돈을 빌려주는 등 다른 지출에 써버리는 위험을 말한다. 다음의 예를 보면 쉽게 이해할 것이다.

만약에 복권에 당첨되어 1억 원을 당신에게 준다고 할 때 다음과 같은 방법으로 지급한다고 가정하자. 당신은 이 중에 한 가지를 선택할 수 있다.

1. 시가 1억 원의 토지
2. 순금 1억 원(약 417돈, 1돈 24만 원 기준)
3. 자기앞수표 1억 원
4. 현금 1만 원권 1만 장(007가방 1개분)

만약 1년 뒤 다시 당신의 자산을 점검한다면 어떤 게 남아 있을 확률이 높을까? 당연히 1번의 부동산이 남아 있을 확률이 크고, 4

번의 현금이 남아 있을 확률이 가장 적다. 그래서 자산을 쉽게 쪼깨서 소비해버리지 않기 위해선 다음과 같은 관리가 필요하다.

첫째, 단기보다는 장기적인 투자 플랜을 가져야 한다.

둘째, 중간에 해지할 수 없도록 적절한 보호막이 있어야 한다.

셋째, 각 시기별로 들어갈 돈을 재무 플랜을 통해 예측하고 소비와 지출을 통제해야 한다.

넷째, 푼돈보다 쉽게 깨기 힘든 목돈을 만들어야 한다.

자, 당신은 매월 100만 원을 저축하려고 한다. 그래서 다음과 같은 저축형 금융상품 세 가지를 추천받았다. 어떤 것을 선택할 것인가?

1. 10년 만기 비과세 저축성보험(공시이율 5퍼센트 연복리, 5년이 지나야 원금 회복 가능, 10년 후 복리와 비과세 효과로 수익률이 제일 높음)
2. 5년 만기 은행 적금(약정이율 4.3퍼센트 연단리)
3. 3년 만기 채권형 펀드(4.5퍼센트 펀드 수익률 가정)

이 세 가지 상품은 모두 원금 보장이 되는 상품들이다. 그런데 목돈을 만질 확률은 1번이 가장 크다. 일단 만기에 받는 금액 자체가 틀리다. 5년 적금을 부은 것보다 당연히 2배 이상이 될 것이고, 보험 상품의 특성상 5년 이내 해지하면 원금 손실이 발생하기 때문에 중간에 해지하지 않고 이어갈 수 있는 의지도 생길 것이기 때문이다. 물론 자신의 저축 능력을 고려하지 않고 감행한 무리한 저축은 기간이 길어질수록 만기를 채우지 못할 해지 리스크도 존재하지만, 그래도 10년을 기다리면 여타의 은행권 상품이 줄 수 없는 복리와 비과세라는 두 마리 토끼를 잡을 수 있기 때문에 목돈을 마련하는 데는 유리할 수밖에 없다.

[표 2-26] 매월 100만 원씩 저축할 때 금융상품에 선택에 따른 차이

구분	연 금리	수수료율	투자원금	만기시 받는 금액	총이자	비고
10년 만기 비과세 저축성보험	5% 복리	9% 가정	1억 2천만 원	1억 4천만 원	2천만 원	비과세 적용
5년 만기 은행 적금	4.3% 단리	없음	6천만 원	6천 5백만 원	5백만 원	이자소득세 공제
3년 만기 채권형 펀드	4.5% 가정	0.5% 가정	3천 6백만 원	3천 8백만 원	2백만 원	배당소득세 공제

따라서 저축 플랜을 잡을 때는 수익률도 중요하지만 무엇보다 중도에 해지하지 않고 복리와 비과세를 활용할 수 있는 장기 플랜이 필요하다. 또한 만기에 수령하는 원금의 크기가 클수록 자산소비 리스크도 줄어들고, 자산이 재투자되어 다시금 불어날 수 있는 가능성이 커지게 됨을 기억해야 한다. 꼭 기억하길 바란다. 저축은 길게! 복리와 비과세로!

Ⅲ. 수익률의 함정에서 벗어나는 투자법

시장의 흐름을 읽어라

　만약 종잣돈이 어느 정도 목표 수준으로 모아진 투자자라면 주식 투자에도 관심을 가지기 바란다. 물론 여기서 말하는 주식투자는 펀드 같은 간접투자 수단도 모두 포함한 개념이다. 필자는 우리가 주식시장에 대해서 잘 이해한다면, 주식시장만큼 우리에게 꾸준한 수익을 줄 수 있는 시장도 없다고 확신한다. 현재는 2008년 이후 주가가 2,000포인트 전후로 왔다갔다하면서 큰 변화를 주고 있지만, 그 안에는 항상 주가와 상관없이 꾸준한 수익을 주는 보석 같은 투자 종목이 존재하기 때문이다. 물론 국내뿐아니라 해외에도 그런 투자 대상은 수도 없이 많다.

이제 필자는 주식, 펀드, 부동산, 채권, 연금 등 여러 가지 투자 수단 중에서도 주식 투자에 관한 이야기를 하려 한다. 지금까지 내가 왜 수익을 내지 못하고 일희일비할 수밖에 없었나 깨달았다면, 이제 본격적으로 투자에 대한 안목을 가질 시간이다.

이제부터 수익률의 함정에 빠지지 않으면서도 꾸준한 수익을 낼 수 있는 방법을 공개하도록 하겠다. 물론, 이 방법은 필자가 꾸준히 수익을 내고 있는 방법이기도 하다. 구체적인 방법에 들어가기 전에 먼저 시장을 읽는 눈을 키워보도록 하자.

투자에 있어서 지금 무엇에 투자해야 하는지 판단하는 것은 매우 중요하다. 2011년 하반기 주가지수가 2,200을 뚫고 2,500을 돌파할 것이라고 수많은 애널리스트들이 예상했지만 8월 초 불어닥친 미국 재정위기로 인한 주가 폭락에 모두들 속수무책으로 당하고 말았다. 무려 3주 만에 400포인트가 넘게 빠지며 한때는 1,700선이 무너지기도 했다. 코스피200에 편입된 우량주가 하루에 10퍼센트씩 빠지니 코스닥 중소형주는 말할 것도 없었다. 이럴 땐 주식 투자를 잠시 쉬어야 한다.

그런데 이런 흐름도 잠시뿐, 2008년 리먼 사태 주가 폭락 후 반등을 경험한 투자자들은 2011년 8월 주가 폭락 또한 조만간 반등할 거라는 기대에 몇 달 안 가서 주식 계좌수와 신용잔고(주식을 신용으로 거래하고 미결제로 남아 있는 주식으로, 쉽게 말하면 외상으로 주식을 산 투자자가 증권회사에 갚아야 할 기한부 부채이다)는 연중 최고치를 갱신했다.

이렇게 어려운 때일수록 시장을 냉정하게 판단하고 대세에 순응할 수 있는 큰 안목이 필요한데, 그런 안목을 가지는 것은 꼭 전문가들만의 몫은 아니다. 몇 가지 지표만 점검해도 큰 대세의 흐름을 읽을 수 있다. 사람이 이성적이라고 생각하는가? 전혀 그렇지 않다. 폭락장에서는 비이성과 공포심을 앞세운 동물적 판단이 투자자를 지배한다. 자, 냉정하게 숨을 고르고 몇 가지 흐름을 유심히 관찰해보면 지금이 투자할 때인지, 쉬어야 할 때인지를 판단할 수 있을 것이다.

투자에는 종목보다 중요한 것이 있다

어떤 사람이 투자 대상으로 무한한 성장 가능성을 가진 보석과 같은 회사를 찾았다고 가정하자. 매년 ROE(자기자본이익율)가 30퍼센트씩 성장하고 부채 비율은 50퍼센트 미만이며, 매출액은 매년 100퍼센트씩 신장하는 전도유망한 기업이다. 물론 이런 기업을 찾아 기업의 잠재가치에 투자하는 것은 부화뇌동하는 매매보다 평균적으로 더 높은 수익을 가져다준다.

그러면 종목만 좋다고 투자에서 성공할 수 있을까? 정답은 아니다. 한 종목이 수익을 내기 위해서는 시장이 뒷받침되어야 한다. 일단 주식시장으로 올 수 있는 유동성(돈)이 풍부해야 하고, 기업들도 많이 이익을 내고, 나라 안팎의 경제상황도 좋아야 한다. 무엇보다 주식시장이 연일 외국인, 기관, 개인들의 매수가 이어지는 수요와 공급(흔히 말하는 수급)이 좋아야 한다.

다음 표 3-1은 1990년대에서 2010년까지 연초 연말 주가를 비교해놓은 자료이다. 물론 연초보다 연말이 상승했거나 하락했다로 주가가 상승장이다 하락장이다 딱 꼬집어 말하기 어려운 것이 주식시장이다. 그동안 등락폭이 컸던 연중 주가 변동성을 무시할 수 없기 때문이다. 그래도 굳이 따지자면 1990년대는 5번의 상승장과 5번의 하락장이, 2000년대는 7번의 상승장과 3번의 하락장이 나오는 것을 볼 수 있다. 확실히 말할 수 있는 것은 2000년 이전보다 2000년 이후 시장의 유동성과 투명성, 그리고 주식시장에 대한 관심 및 투자자가 늘어난 것은 사실이다.

2008년 서브프라임 금융위기 이후 또 한 차례 2011년 미국과 유럽 재정위기로 인해 시장이 출렁이고 있지만 향후 10년을 내다보면 시장 전망이 이전보다 훨씬 좋을 것으로 필자도 예상하고 있다. 그러나 우리가 여기서 반드시 짚고 넘어가야 할 것은 전문가들도 하락장에서는 좀처럼 수익을 내기가 어려우며, 상승 종목의 수는 하락 종목의 수에 비해 터무니없이 적다는 것이다. 또 마찬가지로 상승장에서는 대부분의 종목들이 상승하고 하락하는 종목은 적다. 물론 상승장에서도 상승의 폭은 천차만별이고, 각 상승장마다 주도업종과 주도주가 존재한다. 어쨌든 하락장에는 주식 투자를 되도록 신중히 하고 미리 시장에서 떠나 있어야 한다.

[표 3-1] 1990~2010년까지 KOSPI 연초 연말 주가 비교

구분	기초	기말	차이	상승(하락율)	결과	주요사건	비고
1990	912	696	216	-23.7%	하락	페르시아만사태	
1991	679	610	69	-10.2%	하락	걸프전	
1992	606	678	72	11.9%	상승		
1993	697	866	169	24.2%	상승		
1994	879	1,027	148	16.8%	상승		
1995	1,013	882	131	-12.9%	하락		
1996	888	651	237	-26.7%	하락		
1997	653	376	277	-42.4%	하락	IMF구제금융	
1998	385	562	177	46.0%	상승		
1999	587	1,028	441	75.1%	상승		
2000	1,059	504	555	-52.4%	하락	IT버블	10월 31일 최저치 483
2001	521	693	172	33.0%	상승	9·11 사태	9월 21일 최저치 463
2002	677	665	12	-1.8%	하락		
2003	673	810	137	20.4%	상승	금융실명제, 카드대란	
2004	821	895	74	9.0%	상승		
2005	893	1,379	486	54.4%	상승		
2006	1,389	1,434	45	3.2%	상승		
2007	1,435	1,897	462	32.2%	상승		
2008	1,853	1,124	729	-39.3%	하락	서브프라임 금융위기	11월 1일 최고치 2,085
2009	1,157	1,682	525	45.4%	상승		10월 27일 최저치 892
2010	1,696	2,051	355	20.9%	상승		

그러나 개인 투자자들이 시장을 예측하고 따라가는 것이 말처럼 쉬운 일은 아니다. 그래서 대부분의 투자자들은 여러 해 동안 어렵게 장기 투자로 쌓아온 수익을 단 몇 주 만에 쉽게 잃어버리

고 시장 앞에 무릎을 꿇는다. 그러므로 우리에게 종목 선정 못지 않게 중요한 것은 시장의 흐름을 읽는 것이고, 종목 선정에 앞서서 과연 지금 시장이 투자할 때인지 아닌지를 구분하는 것이라고 할 수 있겠다.

주식 투자에 있어서 시장이 제일 중요하고, 그 다음이 업종이고, 그 다음이 종목이다. 종목만 보고 투자를 하는 것은 숲을 무시하고 나무만 보는 것과 다름없다.

 ## 장기 투자는 만병통치약인가?

대부분 전문가들은 가치 있는 주식을 발굴해서 장기 투자를 하는 것이 개인 투자자들이 유일하게 수익을 내는 길이라고 말한다. 필자도 이 생각에는 전적으로 동의한다. 일반적인 생업을 가진 개인 투자자들은 단기 투자에 적합하지 못하기 때문인데, 이유는 다음과 같다.

첫째, 단기 투자는 장기 투자에 비해 많이 시간과 노력을 요구하는데 자기 일을 가지고 있는 사람이 그런 시간을 내기가 쉽지 않기 때문이다. 하루 일과를 계획하고 시작할 8시~10시에 몰래 HTS를 켜놓고 조마조마해하고 있다면 꾸준히 수익이 나고 있다고 한들 이런 사람들은 직장에서 인정받기는 어려울 것이다.

둘째, 단기 투자로 인한 잦은 매매는 많은 수수료와 거래세를 발생시키기 때문에 투자 원금을 갉아먹게 되므로 장기 투자보다 불리하다. 한 증권사의 경우 HTS를 통한 매매 수수료는 거래액에 0.029퍼센트이고, 거래세는 매도시 0.3퍼센트(거래세 0.15퍼센트 +농특세 0.15퍼센트)를 받는다.

사고 파는 것을 포함하면 매매 수수료는 0.029×2=0.058퍼센 트이고, 여기다 거래세 0.3퍼센트를 더하면 총 매매비용은 0.358 퍼센트가 된다. 1억 원을 매매할 때 내는 수수료는 358,000원인 것이다. 결코 적은 금액이 아니다. 1억 원을 가지고 한 달에 한 번 씩만 거래한다고 해도 430만 원의 매매비용이 사라진다. 1억 원 을 넣었을 때 받을 수 있는 정기예금 금리 4퍼센트보다 높은 돈이 수수료로 사라지는 것이다.

셋째, 주가는 전체 보유 기간 중에 아주 잠깐 동안 많이 상 승하는데 단기 투자로는 이런 기회를 잡을 수 없다. 실제로 1980~1990년 10년간 S&P500지수는 연 17.6퍼센트 상승하였는 데, 이 기간 중 가장 많이 오른 10일을 제외했더니 전체 수익률 이 12.65퍼센트, 10년 중 가장 많이 오른 20일을 제외했더니 전체 수익률이 9.3퍼센트, 10년 중 가장 많이 오른 30일을 제외했더니 6.5퍼센트로 연 수익률이 하락했다. 가치주 펀드로 유명한 투자 회사 트위디 브라운에 의하면 투자 수익의 80~90퍼센트는 전체 보유기간 중 2~7퍼센트 사이의 기간 동안에 발생한다고 발표한 바 있다. 이와 같이 수익률 상승에 소외되지 않기 위해서는 장기 투자가 적합하다.

넷째, 우리가 앞으로 발굴할 가치주의 경우 단기적으로는 어려울 수 있어도 장기적으로는 결국 가치를 따라 주가가 상승할 확률이 높기 때문이다. 그래서 가치주 투자는 발굴한 이후에 투자의 열매를 따먹기까지 반드시 인내라는 시간이 필요한 것이다.

이와 같은 네 가지 이유로 필자는 개인 투자자들은 반드시 장기 투자를 해야 한다고 생각한다.

증권사별 주식 수수료 알아보기

증권사별로 주식 매매 수수료는 천차만별이다. HTS 서비스가 탁월하게 뛰어나지 않은 이상 추가의 비싼 수수료를 내는 것은 낭비이다. 더군다나 현재 지급결제가 가능한 증권사 계좌와 과거에 은행을 통해 계설한 계좌 간의 수수료 차이도 발생하니 꼼꼼히 따져봐야 한다.

수수료의 크기를 단순 비교하면 **오프라인**(객장 주문) – **ARS**(전화 주문) – **HTS** – **스마트폰** 순으로 수수료가 낮다. 그러므로 요즘같이 스마트폰이 대세인 시대에 스마트폰을 활용해서 주식을 매매하는 사람과 ARS를 통해 주문을 내는 사람과의 수수료 차이는 무려 10배의 차이가 난다. 그렇기 때문에 우리는 HTS도 좋고 거래 수수료도 저렴한 증권사를 찾아야 한다. 그렇다면 각 증권사별 매매 수수료는 어떻게 볼 수 있을까? 금융투자협회(http://dis.kofia.or.kr)로 들어가면 상세한 회사별 수수료 내역을 볼 수 있다. 금융투자회사 공시 – 금융투자상품 수수료 비교 – 주식거래 수수료를 찾아서 엑셀 다운받기를 하면 된다.

그런데 여기서 장기란 과연 얼마의 기간을 말하는 것일까? 3개월 이상, 6개월 이상, 아니면 1년 이상을 뜻하는가? 참 애매하다. 누구도 속시원하게 기간을 말해주지 않는다.

만약 1990년 912포인트 때 주가지수에 투자한 투자자 A가 2008년까지 무려 18년을 투자하다가 연중 최저치인 892포인트에 주식을 정리했다고 가정하자. 이 사람은 18년간 투자했지만 손실이 났다. 이것은 장기 투자일까? 반대로 2008년 10월 892포인트에 투자한 투자자 B가 2010년 12월 2,051포인트에 주식을 팔았다. 정확하게 2년 2개월을 투자한 것이다. 둘 중에 누가 장기 투자자인가? 18년을 투자했으니까 2년보다 더 길게 투자해서 장기 투자인가? 용어 자체로 보면 기간이 긴 것이 장기 투자지만 실제 우리가 추구하는 개념과는 다르다.

그래서 필자는 장기 투자에 대해 이렇게 얘기한다. 기간에 구애받지 않고, 빚도 내지 않은 여윳돈을 가지고, 목표가를 명확하게 정해놓고, 매일매일 HTS로 주가를 확인하며 일희일비하지 않고, 목표 수익을 위해 기다릴 수 있는 확신 있는 투자가 장기 투자이다. 만약에 투자자 A가 상식을 벗어나지 않는 한 명확한 목표가가 있었다면 그는 18년이 아니라 훨씬 그전에 수익을 실현할 수 있었을 것이다.

그래서 장기 투자는 무조건 길게 가져간다고 성공하는 것이 아니고, 가격변동의 위험을 시간이 상쇄할 정도로 하는 것이다. 그리고 무엇보다 합리적인 목표가 정해져 있어야 하는 것이다. 따라서 장기로 투자하면 성공한다는 것보다 장기로 투자하면 가격 변동에 대한 리스크가 줄어들기 때문에 성공할 확률이 높다고 말하는 것이 더 합리적이다. 필자가 나름대로 정하는 기간은 3년이다. 왜냐하면 2000년 이후 코스피 시장을 보면 3년 정도면 주가 폭락의 충격에서 충분히 회복하는 시간이었기 때문이다. 물론 거치식이 아닌 적립식 투자의 경우에는 그 시간이 더 줄어든다. 적립식 투자에 대한 이야기는 후반부에 더욱 자세히 다루기로 하자.

 ## 시장을 읽는 세 가지의 눈을 가져라

우리는 경제학자도 아니고, 매일 주식과 씨름하는 펀드 매니저도 아니고, 정교한 데이터와 넓은 시야를 가지고 시장과 종목을 분석하는 애널리스트도 아니다. 그렇다면 우리가 가장 손쉽게 시장을 읽을 수 있는 방법은 무엇일까? 필자는 세 가지 지표만 알아도 시장을 대략적으로 읽을 수 있다고 생각한다. 첫 번째가 금리이고, 두 번째가 환율이고, 세 번째가 시장PER이다.

금리란 무엇인가? 말 그대로 원금에 붙여주는 이자이다. 금융 기관은 이자를 받아 수익을 내고, 우리는 조금 더 높은 금리를 주는 곳을 쫓아 투자를 한다. 얼마 전 우리를 놀라게 했던 저축은행 사태는 딱 1퍼센트 정도의 금리를 더 받으려 투자한 투자자들에게 큰 상처를 남겼다.

그렇다면 2012년 6월 현재 한국은행 금융통화위원회에서 발표한 우리나라의 기준금리는 얼마일까? 답은 3.25퍼센트이다. 물가가 여전히 높은 수준인데도 정부는 2011년 6월 이후 12개월째 금리 인상을 동결했다. 금리가 중요한 것은 금리가 투자자들의 돈의 방향성을 결정하는 데 가장 중요한 변수이기 때문이다.

당신에게 묻겠다. 그동안 금리의 변동에 관심이 있었는가? 대부분의 사람들은 '아니오'라고 대답한다. 우리가 금리에 관심 가지는 시간은 대개 급하게 신용대출을 받아야 할 때나 아파트 구입을 위해 대출을 알아보기 위해 어느 은행이 금리가 더 낮은지, 금리가 조금 높아도 고정금리로 할지 변동금리로 할지 고민할 때뿐이다. 그런데 한 가지 행복한 상상을 해보자. 당신은 현금으로만 100억 원을 가진 자산가이다. 어떤가? 금리에 관심을 가지겠는가? 답은 당연히 '예'이다. 왜냐하면 1퍼센트의 작은 금리 차이가 무려 1억 원이라는 큰 차이가 되기 때문이다. 1천만 원을 가진 사람의 1퍼센트는 10만 원이지만 100억 원을 가진 사람의 1퍼센트는 1억 원이다. 그래서 부자들은 항상 금리 변화에 민감한 관심을 보인다. 이것을 필자는 '금리민감도'라 부른다.

1980~90년대 시중 예금 금리가 10퍼센트가 넘을 때에는 은행에 1억 원을 넣어놓으면 한 달에 1백만 원가량 받을 수 있었다. 그런데 지금은 어떠한가? 1년 만기 정기예금 금리는 많아야 4퍼센트 수준이다. 1억 원을 넣어도 세금 떼고 한 달에 28만 원 정도밖에 받지를 못한다. 예금이나 적금이 안정적인 이자를 지급해주지 못하는 저금리 시대가 1997년 IMF 이후 본격적으로 도래한 것이다. 더구나 2008년 금융위기를 겪으면서 세후수신금리에서 물가상승률을 뺀 실질금리가 마이너스인 시대에 일찌감치 돌입했다. 투자시장이 이러하니 자산가들은 단 몇 퍼센트의 추가 수익률을 위해 주식, 채권, 부동산 등의 다른 시장으로 본격적으로 눈을 돌리게 된 것이다.

우리가 지금까지 배웠던 경제학 교과서에서 배운 지식으로 살펴보면 금리가 상승하면 주식 시장보다 예금으로 돈이 몰려서 주식 시장이 안 좋아지고, 금리가 하락하면 예금 시장에 있는 자금이 주식 시장으로 몰려 주가가 상승하게 된다고 얘기하고 있다. 그렇다면 정말로 금리가 하락하면 주식 시장이 상승하게 되는 것일까? 그럼 금리는 주가에 선행하는가, 후행하는가? 표 3-2는 우리나라의 2000년 이후 기준금리와 주가지수를 표시한 것이다.

[표 3 - 2] 2000년 이후 KOSPI와 기준금리 비교

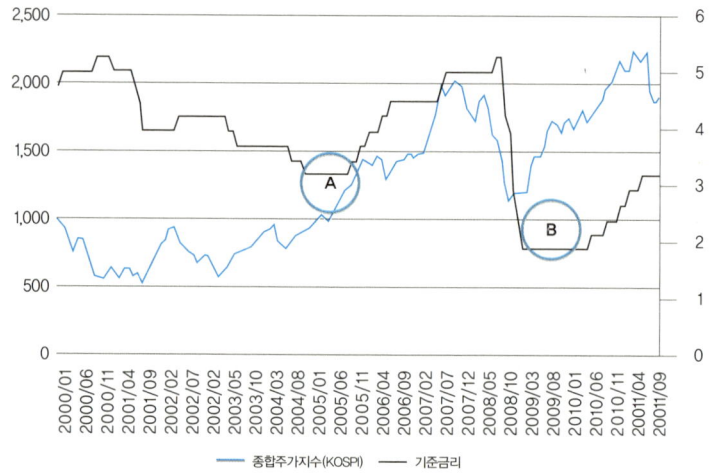

종합주가지수(KOSPI) ─── 기준금리

표에서 우리는 2008년도 이후를 주목해야 한다. 우리나라는 2008년 9월 리먼 사태 이후 기준금리 5.25퍼센트에서 2퍼센트로 단기간에 급하게 내려서 어려워지는 경기를 부양하고자 애를 썼다. 그것은 미국이나 여러 유럽 나라도 마찬가지였다. 시중에 은행 간 거래되는 콜금리가 기준금리＋1～5bp(0.01～0.05퍼센트 POINT, 1bp＝0.01퍼센트) 정도인 걸 감안하면 2008년 9월 15일 세계적인 투자은행 리먼브라더스 파산이 전 세계적으로 초저금리의 시대를 여는 계기를 만들어준 것이다.

우리나라도 전 세계적 금리 인하에 발맞춰 2008년 10월 27일 한

국은행 금융통화위원회는 5퍼센트에서 4.25퍼센트로 0.75퍼센트 POINT(보통 기준금리는 한 번에 0.25퍼센트POINT씩 변하는 것에 비하면 놀라운 변동이다)에 이르는 급격한 금리 인하를 단행했다. 리먼 사태로 인하여 전 세계적인 신용경색을 우려한 각국 정부들이 앞다투어 금리를 인하하여 시중에 유동성을 공급한 것이다. 금리가 내리면 주가는 오른다고 했던가? 주가는 2008년 10월 24일 종가 938포인트에서 2008년 10월 31일 1,113포인트까지 급등했다.

그런데 우리가 여기서 주목해야 할 것은 5퍼센트 미만의 저금리 시대에서는 금리가 내리면 주가가 오른다는 가설이 중장기적으로 통하지 않는다는 것이다. A점으로 표시되는 2005년 이후 우리나라 기준금리와 주가의 차이를 유심히 살펴보자. 자세히 보면 금리가 2~3개월 정도 주가에 후행할 뿐 명백하게 같은 방향으로 움직여온 것을 알 수 있다. 왜일까? 답은 의외로 간단하다. 기준금리는 그 나라의 경기를 반영하여 조정되기 때문이다.

경기가 안 좋아질 것으로 예상하면 중앙은행은 금리를 내려 통화량을 늘임으로 경기를 부양하려 하고, 반대로 경기가 좋아 시중에 돈이 많이 풀려 물가상승의 압력을 받게 되면 금리를 올려서 물가를 안정시키고 시중에 돌아다니는 돈을 빨아들이기 때문이다. 그래서 우리는 주식시장을 판단할 때 금리가 절대적으로 높은가, 낮은가보다 기준금리의 추세를 보아야 한다. 기준금리가 높아지는 추세라면 대세상승장일 가능성이 높고, 기준금리가 낮아지는 추세라면 대세하락장일 가능성이 높다. 그래서 기준금리가 최저 수준으로 지속될 때는 주식 시장에 관심을 가지고 투자를 시작하는 것이 올바른 투자법이다. 투자자가 A와 B구간에서 코스피에 투자를 시작했다면 2~3년 사이에 100퍼센트가 넘는 수익을 챙겼을 것이다.

 ## 기준금리와 시장금리의 관계를 파악하라

그런데 우리가 주의해서 볼 것은 기준금리와 시장금리는 다르다는 것이다. 기준금리는 매월 두 번째 목요일 한국은행의 금융통화위원회에서 결정하는데 시장금리와는 엄연히 다르다.

그렇다면 시장금리는 무엇을 말하는가? 말 그대로 시장에서 유통되는 금리를 뜻한다. 우리가 말하는 예적금 금리가 될 수도 있고, 대출 금리가 될 수도 있다. 물론 기준금리가 내려가면 대개 시장금리도 내려가고, 기준금리가 올라가면 시장금리도 올라가는게 정석이지만 반드시 그런 것만은 아니다. 그래서 기준금리와 시장금리를 같이 비교해보는 것도 필요하다.

여기서 우리는 몇 가지 시장금리와 기준금리를 살펴보겠다. 살펴볼 시장금리 CD(양도성예금증서 91물), 회사채(3년), 국고채(3년) 이 세 가지는 경제신문 오늘의 금리에 등장하는 지표라 인터넷이나 신문에서 쉽게 볼 수가 있다. 이 셋 중에서도 시장을 대변하기 쉬운 것이 CD 금리, 회사채 금리이다.

표 3-3을 통해 2000~2011년까지 이 셋의 금리 추이를 기준금리와 함께 비교해보자. 얼핏 보아도 단기 금리인 CD 금리보다 국고채와 회사채의 금리가 높은 것을 볼 수 있고, 이 셋은 상호 연관성을 가지고 서로 비슷한 방향으로 움직이는 것을 볼 수 있다. 다만 금리는 CD, 국고채, 회사채 순으로 높아지는 것을 볼 수 있다.

여기서 리먼 사태가 발생한 2008년부터 2009년까지의 데이터를 보면 흥미로운 점을 발견할 수 있다.

[표 3-3] 2000년 이후 CD, 국고채 3년, 회사채 3년 금리 추이

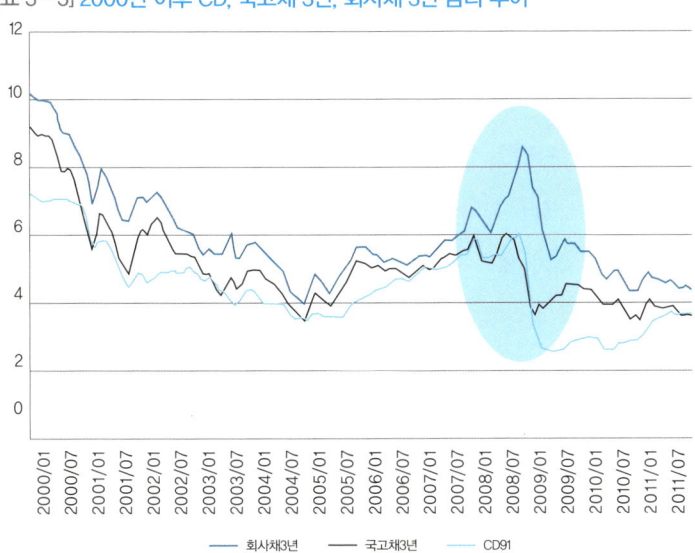

[표 3-4] 2008년 리먼 사태 이후 월별 금리 변화표

구분	2008년				2009년				
	9월	10월	11월	12월	1월	2월	3월	4월	5월
회사채3년 (평균)	7.45	7.95	8.56	8.35	7.34	7.07	6.14	5.68	5.16
국고채3년 (평균)	5.81	5.09	4.97	3.97	3.44	3.78	3.69	3.76	3.83
CD91물 (평균)	5.79	6.03	5.62	4.68	3.22	2.7	2.45	2.42	2.41
한국은행 기준금리	5.25	4.25	4.00	3.00	2.50	2.00	2.00	2.00	2.00

기준금리는 2008년 9월 이후 급격하게 떨어졌지만 CD 금리는 10월에 오히려 올라갔으며, 회사채는 2009년 4월이 되어서야 안정된 수준으로 내려왔다. 이것은 무엇을 의미하는 것일까? 기준금리를 내려도 시장금리가 같은 방향으로 단기간에 따라와 주지 않을 경우 경제 상태는 돈이 돌지 않는 심각한 신용경색의 상태에 직면했다고 판단할 수 있다는 것이다.

그래서 시장금리와 기준금리의 변화가 순조롭게 같이 움직일 때 우리 경제가 유기적인 생명체처럼 스스로 조절 능력을 가지고 살아 있다고 보면 되고, 반대로 기준금리에 비해 너무 늦게 시장금리가 반영되거나 오히려 기준금리를 내려도 CD 금리와 회사채 금리가 치솟는다면 이는 바로 우리 경제의 심각한 위기를 말해주는 중요한 증거인 것이다. 물론 기준금리 변화에 비해 시장금리는 1~3개월 시차를 두고 늦게 반응하는 것이 대부분이다.

정리하면 기준금리와 시장금리의 차이가 많이 벌어질 때, 단기 간에 시장금리(특히 회사채 금리)가 치솟을 때는 주식시장에서 벗 어나 관망을 유지해야 한다. 반면에 기준금리와 국고채(3년) 금리 는 비교적 유기적인 관계를 가지고 잘 움직이고 있는 경우가 많은 데, 만약에 이것마저 시장금리처럼 벌어진다면 문제는 더욱 심각 한 것이다.

[표 3-5] 이탈리아 10년 만기 국채 금리 추이

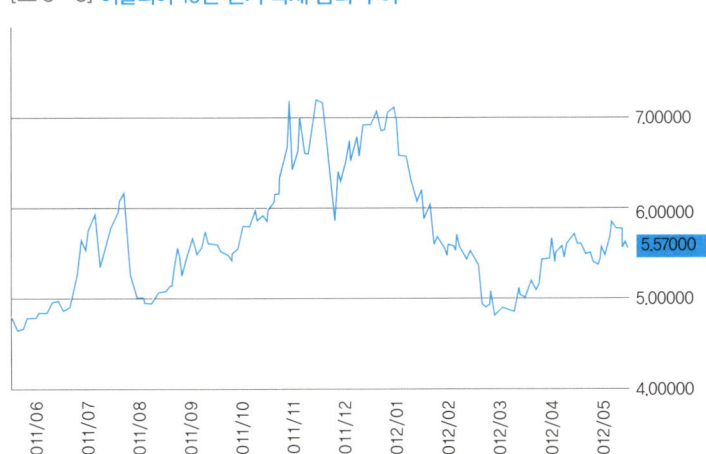

2012년 6월 현재도 계속되는 남유럽국가 PIIGS(포르투갈, 아일 랜드, 이탈리아, 그리스, 스페인)들의 상황이 바로 그런 상황이다. 작년을 돌아보면 2011년 11월 16일 한때 이탈리아 국채 10년짜리 금리가 7퍼센트를 넘어섰다. 2011년 11월 3일 ECB(유럽중앙은행)

는 기준금리를 1.5퍼센트에서 1.25퍼센트로 0.25퍼센트 인하했으나 이탈리아, 스페인의 국채 금리는 7퍼센트를 향해 치솟았던 것이다. 이렇게 기준금리와 시장금리의 차이는 위기의 강도를 보여주는 바로미터가 된다. 다행히 5월 24일 기준으로 이탈리아 10년 만기 국채 금리는 5.6퍼센트 수준으로 예전보다는 떨어졌지만 최근 그리스 사태로 인해 다시 높아지고 있다.

 장기 금리와 단기 금리의 차이에 주목하라

금리를 볼 때 또 한 가지 눈여겨볼 것은 장기와 단기 금리의 차이다. 이것을 보통 '금리 스프레드'라 하는데, 금리 스프레드는 시장을 볼 수 있는 큰 시야를 제공한다. 우리나라에서는 보통 단기 금리를 말할때는 'CD(양도성예금증서) 91일물 금리'를 말하고 장기 금리는 '국고채(3년) 금리'를 말한다. 2012년 5월 25일 현재 CD(91일) 금리는 3.54퍼센트이고, 국고채(3년) 금리는 3.35퍼센트이다.

여기서 한 가지 질문을 해보겠다. 상식적으로 단기 금리가 장기 금리보다 낮은 게 정상인가, 아니면 높은 게 정상인가? 당연히 장기 금리가 단기 금리보다 높아야 정상이다. 단기보다 장기가 시간에 대한 기회비용을 지불했기 때문에 당연히 좀 더 높은 금리를 받아야 하는 것이다. 그래서 은행의 예적금 상품을 보아도 1년짜리 정기 예적금과 2년짜리와 3년짜리 정기 예적금의 금리가 다르다.

장기로 갈수록 금리는 높아져야 정상이다. 그런데 최근 다시 단기 금리가 올라간다는 것은 뭔가 이상이 생기고 있다는 징후이다.

[표 3-6] 2000년 이후 CD 금리와 국고채 3년 추이(장단기 금리)

여기서 유의해서 볼 것은 장·단기 금리 스프레드가 역전되는 2008년도 1월과 2011년 8월은 위기를 미리 알려주는 주요한 신호가 된다는 것이다. 특히 금리 하락기보다 금리 상승기의 장·단기 금리 역전은 더 큰 위험을 말해준다. 2011년 8월 미국과 유럽에서 시작된 재정위기 또한 쉽게 사라질 위기가 아니라는 것은 금리에서 알 수 있다. 따라서 장·단기 금리 스프레드가 좁혀지다가 역전되는 시점에서는 투자보다는 관망세로 돌아서는 게 훨씬 유리하다.

시장을 읽어라 2_ 환율

환율은 무엇인가? 타국의 화폐 대비 자국 화폐의 교환 비율이다. 예를 들어 원/달러 환율이라 하면 '1달러를 사기 위해 우리가 지불해야 할 원화는 얼마인가?'라는 뜻이다. 원/달러 환율이 1,100원이라면 1달러를 사기 위해 우리는 1,100원을 지불해야 한다는 것이다.

그런데 환율이 오르고 내리는 것은 화폐 가치와 반대로 움직인다. 환율이 1,100원에서 1,200원으로 올라가면 '환율이 올라갔다'라고 말하지만 '평가 절하되었다'라고도 말한다. 또 환율이 1,100원에서 1,000원으로 내려가면 '환율이 내려갔다'라고 말하지만 '평가 절상되었다'라고도 말한다. 쉽게 얘기하면 환율이 오른다는 것은 예전에는 1달러를 사올 때 1,100원만 주면 가능했던 것이 이제는 1,200원을 주어야 하므로 상대적으로 우리 돈의 가치는 떨어진 셈이다. 그래서 평가 절하되었다고 한다.

그렇다면 평가 절하될 때는 수출이 유리할까, 수입이 유리할까? 평가 절하되었다는 것은 타국의 화폐는 평가 절상되었다는 것이므로 상대적으로 수출이 쉬워진다. 즉 우리나라 1,100원 짜리 물건을 사기 위해서는 1달러만 지불하면 됐던 것이 환율이 1,200원으로 오르게 되면 0.92달러만 지불해도 되기 때문에 상대적으로 우리나라 물건이 저렴해지는 효과를 가져오게 된다. 그래서 수출이 잘 된다.

반대로 평가 절상(1,100원에서 1,000원으로 떨어짐)의 경우는 어떠할까? 이때는 수입이 유리해진다. 예를 들어 미국산 껌 한 통이 1달러라고 하면 환율 1,100원 시절에는 우리나라 돈으로 1,100원을 지불해야 하지만, 환율이 평가 절상되면 1,000원만 지불하면 되기 때문에 수입품이 상대적으로 싼 효과를 얻는 것이다.

그래서 환율이 떨어져서 평가 절상되면 해외 여행이 상대적으로 저렴해져서 수요가 늘어나기 때문에 모두투어나 하나투어 같은 여행주들이 올라가는 것이다. 반대로 환율이 올라가서 평가 절하되면 우리나라의 주요 수출품인 반도체, 자동차, 선박 등의 가격이 상대적으로 저렴해져서 경상수지가 늘어나게 된다.

[표 3-7] 환율 상승과 하락에 대한 정리

구분	원화 가치	수입과 수출	수혜업종
환율 상승	평가 절하	수출 유리	자동차, 반도체, 선박
환율 하락	평가 절상	수입 유리	여행, 항공, 정유

환율 대세하락기에 주가가 상승하는 이유

환율이 하락할 때는 주가가 상승할까, 아니면 하락할까? 일단 우리나라 종합주가지수와 환율을 비교해보면 다음과 같다.

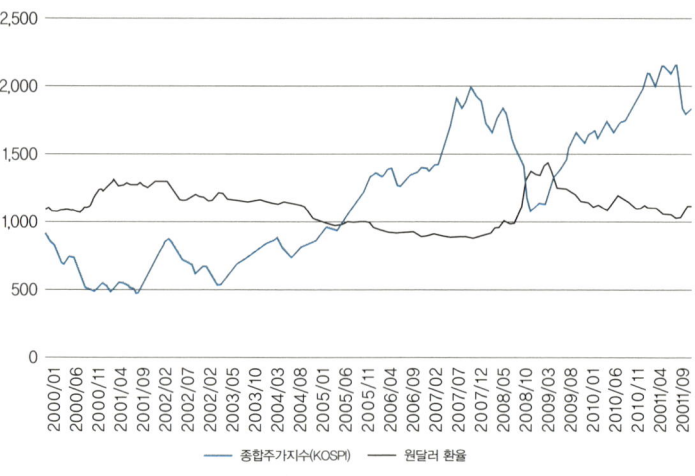

종합주가지수와 환율에서 볼 수 있는 것은 정확하게 반대로 움직인다는 것이다. 왜일까? 아래의 예시에서 답을 찾아보자.

리차드 박 씨는 미국계 거물 투자자이다. 그는 원달러 환율이 하락할 것으로 예상하고 삼성전자에 투자했다. 2010년 3월 삼성전자 1주당 75만 원씩 1만 주 매입하고, 주가 상승을 기다렸으나 예상과 달리 지지부진하여 2010년 9월 삼성전자 1주당 75만 원씩 1만 주 매도했다. 2010년 3월 원달러 환율은 1,500원, 2010년 9월 원달러 환율은 1,200원이라면 리차드 박 씨는 얼마가 이익 또는 손해가 났을까?

2010년 3월 투자금액은 삼성전자 75억 원(75만 원 × 1만 주)이다. 그러나 75억 원을 원화로 매수해야 함으로 500만 달러(75억 원 ÷ 1,500원)이다. 그렇다면 2010년 9월 회수 금액은? 삼성전자의 주가는 여전히 75억 원(75만 원 × 1만 주)이나 75억 원을 매도하여 달러로 환전해야 함으로 625만 달러(75억 원 ÷ 1,200원)이다.

삼성전자의 주가는 변화가 없었지만 환율에 의해 리차드 박은 500만 달러를 투자해서 625만 달러를 가져가는 25퍼센트의 수익을 냈다. 이런 이유로 환율이 내려갈 때는 외국인의 투자가 늘어나는 것이다. 반대의 경우에는 환차익이 아닌 환차손이 발생하므로 외국인들은 투자시장에서 빠져나간다. 2008년 리먼 사태이후 환율은 1,500원까지 올라갔는데, 이렇게 환율이 급등할 때는 외국인의 매도로 인한 주가 하락은 더욱 가속화된다. 그래서 지금이 환율의 대세상승기인지 대세하락기인지 판단하는 것은 상당히 중요한 일이다.

정리하면 환율이 높은가 낮은가보다 현재가 환율 대세하락기인지, 대세상승기인지를 판단하는 것이 시장을 보는 안목을 키워줄 것이다. 환율 대세하락기에는 주가가 상승하고, 환율 대세상승기에는 주가는 하락한다. 즉, 환율과 주가는 반대로 움직인다.

필자는 앞으로 환율 대세하락기가 올 것이라 전망하고 있다. 환율 하락이란 국가신용도나 경쟁력이 높아져서 상대적 화폐가 치가 올라가는 이유도 있지만, 2000년 이후 달러가 전 세계적으로 엄청나게 풀렸기 때문에 많이 풀린 달러화에 비하여 원화 가치가 상승할 것이라 보는 편이 더 맞을 것이다. 더불어 우리는 중국과 밀접한 무역 관계에 있기 때문에 중국의 경제성장에 따른 위완화 절상이 이루어지면 원화 또한 절상될 가능성이 매우 높다.

 환율 급등이 알려주는 것

앞에서 회사채 금리가 급등하면 시장에 위험이 온 것이고, 국채 금리가 급등하면 국가에 위험이 온 것이라고 설명했다. 이와 마찬가지로 환율 또한 우리 경제의 위험신호를 가장 먼저 알려주는 좋은 시그널이다.

2000년 이후 2번의 큰 주가 폭락이 있었다. 첫 번째는 2000년 3월에 발생한 IT버블이고, 두 번째가 2008년 7월 발생한 리먼 사태로 불리는 금융위기이다. 두 번 다 환율은 급등했다. IT버블 때는 1,100원에서 1,400원까지였고, 금융위기 때는 900원에서 1,500원까지 폭등했다.

중요한 것은 이렇게 폭등한 환율의 증가폭도 있지만 IT버블 때는 회사채 금리는 약간 상승했다가 제자리로 돌아온 반면에, 금융위기 때는 회사채 금리도 환율과 동반해서 상승을 했다는 것이다. IT버블이 실물 경제는 큰 영향이 없고 단지 주식시장의 거품을 통해 양산된 것에 비하여, 2008년 금융위기는 부동산이라는 기초자산 가격 하락에 의하여 발생한 위기여서 시장금리인 회사채 금리가 움직였다는 것이다. 결론 지어 얘기하면 이렇다.

환율이 올라가면 경제의 위기 신호가 된다. 그런데 이때에 시장금리의 대표주자인 회사채 금리가 폭등한다면 이는 더 큰 위기 신호이며, 설상가상으로 국채 금리까지 덩달아 상승한다면 아주 큰 대형 위기가 된다. 작년 2011년 유럽을 보면 어떠한가? 기준금리는 내려가는데 시장금리는 치솟고, 더불어 국채금리까지 치솟았다. 2000년과 2008년에 비해 더 해결하기 어려운 국가적 재정위기가 도래했다는 뜻이다.

[표 3-9] 환율과 시장금리를 통한 위기의 강도 진단

구분	주식시장 위기	시장 경제 위기	국가 경제 위기
환율	상승	상승	상승
회사채 금리(3년)		상승	상승
국채 금리(3년 이상)			상승
위기 강도	약	중	강

2011년 8월 미국발 재정위기와 그리스발 유럽 재정위기로 인

해 우리나라 환율은 1,100원에서 1,200원까지 상승했지만 1,100원대 초반을 유지하다 2012년 5월 25일 현재 1,180원으로 다시 상승하고 있다. 큰 경제의 위기가 오기 전에 한두 번의 환율 급등으로 미리 신호를 보내므로 환율의 변화에 민감하게 반응하는 것도 주식시장에서 대응하는 가장 좋은 방법일 것이다.

결론적으로 환율이 급등하는 이상 징후를 보일 때는 시장에서 잠시 발을 돌리는 것이 현명하다. 그리고 환율은 대외 변수로 보통 금리보다 먼저 시그널을 주기 때문에 환율이 급등한 후에는 시장금리 추이를 보는 것이 현재의 경제상황을 판단하는 데 큰 도움이 된다. 환율 → 회사채 금리 → 국채 금리, 이렇게 순서대로 눈여겨보자. 그러면 경제의 큰 흐름이 보일 것이다.

 시장을 읽어라 3_ 시장PER

주식 투자를 하는 사람들은 PER에 대해서 한 번쯤은 들어봤을 것이다. PER란 무엇인가? Price-Earning Ratio(주가수익비율)의 줄임말로, 특정 주식의 주당 시가를 주당 이익으로 나눈 가격이다. 공식으로 나타내보면 'PER＝현재의 주가÷주당 순이익'이고 결국 '현재 1주당 발생하는 회사의 순이익에 비해서 회사의 주가는 얼마입니까?'를 나타내는 지표라고 생각하면 된다.

다시 말해서 PER가 높다는 것은 회사가 내는 이익에 비해 주가가 고평가되어 있다는 이야기이고, PER가 낮다는 것은 회사가 내는 이익에 비해 주가가 저평가되었다는 이야기이다. 그래서 PER는 회사가 내는 이익에 비해 주가가 저평가인지 고평가인지를 판단하는 지표로, 동일업종 내에서 종목 간 비교할 때 가장 유용한 지표가 된다.

여기서 말하려는 시장PER란 상장되어 있는 모든 기업의 1주당 순이익에 비해 코스피 주가가 얼마인가를 나타내준다고 생각하면 된다. 이것을 공식으로 나타내면 '시장PER=상장기업 시가총액의 합÷상장기업 당기 순이익의 합'이다. 한국거래소(www.krx.co.kr)에 가면 주식통계 투자지표에 시장PER를 구할 수 있다. 2012년 5월 기준으로 코스피의 시장PER는 12.02배이다.

그런데 우리가 종종 뉴스에서 듣는 시장PER와 한국거래소에 나와 있는 PER는 차이가 난다. 한국거래소는 상장기업의 주당 순이익을 전년도 데이터인 과거값를 사용하고, 우리가 증권사에서 듣는 시장PER(MSCI 한국)는 향후 12개월 추정 이익인 미래의 전망값을 사용하기 때문이다.

그러나 PER 또한 가지고 있는 태생적인 한계가 있다. 기업의 이익이 과거에 좋았다고 해서 미래도 좋을 것이라 예상하는 것도 무리수가 따르고, 기업의 이익을 예상한 값이 실제와 일치하는 것도 매우 어려운 일이기 때문에 과거값을 쓸 때도, 미래의 전망값을 쓸 때도 절대적으로 값만 보고 판단해서는 안 된다.

다만 시장PER가 유익한 점은 과거의 주가가 고점 혹은 저점일 때 시장PER가 어떠했는지 살펴봄으로써 현재를 판단하는 데 큰 도움이 된다는 것이다. 그래서 필자는 거래소에 있는 과거값을 보고 판단하기를 권한다.

[표 3-10] 2000년 이후 KOSPI와 시장PER 비교

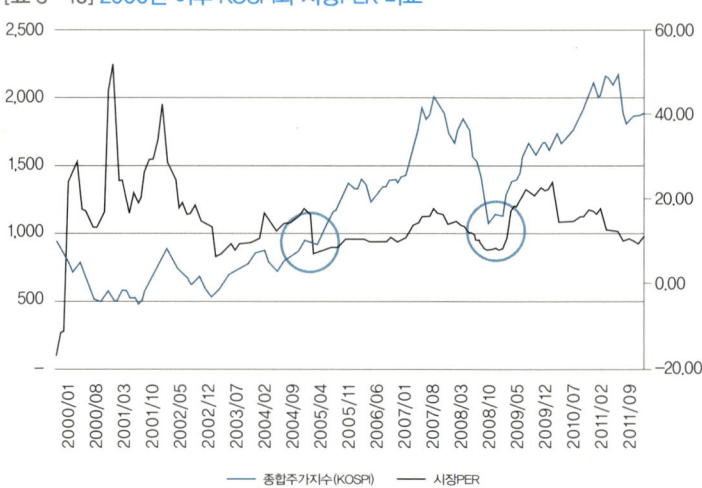

그렇다면 2000년도부터 2010년까지 시장PER는 어떻게 변해왔는지 자세히 살펴보자.

위의 표 3-10을 보면 시장PER가 10 이하로 내려온 2005년 초 그리고 2008년 9월쯤에 주식을 샀다면 큰 수익을 주었을 거라는 추측을 할 수 있다. 그래서 시장PER가 현재 얼마인지, 추세가 높아

지는지 낮아지는지 판단하는 것은 매우 중요하다. 정리하면 시장의 PER가 10 이하일 경우에는 적극적으로 매수하는 전략이 유효하다. 그런데 우리는 여기서 시장PER뿐 아니라 시장금리 또한 고려해야 한다. 다음에 다룰 일드갭을 활용하면 더 좋은 판단을 할 수 있다.

 ## 주가 수익률과 금리의 차이 : 일드갭

투자자들에게 금리는 돈의 방향을 결정짓는 지표가 된다. 금리가 높을 때는 안정적인 예금이나 채권에 투자하고 주식시장에서 발을 돌리지만, 금리가 낮을 경우에는 최소한 인플레이션헤지(Inflationary Hedge, 화폐 가치의 하락에 대처하기 위하여 주식 · 토지 · 건물 · 상품 등을 구입하는 것)를 할 수 있는 정도의 투자수단을 찾게 되고 부동산 및 주식시장 등을 기웃거리게 된다. 이를 일찌감치 간파한 이탈리아의 천재 투자가 코스톨라니는 자신의 저서에서 달걀 모형을 소개한 적이 있다.

쉽게 정리하면 금리가 정점일 때는 주식을 팔고 예금과 채권을, 금리가 저점일 때는 채권을 팔고 부동산과 주식을 하라는 것이다. 어쨌든 금리가 이렇게 투자시장의 돈의 방향을 결정하는 중요한 지표가 됨에는 두말할 나위가 없다.

그렇다면 앞서 얘기한 금리와 시장PER를 이용한 투자방법은 없을까? 있다. 바로 그것이 일드갭(Yield Gap)이다.

[표 3-11] 코스톨라니의 달걀 모형

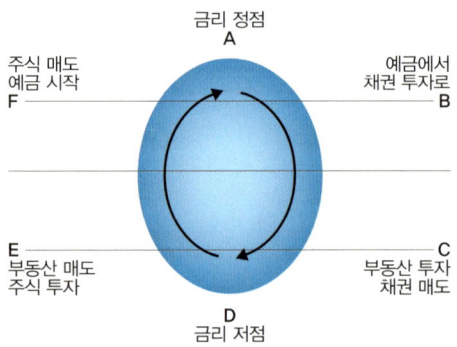

일드갭은 말 그대로 수익률의 차이를 뜻하는데, 주식 수익률에서 채권 수익률을 뺀 값을 말한다.

$$일드갭 = 주식\ 수익률(1/PER \times 100) - 채권\ 수익률$$

그런데 우리는 여기서 두 가지 고민에 빠진다. 첫 번째 고민은 시장PER 값은 과거치를 적용할 것인지, 미래치를 적용할 것인지 하는 문제이다. 두 번째는 채권 수익률은 국고채 금리를 적용할 것인지, 회사채 금리를 적용할 것인지 하는 문제이다.

많은 사람들이 시장PER를 적용할 때 'MSCI KOREA 12개월 예상

PER'를 사용하지만 개인 투자자들은 쉽게 정보에 접근하기가 어렵다. 그래서 필자는 거래소에 나와 있는 과거치를 활용한 PER를 사용할 것을 권한다. 어차피 PER의 분모인 1주당 순이익은 과거치를 보이지만, 분자의 주가는 현재값을 반영해주기 때문이다.

두 번째 채권 수익률은 회사채 금리(3년)를 쓰기로 한다. 개인이 투자할 때 채권 투자가 주식 투자보다 매입 규모가 다소 크긴 하지만, 펀드처럼 간접투자상품이 발달한 지금에는 예전처럼 어렵지 않은 투자이기 때문에 실현 가능한 시장금리로 인식해도 무방하다. 다음 표 3-12는 2012년 5월 25일자 시장금리 현황이다. 실제로 회사채(AA-, 3년) 금리인 3.95퍼센트는 제2금융권이 아니더라도 조금만 발품을 팔면 구할 수 있는 1년 만기 정기예금 금리이다.

[표 3 – 12] 2012년 5월 25일 시장 금리 현황(네이버 제공)

금리명	이자율(%)	기준일
CD(91일)	3.54%	05.25
콜금리	3.26%	05.24
국고채(3년)	3.35%	05.25
회사채(3년)	3.95%	05.25

그렇다면 이제 본격적으로 일드갭을 계산해보도록 하자.

2012년 4월 시장PER는 12.95이고 회사채(3년) 금리는 3.95이다 (시장PER는 5월 25일 현재까지 사이트에 나와 있는 4월분 데이터를 사용하기로 한다). 따라서 일드갭은 다음과 같다.

$$1 \div 12.95 \times 100 - 3.95\text{퍼센트}$$

$$= 7.72\text{퍼센트} - 3.95\text{퍼센트}$$

$$= 3.77\text{퍼센트}$$

그렇다면 3.77퍼센트라는 일드갭을 두고 어떻게 판단해야 할까? 쉽게 풀어서 얘기하면 회사채에 투자하는 것보다 주식시장에 투자하는 것이 3.77퍼센트의 수익을 더 가져다준다는 이야기이다.

[표 3−13] 일드갭에 따른 매수 매도 포지션

일드갭	6% 이상	6%~4%	4%~2%	2%~0%	0% 미만
포지션	적극 매수	매수	중립	매도	적극 매도

[표 3−14] 코스피와 일드갭

쉽게 이렇게 생각하면 된다. 일드갭이 6퍼센트 이상이면 적극 매수, 4퍼센트 이상이면 매수이다. 이것을 표로 쉽게 정리하면 표 3-13과 같다. 단, 여기서 주의할 것은 시장PER는 과거치, 채권금리는 회사채(3년)를 적용했다는 것이다.

그런데 일드갭의 절대치만 보고 판단하는 것보다는 코스피 주가지수와 연계해서 판단하는 것이 훨씬 더 효과적이다. 표 3-14를 보면 일드갭이 0퍼센트를 넘어설 때 코스피가 상승하고 있고, A와 같이 간격이 벌어져 있을 경우는 매수 관점을 유지한다. B와 같이 일드갭이 하락하면서 0퍼센트에 가까워지고 코스피와 간격을 좁히며 코스피는 상승하는 경우에는 매도를 염두에 두는 것이 필요하다. 즉, 일드갭의 절대치보다 추세를 파악하는 것이 중요하다는 것이다.

표 3-14를 살펴보면 1,500포인트를 일드갭 0으로 놓고 볼 때 코스피가 일드갭보다 위에 있으면 매도를, 코스피가 일드갭 아래에 있으면 매수를 유지하는 것이 좋다. 물론 한국 증시가 한층 업그레이드된다면 1,500을 0으로 맞추고 판단하는 것이 아니라 2,000포인트를 0으로 맞추고 판단하는 게 좋을 것이다. 아무튼 이를 쉽게 표로 정리하면 다음 표 3-15와 같다.

[표 3-15] 코스피와 일드갭에 따른 매수 매도 포지션

구분	적극 매수	매수	중립	매도	적극 매도
코스피	상승	하락	박스권	상승	하락
일드갭	상승	상승	박스권	하락	하락

여태까지 살펴본 일드갭을 현재의 분석과 연관해서 생각해보면 다음과 같다.

작년에 시작된 유럽발 재정위기로 아직도 불안함을 보이는 한국 증시의 2012년 5월 일드갭은 3.77퍼센트인데 향후 코스피는 추가적으로 1,500포인트 이하로 빠지고, 일드갭은 6퍼센트 이상으로 올라가주는 시점이 최상의 매수 타이밍이라고 하겠다. 물론 향후 주가 하락이 올지, 상승이 올지는 아무도 미리 알 수 없다.

올라타야 할 때와 내려야 할 때
: 금리, 환율, 시장PER에 따른 시장 분석 총정리

여태까지 살펴본 시장지표를 총정리해보면 다음과 같다.

우리가 판단하는 최적의 매수 타이밍은 기준금리는 바닥을 몇 달째 찍고 상승을 준비하고 있고, 환율은 하락하는 추세이며, 일드갭은 6퍼센트 이상이고, 코스피와 일드갭이 동반 상승하는 시장이다.

반대로 최악의 매수 타이밍(즉 매도 타이밍)은 기준금리는 천장을 찍고 하락을 준비하고 있고, 환율은 상승하는 추세이며, 일드갭은 0퍼센트 미만으로 하락하고, 코스피는 많이 올라서 일드갭과 반대로 움직이는 시점이다. 우리가 전문가는 아니더라도 이정도만 체크할 수 있다면 시장의 상황을 판단하고 투자하는 데는 전혀 무리가 없을 것으로 생각한다.

[표 3-16] 기준금리/환율/일드갭에 따른 매수 매도 포지션

구분	적극 매수	매수	중립	매도	적극 매도
기준금리	하락 후 바닥권	상승 초반	상승 중반	상승 후반	하락 전환
환율	하락세 초반	하락 지속	박스권	상승세 초반	상승 지속
일드갭	6% 이상	6~4%	4~2%	2~0%	0% 미만

경제지표 쉽게 조회하는 법

앞에 나와 있는 경제지표들을 쉽게 조회할 수 없다면 무용지물일 것이다. 그래서 실제로 우리가 아주 쉽게 경제지표들을 활용할 수 있는 방법을 간략하게 소개하고자 한다. 거의 대부분의 정보는 한국은행 경제 통계 사이트 http://ecos.bok.or.kr로 접속하면 된다.

1. 여기서 통계 검색 – 복수 통계 검색으로 들어간다.
2. [4.1.2 시장 금리(월, 분기, 년)]에서 CD유통수익률(91물), 국고채(3년), 회사채(장외3년, AA- 등급)를 선택한다.
3. [6.2.2 주식거래 및 주가지수]로 가서 종합주가지수(연월중평균), 주가수익비율을 선택 후 조회한다.

이렇게 나온 자료를 엑셀다운 받기해서 활용하면 된다.

2
be careful!

업종 선택이
중요한 이유

 달리는 말에서 떨어지면 더 많이 다친다

　주도주란 말을 들어본 적이 있는가? 상승장을 주도하는 주식
이라는 뜻이다. 최근 2008년 리먼 사태 이후 2011년 2,200포인트
를 찍을 때까지 주도주는 차화정(자동차, 화학, 정유)이었다. 차화
정 관련 주식은 하루가 다르게 지속적으로 상승했지만, 이 업종
에 속하지 않은 주식들은 신통치 않은 수익률을 남겨주어서 상승
장 속에 빈익빈 부익부를 실감케 했다.

　그렇다면 리먼 사태 이전의 2007년 대세상승장에서는 무엇이
주도주였을까? 조기철(조선, 기계, 철강)이었다. 물론 이때는 금융

주(은행, 보험, 증권)도 많이 올랐다. 이런 증시의 성향 때문에 우리는 '달리는 말에 올라타야 한다'는 증시 격언을 다시 한번 상기하게 된다.

그러면 반대로 주가가 떨어질 때는 어떤가? 필자는 이렇게 얘기하고 싶다. "달리는 말에서 떨어지면 걷고 있는 말에서 떨어지는 것보다 더 많이 다친다." 대세상승장에서 달리는 말에 올라타면 처음에는 초보자들에게도 쉽게 수익을 안겨주는 게 사실이지만, 이렇게 주식시장이 연일 장밋빛 전망을 남발하고 투자자들이 너도나도 몰리는 시점은 지나고 나면 항상 고점이었다. 이때가 되면 남들이 주식에 관심을 가지지 않던 그때부터 저가에서 우량주를 매집해놓은 외국인과 기관 투자자들, 그리고 몇몇의 개인 투자자들은 대규모로 몰린 초보 투자자들에게 주식을 팔아 수익을 남기고 유유히 사라진다. 몇 달 간 높은 수익률을 보았던 초보 투자자들은 얼마 안 가서 단 몇 주 만에 마이너스 수익률을 기록하며 시장에서 큰 상처를 입게 된다. 이때는 실제로 주도주에 투자했던 투자자들이 더 큰 손실을 입는다. 상승이 컸던 만큼 낙폭도 큰 것이다.

그래서 필자는 앞서 시장을 보는 눈이 업종을 보는 눈보다 더 앞서야 한다고 강조한 것이다. 최근에는 시장에서의 변화 속도가 눈에 띄게 빨라졌다. 우리도 이런 시장에 더 민감하게 느끼고 발빠르게 대응해야 한다.

그 다음으로 투자시장에서 살펴볼 것이 업종이다. 대세상승장에서 큰 수익을 낸 투자자들은 한결같이 주도주를 저가에서 매수해서 수익을 낸 사람들이다. 여기서 한 가지 흥미로운 사실은, 주도주뿐 아니라 주도주가 속한 업종들도 동반해서 상승하는 경우가 다반사라는 것이다. 그래서 투자자들은 대세상승기에 어떤 업종이 주도 업종인가를 판별하고, 그 안에서 주도주가 무엇인지 고르는 것이 좋은 투자안이 될 수 있다.

어쨌거나 우리는 시장을 보고, 그 다음엔 어떤 업종이 투자하기에 좋은지 알아보는 안목을 가져야 한다. 흔히 말하는 대세상승장에서 소외되지 않고 수익률을 즐기려면 업종을 보는 눈이 필요하다.

 ## 순환매에 대한 이해는 기본이다

순환매란 말 그대로 업종별 또는 종목별로 매수가 순환하면서 증시를 상승으로 이끌어가는 것을 뜻한다. 순환매에는 두 가지가 있는데, 첫 번째는 업종별 순환매이고, 두 번째는 업종 내 순환매이다.

우선 업종별 순환매는 증시가 대세상승기로 접어들 때 주로 나타는데, 그동안 저평가되었던 업종들이 외국인과 기관들로부터

매수세를 이루면서 주가가 크게 상승한다. 2008년 리먼 사태 이전
까지 주도업종인 조선, 기계, 철강 등의 매수세가 꺾이면서 2010
년에는 자동차, 화학, 정유 등의 주도업종이 매수세를 이어간 것
이 바로 업종별 순환매의 예라고 할 수 있다.

그렇다면 이들 업종 내에서는 어떠한가? 마찬가지로 업종 내
순환매도 일어나는데, 자동차의 경우 현대차나 기아차가 먼저 상
승을 하게 되면 관련된 자동차 부품주들이 상승하는 것이 이러한
예라고 생각하면 된다.

[표 3 - 17] 2011년 업종별 또는 업종 내 순환매 예시

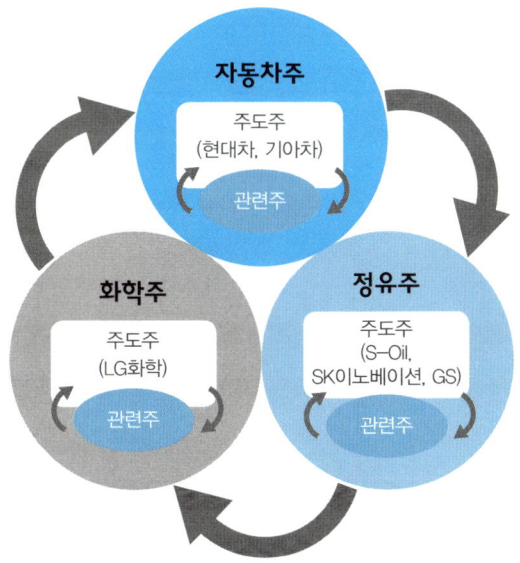

어쨌든 증시가 대세상승을 시작할 때는 시중의 풍부한 유동성을 바탕으로 순환매를 이어가면서 주가를 상승시키기 때문에 순환매를 하는 주도 업종에 편승한 것과 순환매에서 소외된 업종에 편승한 것과는 수익률에 많은 차이를 보여줄 수밖에 없다.

대세상승기 업종별 수익률

2011년 한 해를 놓고 보면 8월 증시 폭락이 오기 전에는 차화정으로 불리우는 운수장비, 화학업종이 단연 상승세를 뽐냈다. 그리고 꾸준하게 음식료와 섬유의복 업종은 오름세를 지속했고, 삼성전자로 대표되는 전기전자는 9월 이후 상승을 주도했다. 반면에 2006～2007년 상승장을 주도했던 건설, 철강금속, 은행, 증권 등은 매우 부진했다.

보통 주도주가 되면 짧게는 2년, 길게는 3년까지도 큰 수익을 주기 때문에 증시의 격언대로 달리는 말에만 잘 올라타도 유용한 투자가 될 수는 있다. 예를 들자면 2005년부터 건설업이나 기계업종에 주도주를 발굴해서 투자했다면 2004년 8월～2007년 10월까지 약 3년간 큰 수익을 줬을 것이다. 건설업이(2004년 8월 68에서 2007년 10월 444) 652퍼센트, 기계업이(2004년 8월 402에서 2007년 10월 2,526) 628퍼센트 정도 엄청난 수익을 보여주었다.

[표 3 – 18] 2011년 KOSPI 업종별 지수수익률

업종명	2010-12-30	2011-12-29	등락	등락률
KOSPI	2,051	1,826	−225	−11.0
대형주	2,040	1,783	−257	−12.6
중형주	2,266	2,125	−141	−6.2
소형주	1,349	1,273	−76	−5.6
음식료	2,531	3,103	572	22.6
섬유의복	201	223	21	10.6
운수장비	2,631	2,582	−50	−1.9
전기전자	8,845	8,497	−349	−3.9
제조	4,062	3,867	−196	−4.8
화학	4,658	4,369	−288	−6.2
보험	17,225	15,984	−1,241	−7.2
유통	545	491	−54	−9.9
의약품	3,794	3,396	−399	−10.5
서비스	988	881	−107	−10.9
전기가스	971	826	−145	−15.0
철강금속	6,897	5,754	−1,143	−16.6
종이목재	304	251	−53	−17.4
통신	309	255	−54	−17.6
비금속	822	645	−177	−21.5
의료정밀	1,795	1,386	−409	−22.8
건설	229	176	−54	−23.4
운수창고	3,113	2,312	−801	−25.7
기계	1,654	1,226	−428	−25.9
금융업	544	398	−146	−26.8
은행	356	236	−120	−33.6
증권	3,076	1,697	−1,378	−44.8

그런데 2008년 리먼 사태 이후 주가는 아직도 회복을 못하고 있다. 리먼 사태 이후 건설 경기가 최악으로 치달아 2012년 1월 기준으로 100대 건설사 중에 1/4인 25개 업체가 법정관리 및 워크아웃 상태로 경영 파탄에 빠져 있다. 기계 또한 경기 침체로 설비

투자가 늘지 않아 여전히 어려운 상황이다.

반면에 2009년 1분기를 바닥으로 주가가 회복할 때는 다음과 같은 업종들의 상승이 두드러졌다. 자동차주가 속해 있는 운수장비의 경우(2008년 12월 852에서 2011년 4월 3,452) 405퍼센트, 화학 업종은(2008년 12월 1,965에서 2011년 4월 6,148) 312퍼센트 상승했다. 물론 이 두 업종은 2005년부터 2007년도까지 상승은 미약했으며 3년치 상승분을 리먼 사태 때 모두 반납했다. 자동차나 화학 업종은 수출 호조세에 힘입어 수익성이 급격히 증가했기 때문에 최근에 많은 수익을 주었던 것은 사실이지만, 2005~2007년 상승장에서는 소외되었던 종목이다.

 달리는 말에 올라타는 것이 어려운 이유

대세상승장에서는 여러 뉴스가 나오고 순환매가 이루어지기에 그 중에서 주도주를 잡는 것이 쉬울 것 같지만, 사실 전문가가 아닌 일반 투자자들이 주도주를 잡는 것이 쉽지는 않다.

첫째, 주도주는 일반인이 주목하고 들어가기 시작할 때는 매일 큰 폭으로 오르는 시점이기 때문에 매수 타이밍을 잡기가 쉽지 않다. 둘째, 주도주의 상승이 두드러질 때는 이미 상당 기간 개인 투자자에 앞서서 외국인과 기관 투자자들이 그동안 매집을 지속한 상태이기 때문에 일반 투자자들이 매집하기에 가격대가 이미 고가이다. 이때 업종별PER로만 따지면 이미 주도주는 가격 경쟁력이 없어 보인다. 셋째, 2008년과 2011년처럼 대외변수로 인하여 폭락장이 연출되면 다른 주식보다 주도주의 낙폭이 훨씬 크기 때문에 타 주식에 비해 리스크가 커서 섣불리 달리는 말에 올라타면 낙상하게 될 위험도 커진다.

[표 3 – 19] 현대차 일봉 차트와 외국인/기관/개인 보유 수량

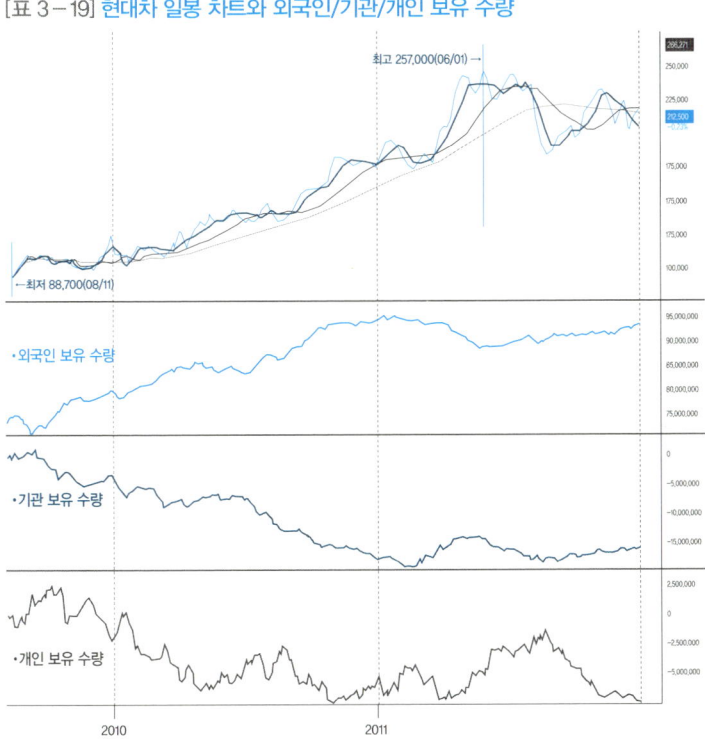

실제로 현대차의 일봉(매일간의 주가 흐름)을 놓고 보면 외국인은 보유 수량을 꾸준히 늘인 반면에, 기관과 개인들은 수량이 줄어든 것을 보면 이런 상황을 잘 알 수 있다. 외국인들이 꾸준히 수량을 늘려서 주도주를 만들어갈 때에 기관과 개인들은 충분한 수익률 게임을 즐기지 못하고 중간중간에 수익을 실현한 것이다.

그렇다면 누가 시장에서 승자가 되었을까? 그것은 물어보나마나 바닥에서 꾸준히 매집해서 고가에서 판 주체가 될 것이다.

달리는 말에 올라타는 투자는 개인 투자자에게 적합하지 않다

개인 투자자들은 대부분 생업이 있다. 앞에서 이야기한 것처럼 주식시장에서 이기는 게임을 하기 위해서는 8할의 승부를 벌여야 하는데, 개인 투자자는 외국인과 기관 투자자에 비해 핸디캡을 가지고 있다.

첫째, 우리는 주도주를 만들 수가 없다. 현재 우리나라 주식시장의 시가총액이 1,000조 원이라고 가정하면 최소한 300조 원 정도는 있어야 시장을 좌지우지할 수 있는 유동성을 가지게 된다. 그런데 개미 투자자는 자금력이 충분하지 못하고 일정한 방향성 또한 가질 수 없다.

둘째, 개인 투자자는 전업 투자자인 외국인과 기관들의 정보력을 따라가지 못한다. 개인들이 아는 정보는 외국인과 기관 투자자들이 이미 알고 있는 정보이며, 시장에서 이미 주가에 반영된 정보가 대부분이기 때문이다. 이것을 경영학적 용어로는 '효율적 시장 가설(Efficient Market Hypothesis)'이라고 하는데, 대부분의 정보는 신속하게 주가에 반영되는 것이 시장의 보편적 진리라는 것이다. 그래서 주식시장에서 개인들은 다른 투자자에 비해 정보 결핍에 시달릴 수밖에 없고, 기껏해야 외국인도 잘 모르는 코스닥의 중소형주 정도가 개인 투자자가 정보적 우위를 가질 수 있는 종목이 된다.

셋째, 주도주에 편승하기 위해서는 매일 주식시장의 흐름에 민감해야 하고, 많은 투자 정보를 해석하여 투자에 적용해야 하는데 이를 실행하기 위해서는 생업에서 빼앗기는 시간이 너무도 크다. 직장인이나 자신의 가게를 꾸리는 자영업자가 주식을 하느라 생업에 소홀해진다면 자신의 직장이나 가게에서 발전은 좀처럼 쉽지 않을 것이기 때문이다. 물론 개인 투자자들이 많은 시간과 노력을 들여 업황 분석을 하고 기업을 탐방해서 종목을 분석해도 실질적으로 외국인과 기관들의 체계적인 정보량과 질에는 미치지 못하는 게 냉혹한 현실이다.

넷째, 외국인과 기관 같은 거대 투자 집합체는 달리는 말에 많은 개인 투자자들이 올라탄 시점에서 말을 잠시 멈추거나 흔들어서 수익을 실현하기 때문에 우리가 한동안 수익을 올렸더라도 그 종착점이 외국인이나 기관이 수익을 챙기는 시점이 된다면 몇 달 간 쌓아온 수익도 금방 사라지기 때문이다. 실제로 상승 폭이나 속도가 2000년 이전 시장보다는 훨씬 더 빨라지긴 했지만, 여전히 떨어질 때 하락의 폭이나 속도가 훨씬 더 크다. 그 속도가 얼마나 빨라졌는지는 다음을 보자.

 리스크 관리가 투자의 핵심이다
: 2000년 이후 코스피 시장 하락의 의미

2000년 이후 글로벌 증시는 세 번의 큰 하락기를 맞게 되는데, 구체적으로 살펴보면 2000년 IT버블, 2008년 리먼 사태로 불리는 서브프라임 금융위기, 2011년 남유럽발 재정위기이다. 그 기간 동안 우리나라 증시를 자세히 살펴보면 보통 1년 반 정도의 하락기를 거쳤으며, 우리나라 증시는 절반 이하로 떨어졌다.

국내 주가지수인 코스피를 대략적으로 살펴보면 IT버블 때는 1,000에서 400으로, 금융위기 때는 2,000에서 900으로 떨어져서 보통 60퍼센트의 하락을 보였던 것을 알 수 있다. 이런 대세하락기에는 우량주를 들고 있더라도 주식이 반토막난다는 이야기다.

우리나라를 살펴보면 보통 증시 하락기에는 두 번의 큰 하락이 찾아오는데 이것을 보통 'N자형 하락'이라고 한다. N자형 하락의 특징은 첫 번째 하락보다 두 번째 하락폭이 같거나 더 큰 것을 알 수 있는데, 여기서 주요하게 볼 것은 첫 번째 하락기에 모두 500포인트가량이 빠졌는데 IT버블 때는 5개월, 금융위기 때는 4개월, 2011년 재정위기 때는 4주도 걸리지 않았다는 것이다. 증시가 폭락하는 속도가 매우 빨라졌다는 증거이다. 그만큼 수익을 주는 시간도 줄어들었지만 수익을 빼앗아가는 시간이 더 짧아져서 대응이 어려워졌다는 것이다. 천천히 1년 동안 500포인트가 빠지는 게 아니라 불과 3주 만에 500포인트가 빠졌다.

2000년 초에 비하면 현재 우리 시장은 수익성과 건전성, 그리고 국제회계기준 도입(IFRS) 등으로 훨씬 투명해졌는데 위기에 반응하는 속도는 빨라졌다는 것은 상당한 아이러니다. 이런 현상에 대해 필자는 세 가지 이유로 설명한다.

첫째, 네트워크와 금융 시스템의 발달로 전 세계적인 금융 동조화 현상이 심해졌다. 스마트폰의 발달로 어디서나 인터넷을 검색하고 볼 수 있는 것처럼, 전 세계도 금융 동조화가 일어나는 것이다. 물론 금융 동조화의 혜택도 있지만 금융 시스템이 취약한 개발도상국은 이런 금융 동조화에 피해를 입을 확률이 매우 높다.

둘째, 국제자본거래의 제약이 많이 사라져서 국가 간 금융자본의 이동이 쉬워졌기 때문이다. 우리만 해도 해외 주식 또는 채권 투자가 10년 전에 비해 아주 쉽게 거래할 수 있는 걸 보아도 국제 금융 간의 자본 이동이 얼마나 쉬워졌는가를 잘 알 수 있다.

셋째, 2000년 이후 부시 정부에서 경기부양을 위해 엄청나게 풀었던 달러화가 전 세계적으로 자산 인플레이션을 만들었다. 이 자산 인플레이션의 버블이 꺼지는 과정에서 폭락이 예전보다 더 빠르고 깊게 나올 수 있다는 것이다. 유동성이 풍부하다는 것은 그만큼 자산 가격의 상승도 빨라지지만 유동성이 밀물이 아닌 썰물처럼 빠져나갈 때는 자산의 폭락 속도와 폭도 그만큼 커지게 된다는 것이다.

그래서 2000년 이후 주식시장에서 우리가 배울 수 있는 교훈은, 위기 때에 어떻게 투자하느냐가 상당히 중요하다는 것이다. 결국 리스크 관리가 투자의 핵심이다.

 지나고 나면 위기는 또 다른 기회였다

위기는 '위험을 기회로 만드는 시기'라는 말이 있다. 1993년이후 우리나라의 증시 폭락을 살펴보아도 항상 위기는 기회였다. 다만, 준비된 자에게만 기회를 주었고 준비되지 못한 자에게는 떠날 수밖에 없는 시장이거나 선뜻 투자하기 두려운 시장이었다. IMF – IT버블 – 카드 대란 – 서브프라임 금융위기 – 남유럽 재정위기로 이어지는 5번의 큰 하락장이 있었지만 큰 수익은 항상 저점에서 시장을 읽고 투자한 사람들의 몫이었다. 그리고 어쨌거나 주가는 지속적으로 우상향하고 있다. 필자는 시장과 상관없이 항상 주식 투자를 하는 것은 옳지 않다고 생각한다. 때로는 비중축소를 통해 현금을 확보하고 기다려야 할 시기가 있고, 과감하게 투자를 감행해야 하는 시기도 있는 것이다. 그러나 가장 중요한 것은 기회가 찾아올 때 시장을 정확하게 읽고 과감하게 투자하는 것이다. 기억하자! 위기는 항상 지나고 나면 또 다른 기회였다.

[표 3-20] 1993년 이후 코스피 저점은 언제였을까?

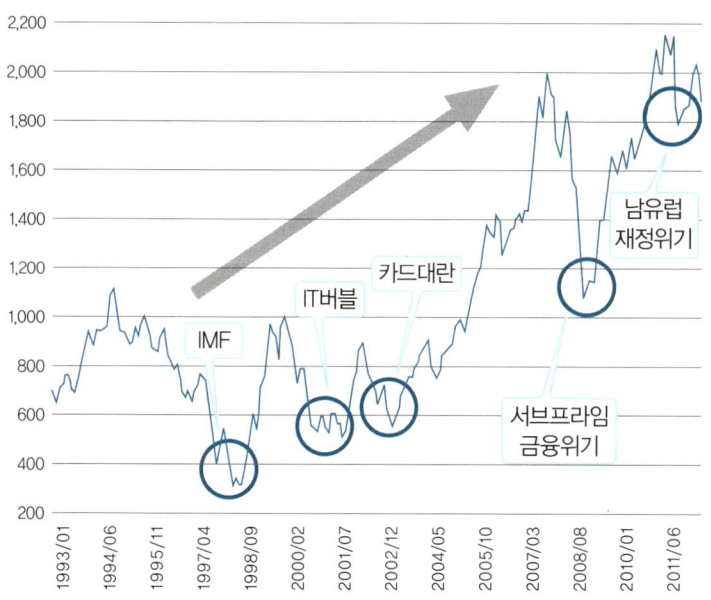

기본적 분석에 의거한 기술적 투자법

be careful!

3

 기본적 분석을 할까, 기술적 분석을 할까?

　기본적 분석과 기술적 분석에 대해서 한 번쯤은 들어본 적이 있을 것이다. 기본적 분석은 기업이 가지고 있는 재무제표(대차대조표, 현금흐름표, 이익잉여금처분계산서, 손익계산서)를 근거로, 기업이 가지고 있는 내재가치를 주가와 연동지어서 분석하는 기법이다. 기술적 분석은 흔히 말하는 차트를 이용하는 기법으로, 일간·주간·월간 차트와 여러 가지 보조 지표를 통하여 주식의 매수·매도 타이밍을 잡아내는 기법이다.

　전문가들에 따라 기본적 분석을 중요하게 생각하는지, 또는 기

술적 분석을 중요하게 생각하는지에 따라 의견이 갈리는데, 필자
는 기본적 분석에 의거한 기술적 투자방법이 개인 투자자들에게
는 정답이라고 생각한다.

먼저 기본적 분석과 기술적 분석을 이해하기 위해서는 가치주
투자와 성장주 투자에 대해 이해해야 한다.

예를 들어 김태희 못지않게 이목구비도 뚜렷하고 예쁘게 생긴
여배우 A가 있다고 하자. 그런데 이 여배우는 외모뿐아니라 연기
력과 예능감도 뛰어난 데다 사람들과의 관계도 원만하다. 단지
스타를 발굴해서 키워줄 탁월한 기획자를 아직 만나지 못해서 공
중파에 데뷔를 못하고 있다. 반면에 연예인들과 비교하면 특별히
예쁜 얼굴도 아닌 평범한 여배우 B는 우연한 기회에 좋은 기획자
를 만나서 얼굴도 조금 고치고 몸매도 조금 다듬고 연기 트레이닝
도 받아서 새로운 드라마의 조연으로 섭외가 되었다. 이 드라마
에 워낙 많은 스타들이 출연하는 데다가 시청률도 높아서 여배우
B까지 덩달아 스포트라이트를 받게 되었다.

여배우 A와 B를 비교해보면 잠재적 가치는 당연히 A가 월등히
뛰어나다. 그러나 그 가치에 대한 인정을 못 받고 있어서 현재로
서는 연기자 시장에서 저평가되어 있다고 볼 수 있다. 반면에 B는
A보다 잠재적 가치는 덜하지만 이미 시장에서 주목을 받고 있기
때문에 그로 말미암아 많은 프로그램에서 출연 제의를 받고 있다.

이를 주식과 연관지어 설명해보자. 기본적 분석에 의거하면 A

가 낮고, 기술적 분석에 의하면 B가 낫다고 할 수 있다. 만약 A와 B를 연기자가 아닌 주식으로 보자면, A는 잠재적 투자가치를 지닌 가치주이고, B는 향후 성장성을 가지고 있는 성장주라 할 수 있다. 우리가 A와 B를 명확하게 구분하기는 어렵지만 굳이 주식에 비교하자면, A는 적정 가치보다 싸다는 매력을 가지고 있고, B는 시장에서 주목을 받았기 때문에 앞으로도 지속적인 가격 상승의 가능성 가지고 있다는 것이 매력이다.

그런데 A에 투자하는 것이 B에 투자하는 것보다 더 많은 인내심을 필요로 하지만, 대신에 B보다 더 높은 수익을 줄 수 있는 확률이 있다. B에 투자하는 것은 단기적으로 수익을 줄 수 있으나 그만큼 하락의 위험 또한 크며, 이미 가격이 상당 부분 올라가 있으므로 매수·매도 타이밍을 잡는 것이 쉽지가 않다는 것을 알아야 한다. 가치주 투자와 성장주에 투자하는 장단점 등을 간략하게 정리하면 다음과 같다.

[표 3-21] 가치주 투자와 성장주 투자의 장단점

구분	주요분석도구	유용한 분석 도구	주요 특징	장점	단점
가치주 투자	기본적 분석	PER, PBR, ROE 등	낮은 PER 꾸준한 배당	꾸준한 수익	투자기간이 길다
성장주 투자	기술적 분석	차트와 보조 지표	높은 PER 단기간 급등	빠른 수익	투자 손실 위험 크다

가치주는 현 기업의 가치에 비해 주가가 낮으나 시장에서 소외받고 있는 종목이고, 성장주는 현 기업의 가치를 주가에 초과해서 반영하고 있으며 앞으로도 여러 가지 시장 모멘텀(호재가 될 만한 이야기)을 가지고 있어 지속적인 주가 상승이 기대되는 종목을 말한다.

기본적 분석에 의거한 기술적 투자법이란?

주식 투자 관련 책들을 보면 여러 가지 투자방법과 각기 다른 해석들이 나온다. 그런데 여러 가지 투자방법에도 기본적으로 통하는 원칙이 있다. 싸게 사서 비싸게 팔면 된다는 원칙이다. 그래서 사람들은 바닥과 천장을 알아내는 데 많은 노력과 관심을 쏟고 있다. 그 중에 회사의 이익이나 자산에 비해 저평가되어 있는 주식을 발굴해서 투자하는 것이 가치주 투자이고, 단기적으로는 가격이 좀 비싼 듯해도 지속적으로 성장하는 미래산업과 회사에 투자하는 것이 성장주 투자이다.

그런데 두 가지 투자방법에는 각각의 치명적인 단점이 있다. 우선 가치주 투자는 본질적으로 주가는 가치를 찾아간다는 가정 하에 이루어지는 투자이다. 하지만 주식이 시장에서 외면받을 경우에 잘못하면 투자기간이 길어질 수 있다.

성장주 투자는 이미 주가가 상당기간 동안 현재 가치에 비해 초과 상승한 경우가 대부분이기 때문에 단기간에는 수익을 줄 수 있지만 성장성에 한계가 오거나 성장의 테마가 식어버릴 경우 큰 폭의 손실을 입을 수 있다.

그래서 필자가 주장하는 최고의 투자법은 '기본적 분석에 의거한 기술적 투자법'이다. 이를 쉽게 설명하면, 먼저 기업가치 분석을 통해서 주가가 올라갈 가능성이 높은 저평가된 기업들을 발굴해내고, 그 중에 바닥을 지나 턴어라운드(Turn-Around)하는 주식을 기술적 분석을 통해 추려내서 최소 2년 이상 투자하는 방법이다.

 ## 쉽게 이해하는 기본적 분석

기본적 분석은 앞에서 얘기한 것처럼 기업의 재무제표(대차대조표, 현금흐름표, 이익잉여금 처분계산서, 손익계산서)를 기초로 각 기업이 가지고 있는 가치를 분석하고, 적정 주가를 찾아서 투자하는 것을 말한다. 기본적 분석에서 가장 중요한 것은 무엇보다도 기업의 이익인데, 기업이 가진 자산이나 자본에 비해서 얼마나 수익을 내고 있느냐는 것이 기업의 가치척도가 된다. 우리가 투자하는 상장기업들은 모두 이윤 추구를 목적으로 존재하기 때문이다. 다음의 예를 가지고 기본적 분석을 쉽게 이해해보자.

권일석 씨는 만두집을 개업하기로 마음먹고 주변의 상가를 알아보고 있는 중이다. 권일석 씨가 수중에 가진 돈은 1억 원인데 서울시내 역세권에 30평 남짓하는 목 좋은 가게를 개업하기에는 권리금과 보증금, 그리고 인테리어와 가맹비 등을 포함한 개업비용이 약 2억 원 정도 필요하다고 하자. 권일석 씨는 1억 원을 은행에서 신용대출을 받았다. 금리는 그동안 신용도가 좋았기 때문에 7퍼센트 정도의 저리로 대출받을 수 있었다. 그렇다고 하면 권일석 씨의 총 자산은 2억 원이 되고 부채는 1억 원, 자본금은 1억 원이 된다. 이를 대차대조표로 표시하면 다음과 같다.

[표 3 - 22] 권일석 씨 만두집의 대차대조표

차변	대변
총 자산 2억	자본금 1억
	대출금 1억

그런데 권일석 씨는 2억 원의 돈을 다음과 같이 세분화하여 지출하였다. 권리금 5천만 원, 임대보증금 5천만 원, 인테리어 5천만 원, 가맹비 3천만 원, 집기비품 1천만 원, 재료비 1천만 원을 투자하였다. 그렇다면 좀 더 상세하게 재무제표를 만들어보면 다음과 같다.

[표 3 - 23] 권일석 씨 만두집의 대차대조표(상세)

차변			대변		
유동자산	재고자산(원재료)	1천	자본금		1억
	유형자산(시설장치)	6천			
비유동자산	기타자산(임대보증금)	5천	비유동부채	은행차입금	1억
	무형자산(영업권, 가맹비)	8천			
합계	2억		합계	2억	

개업 후 권일석 씨는 1년 동안 열심히 영업을 했는데 결과는 다음 표 3-24와 같았다. 연 매출 2억 원이고, 임대료 3천만 원, 인건비는 3천만 원, 재료비 5천만 원, 각종 공과금은 2천만 원, 세금이

1천만 원 들었다. 그리고 1억 원에 대한 은행 이자로 7백만 원을 지출하였고, 화재보험료 등으로 3백만 원을 지출하였다. 그렇다면 손익계산서는 어떻게 작성할 수 있을까? 손익계산서를 작성하면 다음과 같다.

[표 3-24] 권일석 씨 만두집의 손익계산서

매출액	2억	
-매출원가	5천	재료비 5천
매출총이익	1억 5천	
-판매비와 관리비	8천 3백	임대료 3천, 인건비 3천, 공과금 2천, 보험료 3백
영업이익	6천 7백	
+영업외 수익		
-영업외 비용	7백	은행 이자 7백
법인세차감전 순이익	6천	
-법인세등	1천	
당기순이익	5천	

결국 1년간의 당기순이익은 5천만 원이 된다. 만약에 권일석 씨의 만두집이 주식회사로 주당 액면가 5천 원에 주식 2만 주를 발행했다고 가정하자. 그리고 현재 만두집의 주가는 1만 원이다. 흔히 기업가치 분석에 활용되는 지표를 구하면 다음과 같다.

먼저 EPS(주당순이익)는 '순이익÷발행주식 수'로 나눈 것이다.
EPS = 5천만 원 ÷ 20,000 = 2,500원

1주당 순이익이 2,500원이라는 것이다.

그렇다면 우리가 가장 많이 활용하는 PER(주가수익비율)는 어떠한가? PER는 '주가÷주당 순이익'으로 나눈 것이다. 다시 말해서 각 기업이 내고 있는 순이익에 비해 주가가 낮은지 높은지 판단하는 지표이다.

PER = 10,000원 ÷ 2,500원 = 4배

결국 PER가 의미하는 것을 쉽게 설명하자면 현재 1주당 순이익에 비해 주식 가격은 4배 비싸다는 것이고, 매년 이 기업이 똑같은 순이익을 낸다고 가정하면 이 기업에 투자할 경우 4년 뒤에는 투자원금을 회수할 수 있다는 이야기가 된다. 그래서 우리는 같은 업종 내에서 상대적으로 PER이 낮은 주식을 '저PER주'라고 얘기하고 저평가되었고 말한다.

투자한 자본 대비 얼마만큼 순익을 내고 있는지 알아보는 대표적인 지표 ROE(자기자본이익율)는 당기순이익을 자기자본으로 나누고 100을 곱해서 산출한다.

ROE = 5천만 원 ÷ 1억 원 × 100 = 50퍼센트

이 의미는 1억 원을 투자해서 50퍼센트의 수익을 내고 있다는 이야기다. 실제로 급성장하는 기업들의 ROE는 20퍼센트 이상 수준으로, 50퍼센트는 매우 높은 수치이다.

PBR(주가순자산비율)은 '주가÷주당 순자산'이다. 기업이 가진 청산가치(기업이 청산할 때 실제로 회수 가능한 자산가치) 대비해서

어느 정도의 주가를 가지고 있냐는 것을 알아보는 지표이다. PER 이나 ROE와 같이 순이익을 기초로 분석한 것이 아니라 기업이 가지고 있는 순자산 가치, 즉 총 자산에서 부채를 뺀 가치가 현재 주가와 비교해서 어느 정도인가를 알아보는 것이다. 여기서 권일석 씨의 순자산 가치를 분석하면 다음과 같다.

BPS = 순자산÷발행주식 수

= (2억 – 1억) ÷ 20,000주 = 5,000원

PBR = 10,000원 ÷ 5,000원 = 2배

부채비율은 부채총액을 자기자본으로 나눈 값이다.

부채비율 = 1억 원 ÷ 1억 원 × 100 = 100퍼센트

결국 그 기업이 가진 자산가치와 그 기업이 창출하는 이익에 비해 현재 얼마만큼의 주가를 나타내고 있는지 파악하는 것이 기본적 분석의 핵심이 된다. 그리고 나서 실제로 투하된 자기자본에 비해 얼마만큼의 순이익을 내는지, 과도한 부채를 사용하여 재무적인 위험은 없는지 판단하게 되는 것이다.

그런데 이런 기본적 분석의 태생적인 한계는 바로 재무제표 자체가 과거의 지표이므로 과거를 바탕으로 미래도 그러할 것이라고 판단해야만 하는 데 모순점이 있다. 물론 몇 년 동안 순이익을 꾸준히 내는 회사가 앞으로도 수익을 낼 확률이 높다고 할 수도 있지만, 어제까지 순이익을 내던 회사가 내년에도 수익을 낼 수

있다고 아무도 장담할 수 없는 것과 같은 이치이다. 그래서 주가
도 순이익도 그 시점의 값을 보고만 판단하는 것이 아니라 몇 년
간의 추세(흐름)를 보고 판단하는 것이 정말 중요하다.

 ## 기본적 분석을 위한 주요 지표 정리

그렇다면 어느 정도의 지표를 알면 될까? 필자는 총 7가지 정
도만 알면 충분하다고 생각한다. 그래서 지금부터 7가지 지표를
정리해보겠다. 일단 EPS(주당순이익)와 BPS(주당순자산)는 모든 분
석의 기본이므로 7가지 지표에는 나열하지 않았다.

[표 3 – 25] 1. 주가와 이익을 활용한 지표

구분	공식	평가	장점	단점	비고
PER (주가수익 비율)	현재주가 ÷ EPS	낮을수록 好	순이익 대비 현재 주가를 쉽게 평가함	다른 업종 간 평가하기는 어려움	
EV/EBITDA (기업가치/세금·이자지급 전이익)	기업가치 ÷ 영업력	낮을수록 好	영업이익에 입각한 기업가치 평가	영업활동 이외에 수익 및 지출이 있을 경우 평가하기 어려움	기업가치(EV) =시가총액(주가×주식수, 우선주포함) +순부채(총차입금 −현금예금) 영업력(EBITDA) =세전영업이익 (EBIT)+유형자산 감가상각

첫 번째로 주가와 기업의 당기순이익을 분석으로 한 지표는 PER과 EV/EBITA가 있다. 모름지기 기업의 존재 이유가 이익 창출인 만큼, 기업이 얼마나 본래의 활동에 충실하고 있는지를 나타내주며, 상대적으로 기업의 현재 주가와 비교해서 저평가된 주식을 찾는 데 유용한 지표이다. 두 지표 모두 낮을수록 저평가되었다고 본다.

두 번째로 기업의 주가와 순자산가치를 비교한 지표는 PBR이다. 기업이 가진 자산을 모두 정리할 경우보다 현재의 주가가 낮으면 1 미만으로 이는 기업의 자산가치보다 저평가되었다는 의미이고, 1 이상이면 기업의 자산가치보다 주가가 높다는 의미이다. PBR은 기업의 이익보다 기업의 자산가치에 입각한 저평가주를 고르는 방법이다.

[표 3-26] 2. 주가와 자산가치를 활용한 지표

구분	공식	평가	장점	단점	비고
PBR (주가순자산 비율)	현재주가 ÷ BPS	낮을수록 好	장부가치 대비 현재 주가를 쉽게 평가함	기업의 이익 가치를 미반영	

세 번째로는 기업이 투하된 자기자본에 비해 어느 정도 이익을 내는가 하는 ROE이다. ROE가 높다는 것은 자기자본 대비 이익을 많이 내고 있다는 뜻이며, 장사를 잘하고 있다는 뜻이다. 그러나 부채 비율이 높고 자기자본 비율이 낮은 경우(차입을 통한 레버리

지를 활용하는 경우)도 있으므로 반드시 기업의 부채 비율과 같이 분석하는 것이 좋다.

[표 3 – 27] 3. 이익과 자본가치를 활용한 지표

구분	공식	평가	장점	단점	비고
ROE (자기자본 수익률)	당기순이익 ÷ 자기자본	높을수록 好	투하자본 대비 순이익률 평가	부채 비율이 높을 경우 왜곡될 위험	

네 번째로는 기업이 가진 자산가치 대비 기업이 이익을 얼마나 내고 있는가에 대한 ROA이다. 실제로 부채까지 반영한 수치이므로 기업의 자산규모 대비 이익률을 알 수 있는 유용한 지표이나, 이 또한 부채 비율이 높을 경우 ROA가 낮게 평가될 여지가 있고, 보유자산의 규모가 다른 업종 간의 비교는 어렵다는 단점이 있다.

[표 3 – 28] 4. 이익과 자산가치를 활용한 지표

구분	공식	평가	장점	단점	비고
ROA (총자산 수익률)	당기순이익 ÷ 총자산	높을수록 好	보유자산 대비 순이익률 평가	보유자산의 규모가 틀린 기업의 경우 왜곡될 위험	

다섯 번째로 투하된 자기자본에 비해 얼마의 부채를 활용하고 있는가를 알아보는 부채 비율이다. 부채는 크게 유동 부채(1년 내에 만기 도래)와 비유동 부채(1년 이후에 만기 도래)로 구분되는데, 부채 비율을 알아볼 때에는 유동 부채 비율 또한 면밀하게 살펴보

아 기업이 가진 부채의 위험도를 정확히 측정해야 한다. 유동 부채 비율이 높으면서 부채 비율도 높은 기업은 위험이 높은 기업이며, 특히 기업이 ROE나 ROA가 다른 종목에 비해 낮은데 부채 비율만 높다면 이 기업은 곧 자본 잠식의 위험을 내포하고 있는 기업이라 볼 수 있다.

[표 3-29] 5. 부채와 자본가치를 활용한 지표

구분	공식	평가	장점	단점	비고
부채비율	부채총액 ÷ 자기자본 × 100	낮을수록 好	기업의 부채 보유에 따른 위험 평가	장단기 부채에 대한 비교가 어려움	유동부채비율 =유동부채 ÷자기자본 ×100

여섯 번째로 자본잉여금(회사와 주주와의 거래 – 유상증자 등으로 생긴 잉여자금)과 이익잉여금(영업활동으로 인한 잉여자금)의 합계를 납입자본금으로 나눈 유보율을 봐야 한다. 기업이 얼마나 이익을 내서 회사에 쌓고 있느냐를 나타내는 지표인데, 유보율이 높은 기업은 경기가 안 좋을 경우 회사에 유보된 이익을 활용해서 경영을 해나갈 수 있으므로 상대적으로 불경기에도 도산할 확률이 낮다고 볼 수 있다. 그러나 무조건 회사에 이익을 유보한다는 것은 실제적으로 주주들에게 배당을 실시하는 배당 성향이 낮다고도 볼 수 있고, 지속적으로 유보율만 높아지는 기업은 R&D(신규 투자)에도 인색한 기업일 가능성도 있으므로 무조건 유보율이 좋다고 우수한 기업이라 말할 수는 없다.

[표 3 - 30] 6. 잉여금과 자본가치를 활용한 지표

구분	공식	평가	장점	단점	비고
유보율	(자본잉여금+이익잉여금)÷납입자본금×100	높을수록 好	자본 증가의 건전성을 측정	유보율이 높은 기업은 배당률이 낮을 수 있다	유보율이 높은 기업은 무상증자할 가능성이 높다

　　마지막으로 매출액 증가율은 전기 대비 당기매출액의 증가분을 계산하여 산출하는데, 기업의 매출 성장은 수익 창출에 중요한 핵심이므로 매출이 꾸준히 증가하는 기업은 아무래도 우량기업일 확률이 높다. 그러나 매출은 증가하는데 수익이 증가하지 않는 기업은 수익구조에 구조적인 문제, 즉 부채가 많거나 산업 자체가 이익율 마진이 적은 경쟁이 심화된 구조를 가지고 있을 수도 있기 때문에 매출액 증가와 이익의 증가가 같이 이뤄지는 기업을 찾아야 한다.

[표 3 - 31] 7. 매출액을 활용한 지표

구분	공식	평가	장점	단점	비고
매출액 증가율	[(당기매출액÷전기매출액)-1]×100	높을수록 好	기업의 매출 규모와 성장성을 파악하기 용이함	매출이 높아도 순이익은 줄 수도 있음	이익률의 증가도 같이 이뤄져야 바람직함

　　어찌되었든 우리가 기본적 분석에서 찾고자 하는 기업을 정리하면 다음과 같다.

　　기업의 매출이 꾸준히 성장하고, 부채 비율은 감소하고 있으

며, 유보율은 증가하고, 자기자본이나 총자산 대비 이익이 많이 창출되고 있고, 총자산 대비 또는 당기순이익 대비 현재의 주가가 낮은 저평가된 가치주를 찾는 것이다.

추가로 7가지 지표에는 포함되지 않지만 안정적인 이익을 내는 기업의 배당수익을 올리기 위한 고배당주 투자가 요즘 많은 인기를 누리고 있는데, 배당과 관련한 지표를 정리하면 다음과 같다.

[표 3-32] 배당을 활용한 지표

구분	공식	평가	장점	단점	비고
배당 성향	배당금÷당기순이익×100	높을수록 好	주주에 대한 기업의 경영 마인드를 알 수 있다	사내유보가 적을 경우 R&D 등 투자가 낮을 수도 있다	
시가배당 수익률	1주당 배당금÷배당기준일 주가×100	높을수록 好	주식매매차익 외에 배당수익에 대해 자세히 보여줌	연중 주가변동을 반영할 수 없음	

배당 관련 주에 투자할 때는 마찬가지로 단기간의 배당 성향이나 시가배당 수익률만 볼 것이 아니라 꾸준히 수익을 내고 배당을 높혀가는 주주를 우대하는 기업에 투자하는 것이 바람직하다. 고배당주에 투자하려는 것이 목적이라면 우선주를 고려하는 것도 한 방법이 될 수 있다. 실제로 우선주는 의결권이 없는 대신에 보통주보다 시가배당 수익률이 2배 정도 높으므로 꾸준히 이익을 내는 우량기업의 우선주에 투자하는 것은 배당 수익을 극대화하

는 전략이 될 수 있다.

아래 표 3-33은 실제로 지난 10년간 코스피에 투자했을 때와 10년 이상 계속 배당한 기업에 투자한 경우의 인덱스 지표의 변화이다.

[표 3-33] 10년 이상 연속 배당한 종목군 인덱스와 KOSPI 추이 비교

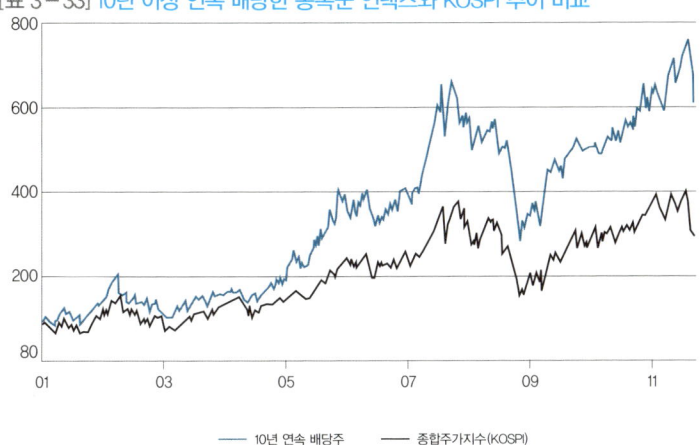

얼핏 보아도 고배당주에 투자한 것이 훨씬 많은 수익을 준 것을 알 수 있다. 꾸준히 이익을 내는 기업은 그 기업의 가치 또한 계속 높아질 것이고, 이는 우리가 꿈꾸는 성장주의 성격을 잘 나타내고 있기 때문이다.

이런 배당주에 대한 정보는 http://www.ksd.or.kr/stock/schedule237.home으로 들어가거나 한국예탁결제원 – 증권정보 – 주식일정조회 – 배당 순위 100에 가면 직전 1년 또는 직전 3년

간 회사별 배당 순위를 볼 수 있다.

또한 회사별로 직전 3년간의 배당을 쉽게 보려면 주식일정조회 – 회사별 배당실적을 조회하고, 회사명(코드)에 원하는 회사를 검색하면 3년간 배당에 관한 정보가 나온다. 여기서 볼 것은 회사가 배당을 꾸준히 늘려가고 있는지에 관한 정보를 확인해보면 된다(현금배당률은 액면가 대비로 표시되므로 배당기준일 종가 기준으로 시가배당률에 대한 확인이 반드시 필요하다).

 ## 쉽게 이해하는 기술적 분석

기술적 분석은 기업의 가치 대비 현재의 주가를 분석하는 것이 아니라 차트(이동평균선, 거래량, 캔들)를 근거로 주가의 방향성을 예측하는 분석이다. 우리가 물리학에서 배웠던 관성의 법칙처럼 주가도 시세를 한번 분출하면 일정한 방향성을 가지고 있다는 논리를 근거로 시작된 분석이다. 다시 말하면 기술적 분석은 기업의 가치가 아닌, 기업이 얼마나 시장에서 주목을 받고 있고 호응을 일으키고 있는가에 대한 분석이라고 하면 될 것이다. 기본적 분석은 기업의 가치에 주목하고, 기술적 분석은 기업의 인기와 관련되어 있다고 생각하면 될 것이다.

그렇다면 기업의 인기를 나타내주는 가장 유용한 지표는 무엇일까? 한 신상품이 시장에서 폭발적인 반응을 얻을 때 나타나는 현상을 살펴보자. 지난 2011년 3월 이경규 씨가 KBS 예능 프로그램인 〈남자의 자격〉을 통해 꼬꼬면을 개발해낸다. 꼬꼬면은 출시 5개월 만에 1억 개 판매 및 매출 600억 원을 달성했다. 시청률이 높은 프로그램을 통해 충분히 홍보가 되어 소비자들의 관심을 끌기에 충분한 데다가, 맛 또한 좋다는 입소문이 나면서 하얀 국물 열풍을 일으켰다. 이제 질세라 라면업계는 하얀 국물이 있는 라면들을 쏟아내기 시작했다. 말 그대로 하얀 국물 라면시대를 열게 된 것이다.

주식도 이와 마찬가지다. 한 주식이 시장에서 주목을 받을 때는 언론의 주목을 받게 되고, 거래량이 늘어나고, 그와 관련된 연관주들이 동반해서 상승한다. 이런 현상은 테마주에서 두드러지는데 태양광주, 대선주, 2차전지주, 탄소배출권주 등 여러 가지 테마를 주제로 단기간에 주가가 급등하는 것을 볼 수 있다. 그러나 테마주의 생명은 보통 길어야 6개월이므로 특히 주의해야 한다.

우리가 기술적 분석에서 가장 신뢰할 것은 바로 거래량이다. 거래량이 늘어난다는 것은 시장에서 주목받고 있다는 것이며, 시장에서 인기를 얻고 있다는 증거이다. 물론 자사주 매입 등으로 거래량이 증가하는 경우도 있지만, 차트 중에서 가장 정직하게 시장을 나타내는 것은 바로 거래량이다. 거래량이 가장 중요한 것임을 알고, 기술적 분석의 기초에 대해서 배워보자.

봉차트(캔들)이란 무엇인가?

향후 우리는 봉차트(캔들)에 대해서 많이 얘기를 할 것이다. 봉차트(캔들 차트)란 단어가 생소한 사람들은 매우 어려울 수 있는데, 이해를 돕기 위해 간단히 봉차트에 대해서 알아보기로 하자.

1. 봉차트의 구성

봉차트는 4가지를 조합해서 만들어진다. 첫 번째는 시가(최초에 시작하는 가격), 두 번째는 종가(최종적으로 마무리되는 가격), 세 번째는 고가(장중 최고치의 가격), 네 번째는 저가(장중 최저치의 가격)로 만들어진다.

아래의 그래프를 보면 이해가 쉬울 것이다.

시가보다 종가가 높은 경우를 '양봉(빨간색, 이 책에서는 파란색)'이라 하고, 시가보다 종가가 낮은 경우는 '음봉(파란색, 이 책에서는 회색)'이라 하는데 표시할 때는 다음과 같다.

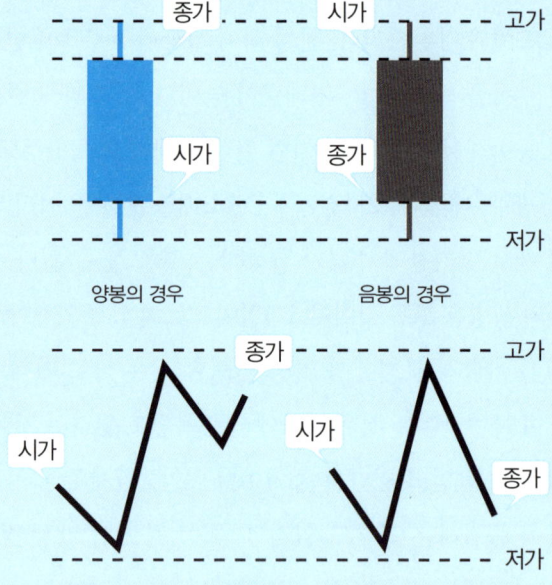

따라서 양봉의 경우는 몸통의 하단이 시가, 몸통의 끝이 종가를 나타낸다(음봉의 경우는 이와 반대이다). 그리고, 몸통 위에 달린 선을 '윗꼬리', 몸통 아래 달린 선을 '아랫꼬리'라고 부른다.

봉차트가 그려지는 시간에 따라 분봉, 일봉, 주봉, 월봉으로 나뉘는데, 쉽게 설명하면 주봉은 주간의 시가·종가·고가·저가를 바탕으로 캔들을 그리는 것이고, 일봉은 하루의 시가·종가·고가·저가를 바탕으로 캔들을 그리는 것이다.

2. 캔들의 패턴에 대한 의미

(1) 장대양봉 : 대표적인 상승세 초반에서 나타나는 패턴으로 시가에 비해 종가가 많이 올라간 경우에 보이는 패턴이다.

(2) 장대음봉 : 대표적인 하락세 초반에서 나타나는 패턴으로 시가에 비해 종가가 많이 떨어진 경우에 보이는 패턴이다.

(3) 윗꼬리형(양봉, 음봉) : 대표적으로 주가가 하락할 때 나타나는 패턴으로 일정 가격대를 뚫지 못하고 주가가 고점에서 밀릴 경우 보이는 패턴이다.

(4) 밑꼬리형(양봉, 음봉) : 대표적으로 주가가 상승할 때 나타나는 패턴으로 단기간 주가가 급락했으나 저가 매수세가 등장하여 주가를 다시 끌어올리는 패턴이다.

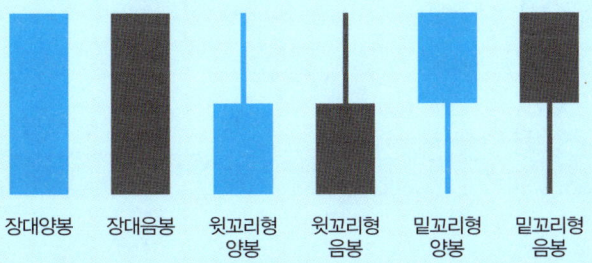

| 장대양봉 | 장대음봉 | 윗꼬리형
양봉 | 윗꼬리형
음봉 | 밑꼬리형
양봉 | 밑꼬리형
음봉 |

이 정도의 패턴만 이해하면 이 책에 나오는 차트들을 읽는 데 무리가 없을 것으로 생각된다. 다만, 캔들 차트만을 맹신하고 주가를 판단하는 것은 무모한 방법이므로, 주가의 이동평균선(일정 기간 동안의 주가의 평균을 선으로 표시한 것), 주가의 주추세(주봉 차트에서 파악하는 것이 좋다)와 더불어 기술적 분석을 하는 하나의 도구로만 생각하는 것이 좋다.

추세를 알아야 방향성을 알 수 있다

물리학에 관성의 법칙이라는 것이 있다. 뉴턴의 세 가지 운동 법칙 중 첫 번째인 관성의 법칙은 외부에서 힘이 가해지지 않는 한 모든 물체는 자기의 상태를 그대로 유지하려고 하는 것을 말한 다. 주식에도 관성의 법칙이 있는데 바로 '추세'라는 것이다.

[표 3 – 34] 삼성전자 주봉 차트와 추세 파악

주식의 가격은 매도세(주식을 팔려는 사람)와 매수세(주식을 사려 는 사람)의 치열한 공방 속에서 결정되는데, 일단 주가가 상승으 로 방향을 잡거나 하락으로 방향을 잡으면 일정한 힘이 가해지지 않는 이상 주가는 지속될 확률이 높다는 것이다.

표 3-34를 보면서 이야기해보자. 위의 표는 삼성전자의 주봉(주간의 주가 변화를 한 막대기로 표시함)에 따른 변화를 2008년 6월 이후부터 2012년 1월까지 표시한 것이다. 필자는 이런 추세를 원통형 유리관이라 표현하는데, 주가는 원통형 유리관으로 봤을 때 상승 추세를 가지고 움직이고 있다. 만약에 이런 추세를 파악한 투자자가 장기 투자(2년 이상)를 보고 2008년 10월 리먼 사태 때 40만 원에서 삼성전자를 매입하고, 2011년 8월 재정위기 때 67만 원에서 삼성전자를 매입했다면 2012년 4월 130만 원이 넘어가는 주가에서 최소 2배 정도의 수익을 냈을 것이다.

　이런 추세를 보고 두 가지를 생각해볼 수 있는데, 과연 주식을 사도 되는지의 문제와 주식을 어디에서 사야 하는지의 문제이다. 간단하게 삼성전자에 대해서 답을 하자면, 삼성전자는 상승 추세에 있으므로 사도 되는 주식이지만 2012년 4월 기준으로 120만 원이 넘는 주식 가격은 원통의 상단에 닿아 있으므로 다소 부담되는 가격대라고 할 수 있다. 그리고 의미 있는 추세는 최소한 3개 이상의 지점이 닿아야 의미를 가진다. 따라서 원통형 유리관에서 여러 번 상단과 하단을 번갈아 닿으면서 움직이는 추세는 신빙성이 높다.

　주식의 추세는 세 가지가 있는데 다음과 같다.

　첫 번째 상승세, 두 번째 하락세, 세 번째 보합세(흔히 박스권이라 한다)이다. 표로 살펴보면 다음과 같다.

[표 3 - 35] 주식의 3가지 추세 : 상승세, 하락세, 보합세

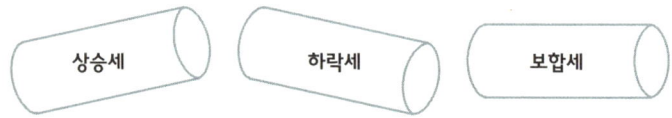

    물론 이런 추세는 외부의 충격이 가해지면 변하기도 하는데, 이런 추세의 변화에서 큰 수익이나 손실이 나게 된다. 상승세로 가던 주식이 갑자기 보합세로 가더니 상승 여력이 다하고 악재가 터져서 하락으로 치닫게 되면 우리는 큰 손실을 입게 된다. 2008년 10월과 2011년 8월이 바로 가까운 예이다.

    반대로 하락세로 끝도 없이 떨어지던 주식이 보합세로 어느 정도 바닥을 다지는 것 같더니 상승세로 돌아서게 될 때 큰 수익을 주게 된다. 그래서 추세가 바뀔 때가 큰 수익을 얻을 수 있는 구간이지만, 반대로 큰 손실을 주는 구간이기도 하다.

    따라서 투자 전에는 반드시 주추세를 파악할 수 있어야 한다. 추세를 파악할 때 주추세는 일봉, 주봉, 월봉에서 모두 볼 수 있지만, 필자는 주봉에서 주추세를 파악하라고 권하고 싶다.

    주식의 추세를 파악했다면 어느 지점에서 주식을 사고 팔아야 할까? 상승세에 있는 주식을 샀다면 다음과 같이 매매를 해야한다. A, C, F에서 매수를 하고 B, D, E, G서 매도를 한다. 이것이 추세에 따른 매수 · 매도법이다. 단, 단기 투자자라면 A에서 사서 B,

D, E에서 팔면 되고, 장기 투자자라면 A에서 사고, C에서 추가매수를 하고 F에서도 추가 매수를 하면 된다.

[표 3-36] 상승 추세에서의 매매 패턴

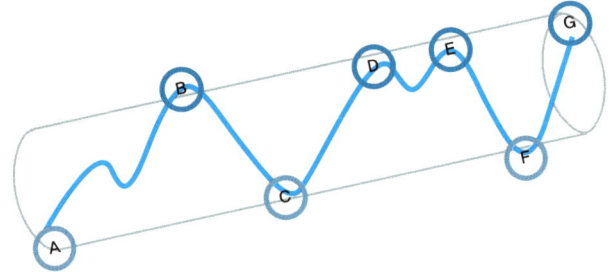

만약 하락 추세에서 매매를 한다면 A, C, F에서 사고, B, D, E, G에서 팔면 된다. 단, 주의할 것은 하락시에는 매수를 최대한 자제해야 하고, 만약에 어쩔 수 없이 주식을 손절매할 경우에는 추세의 하단부가 아닌 추세의 상단부에서 해야 한다.

[표 3-37] 하락 추세에서의 매매 패턴

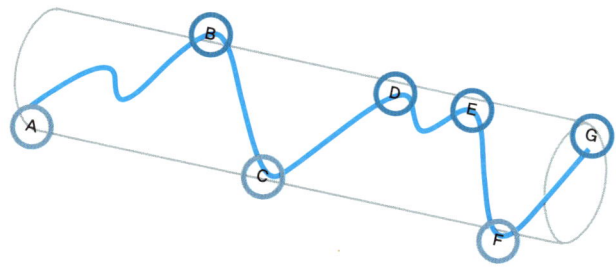

보합 추세에서의 매매 패턴을 쉽게 박스권 매매라고 하는데, 이때 매수, 매도는 마찬가지다. 원통 하단부에서 매수하고, 원통의 상단부에서 매도하면 된다. 그런데 우리가 여기서 알아야 할 중요한 사실은 추세가 상승세로 바뀌는 초기에 매수를 해야 하고, 추세가 하락세로 바뀌기 전에 매도를 해야 한다는 것이다. 물론 단기냐 중장기냐에 따라 시기가 틀릴 수는 있지만, 단기 추세를 활용한 매매는 일봉을 활용하고, 중장기 추세를 활용한 매매는 주봉을 활용하면 되므로 매수·매도 타이밍을 파악하는 데 큰 문제는 없다.

[표 3-38] 보합 추세에서의 매매 패턴

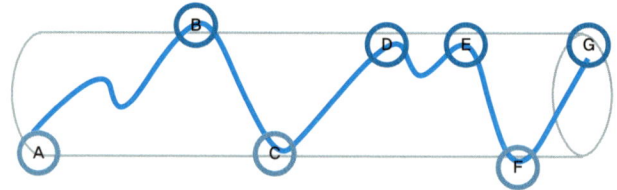

 ## 추세 전환에 필요한 궁극적 힘

끝도 없이 하락하던 주가가 다시 상승세로 돌아서려면 많은 에너지가 필요하다. 회사의 순이익이 적자에서 흑자로 전환이 예상된다든지, 아니면 획기적인 신기술의 개발로 향후 엄청난 이익이 기대된다든지, M&A(기업인수합병)와 같은 호재로 인해서 시장의 주목을 받게 된다든지 등 시장에서 반향을 일으킬 큰 이슈들이 필요하다. 이것을 '모멘텀'이라 하는데, 이것이 있어야 하락하던 주가는 방향을 바꿀 수 있다.

아래 표 3-39와 같이 원통을 따라 자동차가 운행한다고 생각해 보자. 어떻게 하면 언덕에서 끝없이 추락하는 자동차를 멈출 수 있을까? 방법은 간단하다. 브레이크를 잡으면 된다. 추락하는 속도가 빠를수록 브레이크를 더 세게 밟으면 된다. 그렇다면 멈춘 차를 언덕 위로 올리기 위해서는 어떻게 하면 될까? 액셀러레이터를 밟으면 된다. 언덕의 경사가 높으면 높을수록 액셀러레이터를 세게 밟으면 된다.

[표 3 – 39] 추세를 바꾸는 힘은 무엇인가

필자가 여기서 말하려는 것은 브레이크나 액셀러레이터를 밟는 힘이다. 추락하는 차를 멈추려면 브레이크를 세게 밟아야 하듯이 추세를 전환하려면 힘이 필요하다. 궁극적으로 이 힘은 거래량에서 나타난다. 하락 추세가 전환을 해야 할 때도 엄청난 거래량이 필요하고, 주가를 끌어올리기 위해서도 엄청난 거래량이 필요하다. 거래량의 증가 없이 일어나는 추세의 전환은 일시적인 경우가 많고 신빙성도 떨어진다.

표 3-40에서 왼쪽의 동그라미는 하락세를 멈추는 브레이크 거래량이고, 오른쪽 동그라미는 상승세를 시작하는 액셀러레이터 거래량이라고 생각하면 된다. 2008년 11월에 최저가 5,720원으로 바닥을 찍은 기아자동차는 2012년 5월 25일 종가는 76,400원이다. 이때에 추세 전환이 이뤄진 것이다.

[표 3 - 40] 기아자동차의 추세 전환과 거래량

두 번째는 삼성SDI의 경우인데, 이 종목도 2008년 12월에 최저가 52,200원을 찍고 2012년 5월 25일 종가는 153,500원이다. 이

종목 또한 이때에 추세 전환이 이뤄진 것이다. 다만 앞의 기아차
와 다른 점은 쌍바닥의 양쪽에서 모두 거래량이 느는 것이 아니고
하락시에만 거래가 늘었다.

　혹자들은 2008년은 리먼 사태로 대다수의 종목들이 그랬다고
생각할 수 있어서 최근의 추세 전환이 이뤄진 다른 종목을 찾아보
기로 하겠다.

[표 3 – 41] 삼성SDI의 추세 전환과 거래량

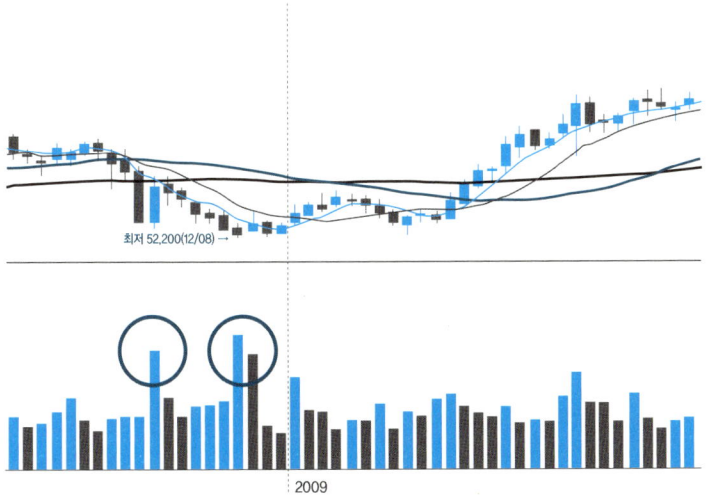

최저 52,200(12/08) →

2009

　최근 몇 년간 BDI지수(Baltic Dry Index의 약자로 주로 건화물을 운
반하는 벌크선 운임지수를 뜻한다. 대개 경기가 좋아지기 시작하면 물동
량이 증가하기 때문에 BDI운임지수가 상승한다) 하락과 해운업황의
악하로 고전을 면치 못하던 한진해운이 유상증자를 실시했는데,

작년 말부터 세 번에 걸쳐 거래량이 급증하고 U자형으로 바닥을 돌린 것을 볼 수 있다. 2011년 11월 24일 최저가 7,950원을 기록하고 2012년 5월 25일 종가는 13,400원이다.

[표 3 – 42] 한진해운의 추세 전환과 거래량

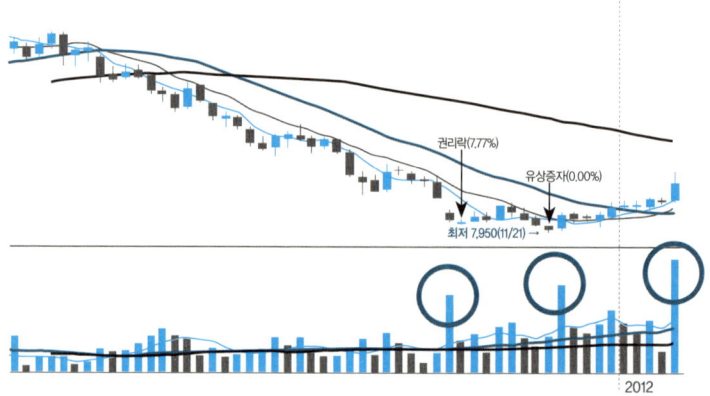

 ## 진짜 바닥을 알아내는 핵심

   주식 매매는 타이밍의 예술이라는 말이 있다. 실제로 언제 사서 언제 팔아야 할지를 안다면 우리는 언제나 높은 수익률을 올릴 수 있을 것이다. 그런데 우리가 동전을 던져서 5번 연속 앞면이 나왔다고 여섯 번째에는 뒷면이 나올 확률이 높다고 말할 수 있을까? 이것을 흔히 '도박사의 오류(Gambler's Fallacy)'라고 하는데, 서로 독립적인 확률적 사건이 서로 영향을 미친다고 생각하는 착각을 일컫는 말이다. 쉽게 생각해서 앞의 동전 던지기와 뒤의 동전던지기는 아무런 상관이 없다는 것이다. 동전을 백 번, 천 번, 만 번 던지든지 동전의 앞면 또는 뒷면이 나올 확률을 각각 1/2이다.

마찬가지로 내일 주가가 오를지 떨어질지는 언제나 1/2의 확률을 가진다. 다만 앞에서 배웠듯이 추세를 알면 우리는 주가가 어떻게 움직일지 예측이 용이해질 뿐이다. 어쨌거나 이런 추세를 배우는 것은 결국 주가의 저점과 고점을 알아내기 위한 것이고, 추세 전환의 신호를 정확하게 읽어내기 위해 하는 것이다.

다시 말하면 우리가 추세 전환을 정확히 알아낼 수 있다는 것은 살때(바닥)와 팔 때(천장)를 알아낼 수 있다는 것이다. 적어도 바닥은 놓치더라도 무릎에서 사서 어깨에서 팔 수 있는 안목을 갖추게 되는 것이다.

그렇다면 어떻게 바닥을 알아낼 수 있을지 파악해보자.

먼저 바닥을 확인할 때는 차트에서 주봉을 사용해야 한다. 일봉을 통한 단기적인 파악은 전체적인 추세를 파악하기에 어려움이 있고, 월봉은 너무 긴 기간이기 때문에 주봉으로 판단하는 것이 좋다(일봉은 하루에 봉 1개, 주봉은 일주일에 봉 1개, 월봉은 한 달에 봉 1개이다).

다음 표 3-43은 대표적인 추세 전환을 나타내는 바닥권에서 나타나는 신호이다. 우리가 한 번쯤은 들어본 2중 바닥의 엉덩이 모양 그래프가 그려지게 되는데, 이런 바닥권은 대부분 큰 거래량을 수반한다.

[표 3-43]  주봉과 거래량으로 파악하는 추세 전환

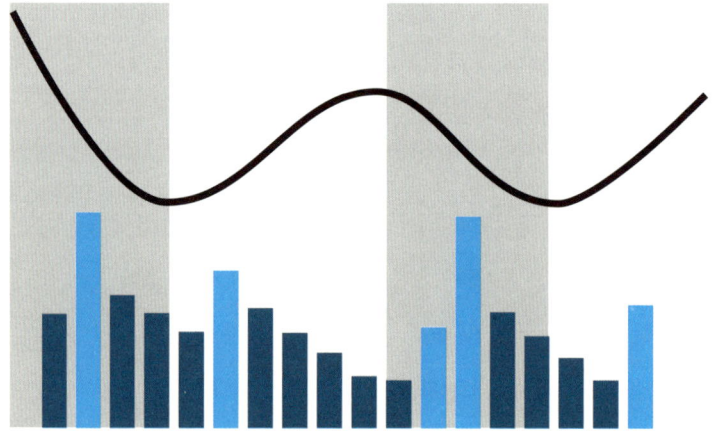

이런 바닥 패턴도 여러 가지가 있다. 위에 표 3-43처럼 보편으로 나오는 쌍바닥이 있고, 둥근 하나의 바닥이 있고, 바닥이 세개일 수도 있다. 대형주의 경우 이중 바닥의 봉우리 간격은 3개월 이상, 추세 전환에는 5개월 이상이 소요된다.

그런데 여기서 중요한 것은 거래량이 바닥에서 터질 때에는 평소 거래량의 최소 2배 이상이 되어야 하고, 최소 2번 이상이 되어야 한다. 그리고 음영으로 표시된 주가가 떨어지는 구간에서 거래량이 터지는 것이 더욱 완벽한 바닥을 잡는 신호가 된다.

쉽게 이해하자면 차가 내리막에서 추락할 때 먼저 브레이크를

잡아줘야 방향을 바꿔서 액셀러레이터도 밟을 수 있는 것이다. 즉 하락 추세를 멈추기 위해서는 주가가 하락할 때 누군가가 브레이크를 잡아주는 대형 거래를 수반해야 한다는 것이다. 다시 한번 기억하자. 브레이크를 밟는 힘의 크기가 바로 거래량이다. 거래량 없는 추세 전환은 거짓 바닥일 확률이 높다.

[표 3-44] 바닥권의 형태 및 거래량을 통해 알아보는 진짜 바닥일 확률

구분	바닥 형태	대형 거래량	대형 거래량 터진 곳	바닥권 기간	대형거래 주체
진바닥확률 高	3중 바닥	3회 이상	하락시	5개월 이상	외국인
진바닥확률 中	2중 바닥	2회	바닥권	3개월~5개월	기관 투자자
진바닥확률 低	1중 바닥	1회	반등시	3개월 미만	개인 투자자

바닥을 알아내는 방법을 정리해보면 다음과 같다.

바닥은 3중 바닥이고, 대형 거래는 하락시 3번 이상 터졌으며, 매수의 주체는 외국인이고, 바닥권에 머무른 시간이 5개월 이상이 되었다면 이는 진짜 바닥일 확률이 높다고 할 수 있다.

반대로 1중 바닥에 대형 거래는 터지긴 했으나 주가가 하락할 때가 아니고 상승할 때 터졌으며, 바닥권이 시작된 것이 2개월밖에 되지 않았고, 바닥권의 매수 주체는 외국인도 아니고 기관 투자자도 아니라면 가짜 바닥일 확률이 높다.

지지와 저항을 알아야 투자할 시점을 잡아낼 수 있다

증권 방송을 보면 단기 시세를 물어보는 시청자들의 질문에 전문가들은 "목표가는 얼마이고, 손절가는 얼마이다"라고 목표치를 잡아주는 경우가 있다. 이것은 모두 지지와 저항에 근거한 값이라고 할 수 있겠다. 바닥권에서 두 배 가까운 상승을 보여준 한진해운은 현재 15,000원대를 뚫지 못하고 주가가 위꼬리를 달고 밀린 것을 볼 수 있다. 이 의미는 15,000원 이상의 매물대가 있다는 뜻이다.

[표 3-45] 한진해운의 사례를 통한 매물대 파악

그 이유는 93,095,908주(11.4퍼센트)는 뚫었지만 그 위에 80,344,891주(9.8퍼센트)의 매물대가 있으므로 단기간 가격 상승

에 따른 수익 실현 매물이 나와서 주가가 밀렸다고 보면 된다. 전체 주식의 20퍼센트가 몰려있으니 한 번에 가격대를 뚫기가 쉽지는 않을 것이다. 다만, 17,000원대를 뚫게 되면 25,000원까지 가는 것은 좀 더 쉬울 것으로 보는 것이다.

복잡하게 들릴 수도 있지만 우리는 이렇게 단기적인 주가를 분석할 수 있다. 다만 상승할지 하락할지는 모르지만 추세가 전환되었다면 상승할 것으로 보고 목표가 25,000원을 제시하되 17,000원 안착을 보고 투자하라는 조언을 해줄 수 있다.

그런데 우리가 이런 분석을 하기 위해서는 최소한 알아야 할 것이 바로 '지지와 저항'이다. 지지와 저항은 다음의 모형을 보고 이해하도록 하자.

[표 3 – 46] 무너진 직전저점 – 저항선

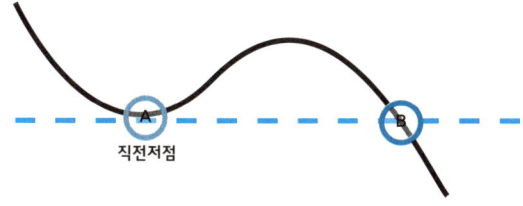

직전저점

주가가 아래로 더 이상 빠지지 못하게 해주는 것을 '지지선'이라고 하고, 주가가 위로 더 이상 상승하지 못하게 막는 것을 '저항선'이라 한다.

표 3-46과 같이 주가가 하락할 때에 A라는 직전저점은 지지선으로 작용하는데, B처럼 주가가 버티지 못하고 하락하게 되면 지지선은 무너지게 된다. 그리고 무너진 지지선은 새로운 저항선이 된다. 즉 파란 점선의 가격대가 1만 원이라고 하면, 무너진 직전저점 1만 원은 새로운 저항선이 되어서 확실히 거래를 동반하여 뚫지 못하면 주가는 추가적인 하락 또는 횡보가 불가피하게 된다.

기억하자. 무너진 직전저점은 새로운 저항선이 된다. 그렇기 때문에 1만원 미만에서 주식을 매수했다는 것은 단기 목표가를 1만 원으로 산정하여 짧게 투자한다는 해석이 가능한 것이다. 어쨌거나 저항선이 많은 주식은 쉽게 올라가지 못한다. 매 가격대마다 엄청난 매물에 의한 저항이 기다리고 있기 때문이다.

[표 3 – 47] 돌파된 직전고점 – 지지선

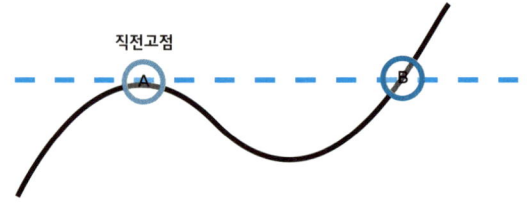

반대로 표 3-47과 같이 주가가 상승할 때는 A라는 직전고점을 뚫어야 추가적인 상승이 가능하게 된다. 이런 상황에서는 직전고점의 가격대가 저항선이 된다. 이 가격대를 2만 원이라고 가정하고 B점에서 많은 거래를 동반하여 2만 원의 가격을 뚫게 되면 이제 2만 원은 더 이상 저항선이 아닌 새로운 지지선이 된다. B점을 뚫은 주식은 2만 원으로 하락하게 되면 반등을 시도하게 된다는 것이다. 이것을 보고 보통은 주가가 한 단계 업그레이드되었다고 표현한다. 돌파된 직전고점은 새로운 지지선이 된다.

 ## 지지와 저항을 활용한 매수 패턴과 매수 금지 패턴

지지와 저항을 이해했으면 다음과 같은 패턴에 유의해서 매수 결정을 해야 한다. 앞에서 살펴본 대로 주가는 추세를 따라 움직이므로 하락 패턴에서는 절대로 매매를 해서는 안 되고, 상승 추세에서 매매를 해야 한다. 일단 상승 패턴 중에서 표 3-48과 같은 패턴을 보이는 것이 지지와 저항을 활용한 매수 포인트이다.

[표 3-48] S구성점 매수 패턴

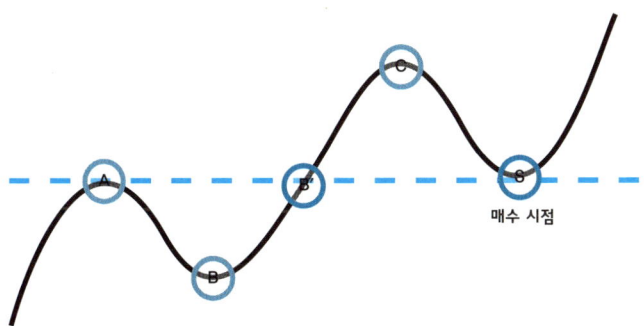

A는 B′에서 돌파된 직전고점이 되어버렸고, C가 새로운 고점이 되었다. 이런 상황에서 돌파된 직전고점 A는 이제 저항이 아닌 새로운 지지선이 되는데, 이 지지선을 훼손하지 않고 주가가 S점에서 돌아설 때 전형적인 상승 패턴이 되는 것이다. 이것을 흔히 S구성점이라고 하는데, 이런 패턴을 보이는 차트에 투자하는 것이 지지와 저항을 활용한 매매이다.

기억하자! 돌파된 직전고점은 새로운 지지선이 된다. 또한 반대의 케이스를 살펴보면 다음과 같다.

[표 3 – 49] S구성점 매도 패턴

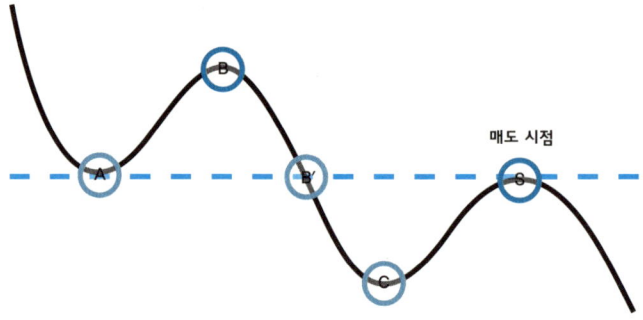

하락 추세에 있는 패턴에서 A라는 직전 저점을 B′에서 이탈해 버리고 새로운 저점 C를 만든 후 이탈된 직전저점 A를 돌파하지 못하는 S점이 나온다고 하면 이는 절대로 매매해서는 안되는 패턴이다. 기억하자! 무너진 직전저점은 새로운 저항이 된다.

상승과 하락폭의 예측은 어떻게 하는가?

주가는 상승할 때나 하락할 때 파동을 그리면서 상승한다. 월봉에서 주봉으로, 일봉으로, 분봉으로 갈수록 하나의 직선처럼 보이는 주가에는 수많은 작은 파동들이 모여서 이뤄진 것이다. 그런데 이러한 파동은 수많은 상승과 하락으로 이뤄져 있다. 일정 추세를 가진 이런 파동은 상승과 하락폭의 일정한 비율을 가지는 경우가 많은데, 그 비율에 따라서 상승과 하락의 힘을 측정할 수 있다.

일단 상승 후 하락폭과 하락 후 상승폭을 추정하기 위해서는 피나보치 수열을 이해해야 한다. 피보나치 수열은 다음과 같이 만든다. 먼저 1에 2를 더하면 3이 되고, 2에 3을 더하면 5……. 즉 1, 2로 시작해서 그 다음에 오는 숫자는 앞에 두 가지 수를 더하면서 만들어진다. 1, 2, 3, 5, 8, 13, 21, 34, 55, 89, 144…….

그런데 피보나치는 여기서 신기한 법칙을 발견한다. 뒤에 오는 수를 앞의 수로 나누게 되면 1.618(예를 들어 89÷55)이란 비율이 나온다는 것이다. 그리고 앞의 수를 뒤에 오는 수로 나누게 되면 0.618(예를 들어 89÷144)이다. 물론 뒤로 갈수록, 숫자가 커질수록 이 비율은 정확하게 일치한다.

그래서 피보나치는 61.8퍼센트라는 숫자에 주목하게 된다. 그리고 1에서 0.618을 뺀 38.2퍼센트를 생각하게 된다. 그리고 여기에 50퍼센트를 하나 추가하면 된다. 즉 상승폭 대비해서 하락의 폭이 38.2퍼센트, 50퍼센트, 61.8퍼센트인 것을 계산하면 예측값이 나온다는 것이다.

[표 3-50] 피보나치 수열을 응용한 주가 상승시 조정의 예상폭

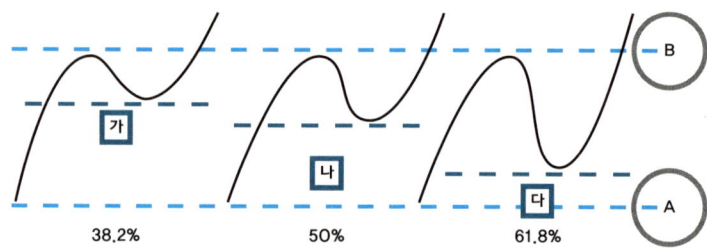

즉 A에서 B까지의 지수 상승폭이 100이라고 가정하면, 첫 번째 38.2퍼센트의 되돌림을 주는 조정의 하단은 100−38.2＝61.8포인트(가)가 되고, 두 번째 50퍼센트의 되돌림을 주는 곳은 100−50＝50포인트(나)가 되고, 세 번째 61.8퍼센트의 되돌림을 주는 곳은 100−61.8＝38.2포인트(다)가 되는 것이다. 상승의 힘으로 따지면 물론 가 – 나 – 다순으로 상승의 힘이 약해진다. 조정을 적게 받는 쪽이 그만큼 주가 상승의 힘이 강하다고 생각하면 된다.

어쨌거나 우리는 이런 값을 활용해서 일차 상승(A~B 구간) 이후 추가적인 매수를 생각하는 매수 포인트(눌림목)를 찾게 되는 것이다. 주가가 추가적으로 상승할 경우 가, 나, 다의 지점이 일시적 하락을 통한 눌림목이 된다. 반대로 주가가 하락할 경우에는 이와 정반대이다.

[표 3－51] 피보나치 수열을 응용한 주가 하락시 반등의 예상폭

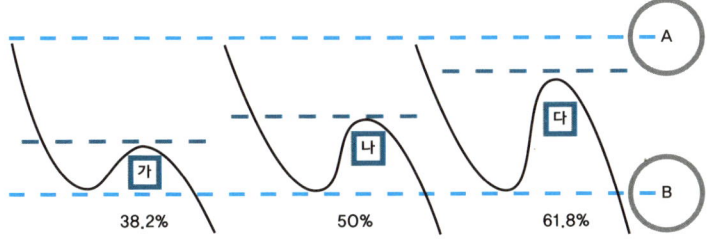

주가가 A에서 B까지 200에서 100으로 폭락했을 경우에 예상되는 반등폭을 계산하면 먼저 38.2퍼센트의 상승을 보이는 (가)지점은 (200−100)×38.2퍼센트＝38.2이다. 여기에 100을 더하면 138.2포인트가 나온다. 나머지도 이런 식으로 계산하면 (나) 150포인트, (다)는 161.8포인트가 된다. 따라서 주가 폭락이 있을 경우 공포에 질려서 바닥에 팔기보다는, 하락 뒤에 오는 일시적 반등을 계산해서 최소한 (가)지점의 반등이 올 때 팔면 되는 것이다. 이것을 일시적 반등을 통한 매도 포인트라고 한다.

이것을 이용해서 2011년 8월 미국 재정위기와 유럽 재정위기로 촉발된 증시 폭락의 반등 예상치를 구해보면 다음과 같다(표 3-52는 일봉 차트임).

2011년 8월 1일자 고가 : 2,173포인트(A 지점)

2011년 8월 9일자 저가 : 1,684포인트(B 지점)

고가 − 저가 = 2,173 − 1,684 = 489포인트

따라서 (가)에 해당하는 반등폭은 489×38.2퍼센트＝187포인트. 따라서 1,684＋187＝1,871포인트가 반등 목표치가 된다. (나)에 해당하는 반등폭은 489×50퍼센트＝244포인트. 따라서 1,684＋244＝1,928 포인트가 반등 목표치가 된다. (다)에 해당하는 반등폭은 489×61.8퍼센트＝302포인트. 따라서 1,684＋302＝1,986포인트가 반등 목표치가 되는 것이다.

[표 3−52] 피보나치 수열을 응용한 2011년 8월 주가 하락시 반등의 예상폭 − 2011년 KOSPI 일봉

그렇다면 실제로 첫 반등 결과는 몇 포인트까지 나왔을까?

8월 17일 고가인 1,906포인트(종가는 1,892포인트)가 첫 반등 목표치였다. 38.2퍼센트의 되돌림과 거의 비슷한 수치라고 할 수 있다. 그렇다면 최소치인 (가)지점의 목표 반등치인 1,871포인트를 잡고 매도한 사람들은 그나마 폭락장에서 손실을 최소화할 수 있었을 것이다.

 엘리어트 파동과 추세 분석

엘리어트 파동 이론은 주가는 상승 5파동과 하락 3파동을 거치며 끊임없이 순환한다는 이론으로, 1939년 미국의 회계사인 랄프 날슨 엘리어트가 발표했다. 또한 한 개의 큰 파동 안에는 작은 5파동 또는 3파동이 존재한다는 이론이다. 이런 파동을 그래프로 표현하면 표 3-53과 같다. 큰 사이클인 주순환파(1-2-3-4-5-A-B-C)의 8개 파동은 보통 3년 정도 소요된다고 설명했는데, 각각의 파동에 대해 간단히 설명하면 다음과 같다.

－ **1파동** : 최초의 상승파로 파동의 기초가 된다. 이 상승파의 크기를 측정하여 피보나치 수열을 활용해 나머지 파동들의 예상치를 적용한다.

- **2파동** : 최초의 하락파로 1파동의 상승치의 38.2퍼센트 또는 61.8퍼센트의 하락을 보인다. 만약 2파동의 끝자락이 1파동 시작의 이하로 내려간다면 이론은 성립하지 않는다.

- **3파동** : 상승파 중에 가장 길게 강력한 파동으로 1파동의 1.618배의 상승을 보인다. 이 파동의 초기에 매수하는 것이 수익을 내는 데 가장 바람직하며, 3파동에서 가장 많은 거래량을 보인다. 1, 3, 5파의 상승파 중에 3파가 가장 짧다면 이론은 성립하지 않는다.

- **4파동** : 3번 파동의 상승폭에 38.2퍼센트의 하락이 예상되는 파동이다. 이 하락파 역시 2파동과 마찬가지로 1파동의 고점 이하로 하락한다면 이론은 성립하지 않는다.

- **5파동** : 마지막 상승파로 이로써 상승장이 마무리된다. 3번 파동의 61.8퍼센트 수준으로 상승하거나 또는 1파동과 비슷한 크기로 상승한다. 거래량 또한 3파동에 비해서 적게 형성되므로 5파동의 마무리 시점에서 매도를 생각하는 것이 바람직하다.

- **A파동** : 하락장의 첫 파동으로 1에서 5파동까지의 작은 파동이 21개가 넘는다면 A파동이 시작되었다고 봐도 무방하다. A파의 크기는 하락이 마무리되어야 그 크기를 알 수 있다.

- **B파동** : A파 하락에 따른 기술적인 반등이라 보면 된다. A파 하락의 38.2퍼센트 반등이 대부분이며, 최대가 61.8퍼센트의 반등이므로 하락이 분명할 경우 욕심 부리지 말고 반등시 매도하여

야 한다.

– **C파동** : 하락파 중에 가장 깊은 파동으로 A파와 같거나 약간
더 길다.

엘리어트 파동 이론이 아직까지도 많은 기술적 분석에 유용하
게 쓰이고 있는 지표임에는 틀림없지만 첫 번째, 파동의 시작과
끝을 규정하기가 모호하고, 두 번째, 파동의 전환점을 파악하기
가 어렵다(파동의 연장인지 끝인지 구분이 모호함). 이렇게 엘리어트
파동 이론의 적용시에 두 가지 한계점을 가지고 있기 때문에 추세
를 파악하는 도구로만 활용하는 것이 바람직하다.

[표 3 – 53] 엘리어트 '파동의 기초', 1940년

📷 주추세를 판단하는 30주 이동평균선(30MA)

  필자는 추세를 판단하는 가장 좋은 방법은 30주 이동평균선을 확인하는 방법이라고 생각한다. 왜냐하면 전업 투자자도 아닌 우리가 엘리어트 파동을 계산하기도 쉽지 않고, 추세를 파악하기엔 어디가 상승의 끝이고 어디가 하락의 시작인지 겪어봐야 아는 경우가 허다하기 때문이다.

  그래서 무엇보다 주봉상 30주 이동평균선을 확인해서 주가의 추세를 볼 수 있어야 한다. 이것을 기초로 투자를 할지 말지 정해야 한다. 만약 30주 이동평균선이 상승하고 있다면 이것은 투자를 해도 좋다는 신호이고, 30주 이동평균선이 하락하고 있다면 이것은 투자를 하지 말아야 한다는 신호이다. 그러므로 가장 좋은 매수 포인트는 다음과 같다.

  30주 이동평균선이 하락에서 상승으로 확실하게 방향을 전환하고 그 시점을 전후해서 거래량이 평소보다 급증한다면 이것은 바닥인 가능성이 상당히 높다. 반대로 30주 이동평균선이 상승에서 하락으로 확실하게 방향을 전환하고 그 시점을 전후해서 거래량이 평소보다 급증한다면 이것은 천장인 가능성이 높다고 할 수 있다. 구체적인 사례는 표 3-54를 보고 판단해보기로 하자.

  표 3-54는 삼성전자의 주봉으로 파란색(─) 선인 30주 이동평균선을 살펴보게 되면, 2009년 3월을 전후로 추세가 바뀌고 있다.

점선을 전후로 할 때 이전에는 하락 추세이고 이후로는 상승 추세
가 계속되고 있다.

그렇다면 상승 전환의 확실한 신호는 무엇일까? 파란색의 30
주 이동평균선이 바닥을 찍고 상승을 준비하는 모양으로 돌아서
고(U자형 바닥), 무엇보다 30주 이동평균선 위로 주봉이 그려지면
상승이 전환된 것으로 보면 된다. 그런데 여기서도 중요한 것은
바로 거래량이다. A점에서 거래량이 동반되면서 30주 이동평균
선을 뚫고 주가가 올라서면 더욱 확실한 신호가 되고, 한 번의 조
정을 거친 B점에서 거래량이 다시 늘면서 주가가 상승한다면 이
는 확실한 바닥이라고 보아도 무방하다.

[표 3-54] 삼성전자의 30주 이동평균선과 추세 분석

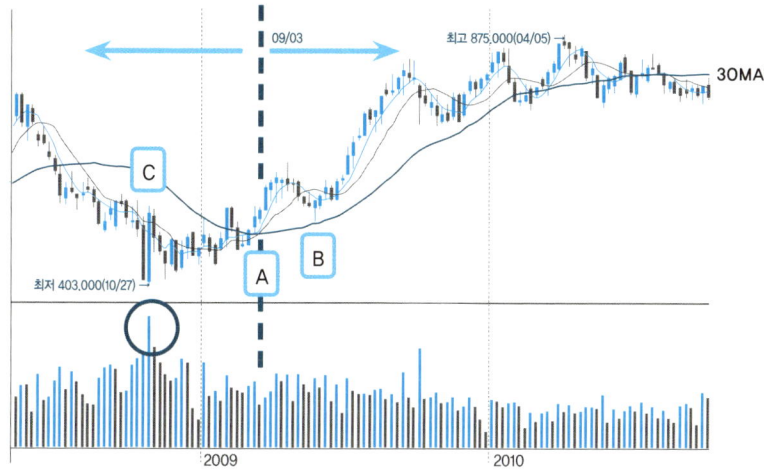

다만, 표 3-54에서는 A와 B시점에 거래량은 확연하게 늘지는 않았지만 이전에 403,000원의 바닥을 확정짓는 C시점에서 브레이크를 걸어주는 확실한 거래량이 나왔으므로 바닥이라고 생각해도 틀리지 않는 것이다. 물론 바닥을 나타내는 브레이크의 거래량이 바닥에서 나와주고, 30주 이동평균선으로 주가가 올라서는 장대양봉이 나올 때 거래량이 두 번(A, B) 뒷받침되어 주는 것은 바닥을 나타내주는 금상첨화의 신호라고 할 수 있다.

또 다른 사례 하이닉스 전자를 살펴보자. 대형 거래량이 터진 네 번의 시점을 차례로 1, 2, 3, 4라고 하면 1, 2에서는 바닥을 잡아주는 브레이크 역할의 대형 거래량이 두 번 터지고, 30주 이동평균선으로 주가가 올라서는 3시점에서도 대형 거래량에 의해 주가가 크게 상승한다.

[표 3-55] 하이닉스의 30주 이동평균선과 추세 분석

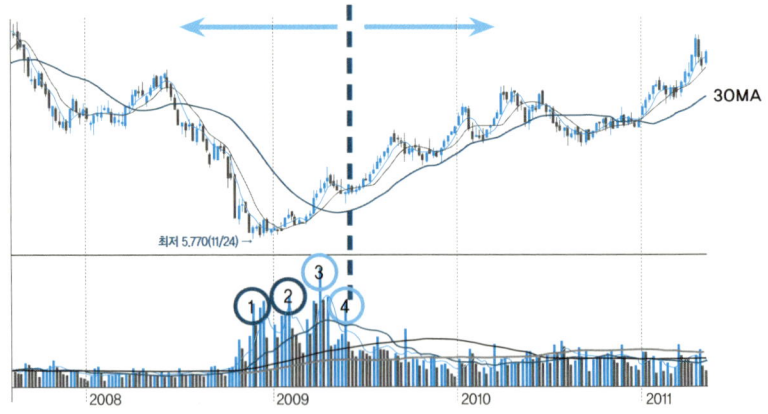

그리고 4시점(눌림목)에서 다시 한 번 대형 거래량이 터져서 주가가 확실히 바닥권을 탈피하고 상승할 것을 보여주고 있다. 이런 경우의 매수 급소는 마찬가지로 30주 이동평균선을 돌파하는 3시점과 30주 이동평균선을 뚫고 조정 후 30주 이동평균선에 안착하는 4시점이 매수 급소이다. 2009년 3월 3시점에서 1만 원을 뚫은 하이닉스 주가는 2011년 4월 2년 만에 3만 6천 원까지 올라서게 된다. 무려 3배 이상의 상승을 보인 것이다.

[표 3 - 56] 아시아나 항공의 30주 이동평균선과 추세 분석

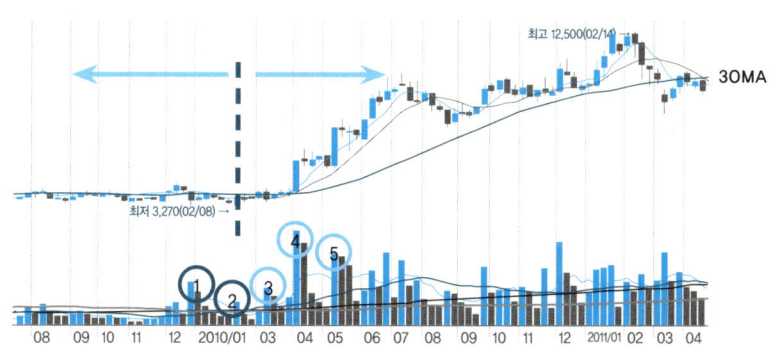

   앞선 두 경우보다 더 이상적인 것이 아시아나 항공의 경우이다. 아시아나 항공은 주가가 상승하기 전에 1년 반이라는 오랜 기간 동안 30주 이동평균선이 평평하게 바닥을 다졌다. 본격적인 상승은 2010년 4월부터 나오게 되는데 4시점에서 엄청난 거래량이 동반되면서 장대양봉이 나온 것을 볼 수 있다.

물론 그전에도 상승을 준비하는 3번의 대형 거래가 있었다. 한 차례 상승 후 조정을 받는 눌림목인 5지점에서는 또 한 번의 대형 거래가 동반이 되었는데, 30주 이동평균선과의 주봉과의 이격도가 상당히 벌어진 것으로 보아 주가의 상승이 상당히 클 것을 예상할 수 있다. 아니나 다를까 삼성전자가 바닥에서 2배의 상승을 보이고 하이닉스가 바닥에서 3배의 상승을 보인 반면, 아시아나항공은 바닥에서 4배의 상승을 보였다.

다시 한 번 정리하면 다음과 같다. 30주 이동평균선이 바닥을 다지고 우상향으로 돌아서는 상태에서 양봉으로 30주 이동평균선을 뚫고 올라서고 장시간(보통 4~5주) 조정을 보인 후 다시 양봉으로 올라서는 패턴을 찾아야 한다. 물론 양봉이 나올 때는 거래량이 많이 실린 장대양봉이면 신뢰도는 더욱 커진다.

[표 3-57] 가장 이상적인 추세 전환 패턴 : 30주 이동평균선 돌파

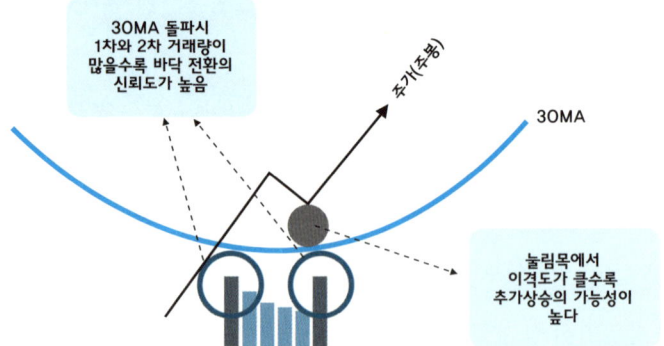

추세는 유리관 속에서 움직인다

추세는 위에서 얘기한 바와 같이 30주 이동평균선으로 확인할 수도 있고, 또한 주봉의 상단과 하단을 이어서 파악할 수도 있다. 필자는 주가의 상단과 하단을 이은 추세를 유리관에 비유한다. 유리관의 상단을 자주 부딪히다 보면 상단의 유리는 깨어질 것이고, 유리관의 하단을 자주 부딪히다 보면 하단의 유리가 깨어질 것이다.

그런데 유리관의 상단이든 하단이든 부딪힐 때 또 한 가지 중요한 것은 얼마의 힘이 주어지느냐 하는 문제이다. 이것만 이해하면 추세와 추세 전환을 이해할 수 있다.

[표 3 – 58] 아시아나 항공 유리관에 의한 추세 분석

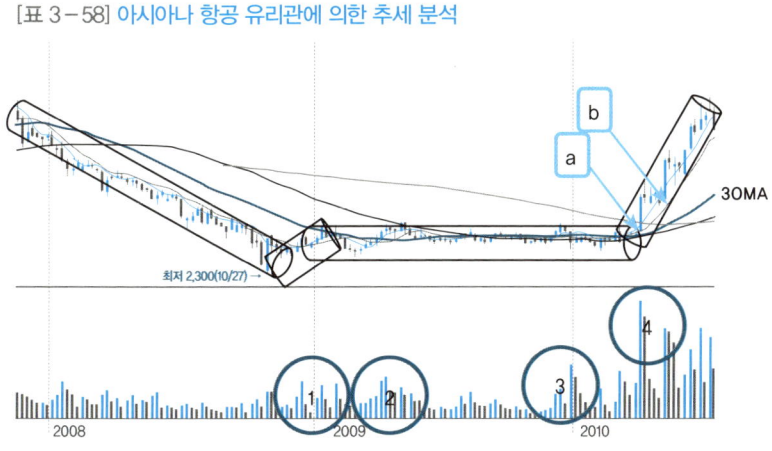

각각의 차트의 상단을 이어보고 각각의 차트의 하단을 이어보자. 물론 차트의 상단의 기울기와 하단의 기울기는 같아야 한다. 추세가 보이는가? 그렇다면 표 3-58을 보면서 분석해보자.

아시아나 항공의 추세는 2007년 하반기부터 유리관을 따라 지속적으로 하락한다. 그런데 2,300원을 최저가로 거래량이 한 번 터지고 바닥을 다지고, 1번 지점에서 추세를 바꾸는 3번의 대형 거래가 터진다. 그리고 추세를 바꿔버린다. 그런데 추가 상승에 필요한 장대양봉과 많은 거래량은 실리지 못하고 2009년도는 지속적인 박스권을 유지하게 된다.

그런데 2번과 3번 지점에서 상승시 대형 거래가 실린다. 이것은 유리관 상단이 깨질 수 있다는 신호이고 꾸준한 매집을 통해서 주가가 상승할 수 있다는 신호인 것이다. 역시나 2010년 4번의 엄청난 거래량과 장대양봉이 터지면서 박스권을 유지하던 보합세 유리관은 깨지고 새로운 추세가 형성된다. 드디어 2년 만에 주가가 상승세로 전환이 이뤄진 것이다.

한 가지 알아둬야 할 것은 보합 기간이 길어질수록 추후 추세 전환이 이뤄질 때 상승의 폭과 힘이 더 커질 개연성이 높다. 지루한 박스권이 지속되면 대부분의 개인 투자자들은 견디지 못하고 주식을 매도하기가 쉬우며, 이렇게 개인 투자자가 떠난 종목은 기관 투자자나 외국인들의 지속적인 매입 후 주가가 상승할 때 더 가볍게 상승할 수 있기 때문이다.

주가를 버스에 비유해보자. 주가가 오랜 기간 동안 목표지점까지 상승하지 못하고 평지에 계속 머무르게 되면 버스에 탄 개인투자자들은 도중 하차할 개연성이 높아지고, 개인 투자자가 모두 내려서 가벼워진 버스는 추후에 손쉽게 정상을 향해 올라갈 수 있는 것이다. 우리가 하락 기간을 A, 보합 기간은 B, 상승 기간을 C라고 하면 다음과 같이 매매에 대한 원칙을 정리할 수 있다.

[표 3 – 59] 추세와 매매에 대한 원칙

구간	주가의 위치와 30주 이동평균선	매수 여부	주요 관찰 포인트
A 하락 추세	30MA 하단	매수 금지	바닥권에서 추세를 멈추는 대형 브레이크 거래량 출현.
B 보합 추세	30MA 근방	중립적 매수 (박스권 하단 매수)	박스권 상단에 닿을 때 출현하는 대형 거래량은 향후 주가 상승을 암시.
C 상승 추세	30MA 상단	A, B에서 분할 매수	최초 상승시 거래량과 장대 양봉을 동반하는지 여부, 조정 후 2번째 상승시 30MA와 주가의 이격도가 클수록 향후 추가 상승폭이 크다.

 ## 유리관을 망치로 두들기면 깨지기 마련이다

추세를 유리관에 비유한다면 추세를 두드리는 망치는 추세의 상단과 하단에 닿을 때 발생하는 힘이라고 생각하면 된다. 상단을 많이 두드리면 상단의 유리관이 깨질 것이고, 하단을 많이 두드리면 하단의 유리관이 깨질 것이다. 그런데 그 힘의 크기를 우리는 거래량이라고 정의하면 된다. 얼마나 자주 상단과 하단을 두드리냐도 중요하지만, 한 번 두드릴 때 얼만큼의 힘이 가해지냐에 따라 유리관이 깨지느냐 안 깨지느냐가 결정될 것이다.

상단을 자주 두드릴 때마다 거래량 또한 평소보다 더 실려준다면 이는 추세를 깨고 상승한다는 의미이며, 하단을 자주 두드릴 때마다 거래량 또한 평소보다 더 실려준다면 이는 추세를 깨고 하락한다는 의미이다. 기억하자. 우리는 특히 바닥권에서 추세의 상단을 두드리는 회수가 하단보다 많고 상단을 두드릴 때 힘(거래량)이 더 가해지는 종목을 찾아야 한다.

IV. 8할의 승부를 약속하는
개인 투자법

1 포트폴리오의 힘

be careful!

필자는 지금까지 반복해서 수익률보다 중요한 투자원칙에 대해서 강조했다. 다시 한 번 정리하면, 본격적인 투자를 시작하기 전에 종잣돈을 모아야 하는데, 이때는 안정적인 수단을 선택해야 한다. 직장인이나 자영업자들은 인고의 시간이 없이는 큰 돈을 만지기가 쉽지 않다. 그리고 종잣돈을 모으기 위해서는 보통 10년 이상의 저축 플랜을 가지고 원금을 늘리면서 복리와 비과세의 혜택을 충분히 활용해야 한다. 목돈을 모을 때에는 무엇보다 원금을 잃지 않는 것이 가장 중요하다. 이 모든 준비가 끝났다면 이제 포트폴리오의 힘을 활용하면 된다.

포트폴리오란 무엇인가?

첫째, 나의 종잣돈을 부동산, 주식, 현물, 채권 등 어느 섹터에 투자할 것인지 결정하는 것이다.

둘째, 남이 대신 자산을 운용해주는 간접투자를 선택할 것인지, 아니면 내가 직접 운용하는 직접투자를 선택할 것인지 결정하는 것이다. 또 주식 투자를 할 경우 주식형 펀드를 할 것인지, 아니면 자신이 선택한 유망 종목에 투자할 것인지 선택하는 것이다.

셋째, 대상을 선택했다면 어떤 업종과 종목에 투자할지 결정하는 것이다. 만약에 종잣돈의 30퍼센트를 주식에 투자하기로 결정했다면 어떤 업종과 종목에 투자할지 결정하는 것이다.

마지막으로 넷째, 투자할 업종과 종목이 결정되었다면 언제 사서 언제 팔 것인지를 결정해야 한다.

이렇게 투자할 자산의 섹터를 정하고, 투자방식(직접 혹은 간접)을 정하고, 업종과 종목을 정하고, 언제 사서 언제 팔지 결정하는 모든 것을 포트폴리오의 구성이라고 한다.

 포트폴리오의 핵심은 비중과 종목 수

포트폴리오의 개념을 조금 좁혀서, 주식 투자 내에서 종목을 몇 개 선택하고, 비중을 얼마나 가져갈 것인가 하는 문제에 집중해보면 다음과 같은 사실을 발견할 수 있다.

　개인 투자자 김한규 씨는 아래와 같이 1억 원으로 포트폴리오를 구성해서 투자하고 있다. 종목별 투자 금액의 수익률은 1년 후 아래와 같았다. 안타깝게도 김한규 씨는 2008년 금융위기가 터지기 직전에 개인 투자를 시작했다.

[표 4-1] 김한규 씨의 포트폴리오 구성

구분	경기민감주	경기방어주	테마주	현금
투자 금액	5천	2천	1천	2천
1년 후 수익률	-30%	-10%	-50%	5%

　이 경우 김한규 씨의 원금은 얼마가 되었을까? 수수료 및 세금을 제외하고 계산하면 다음과 같다.

```
1) 경기민감주    3천 5백만 원
2) 경기방어주    1천 8백만 원
3) 테마주          5백만 원
4) 현금          2천 10만 원
─────────────────────────────
합계액          7천 810만 원 (총수익률 -21.9%)
```

　만약에 김한규 씨가 테마주가 좋다는 지인의 얘기에 1억 원을 전부 투자했다면 지금 그의 계좌는 5천만 원일 것이고, 또 주식시장이 좋지 않을 것이라는 예상을 하고 전부 현금으로 예금에 넣었다면 지금 그의 계좌는 1억 500만 원이 되었을 것이다(편의상 연이율 5퍼센트 가정, 이자소득세는 없다고 가정).

이것이 바로 포트폴리오의 힘이다. 어떤 종목을 선택할 때 한 종목에 집중해서 투자하는 것이 아니라, 앞에서 배운 대로 위험 자산인 주식 중에 경기민감주와 경기방어주, 그리고 테마주나 현금에 비중을 나눠서 투자하는 것이다.

따라서 포트폴리오는 몇 개의 종목을 선택할 것인지, 그리고 얼마의 비중으로 나누어 투자할 것인지가 핵심이다. 필자는 개인 투자자들에게 3개 이하의 종목에서 매매할 것을 권한다. 생업이 있는 개인 투자자는 종목이 많을수록 포트폴리오 관리가 어렵기 때문에 현금 보유까지 고려하면 총 4개의 종목을 선택하는 것이 좋다. 그리고 비중은 경기가 좋고 주식시장이 활황일 때는 경기민감주와 테마주에 투자하고, 반대로 경기가 침체되고 주식시장이 안 좋을 때는 현금 비중을 늘리고 경기방어주로 포트폴리오를 조정하는 것이 좋다.

이를 위해 우리는 앞에서 주식시장의 흐름을 알 수 있는 변수들(금리, 환율, 시장PER) 등에 대해서 공부한 것이다.

[표 4−2] 경기민감주 vs 경기방어주

구분	경기민감주(경기수혜주)	경기방어주(경기둔감주)
정의	경기가 변동할 때 실적에 큰 영향을 받는 주식	경기의 변동에 둔감하여 실적에 큰 영향을 받지 않는 주식
이유	경기 위축으로 소비가 위축되기 때문에 이는 기업의 실적에 영향을 미침.	경기 위축에 크게 상관없는 필수 소비재는 불경기에도 꾸준한 소비로 기업 실적에 영향이 적음.
주요업종	자동차, 철강, 항공, 운수, 석유화학, 건설, 정보기술(IT), 반도체, 제지 등	공공재 : 전기, 가스, 철도, 통신 생필품 : 음식료, 주류, 의약품 통신, 게임, 인터넷 포털

어느 섹터에 투자할 것인가?

제3장에서 주식시장의 흐름을 읽는 여러 가지 기법들에 대해서 정리를 했지만, 그래도 돈의 흐름을 결정하는 것의 핵심은 금리이다. 그러므로 금리에 따라서 투자 섹터를 정하는 것이 가장 바람직하다는 것이 필자의 생각이다.

앞에서 필자는 기준금리와 주가는 약간 시차가 있을 뿐 거의 비슷하게 움직인다고 피력한 바 있다. 그러므로 대부분의 투자 선택은 금리를 따라해도 무리가 없다. 다만 시장금리보다는 한국은행에서 매월 발표하는 기준금리를 지표로 삼으면 된다. 만약에 기준금리가 저점 수준이 지속된다면 주식 투자를, 금리가 저점에서 상승세로 전환될 때는 부동산 투자를, 기준금리가 최고점 수준이라면 채권에, 기준금리가 고점을 찍고 하락 추세라면 현물이나 현금(예금)에 투자하는 것이 현명한 선택이다. 다만 여기서 부동산이나 채권, 현물시장 등에 자세히 다룰 수는 없으므로 우리는 주식 투자 시기만 잘 조명하면 된다.

몇 일, 몇 주 투자를 하는 단기 투자자가 아니라면 주식 투자는 기준금리가 저점이 계속되고, 경기가 바닥이며, 또 아무도 주식 투자에 대해 긍정적 견해를 보이지 않을 때 투자하는 것이 정답이다.

그래서 개인 투자자는 한참을 달리는 말에 올라타는 것보다 말이 달릴 준비를 하고 있을 때 올라타야 한다. 그리고 자신의 투자를 믿고 기다려야 한다. 이것이 가장 중요하다.

 간접투자냐, 직접투자냐?

앞에서 위험자산에 투자하는 비중을 나이에 따라서 '100 – 자신의 나이'로 하면 된다고 말했다. 그렇다면 간접투자 대 직접투자 비율은 어떻게 선정하는 것이 좋을까? 그것은 나이에 달린 것이 아니고 개인의 투자 성향과 관련이 있다. 좀처럼 시장 흐름에 민감하지 못하고 투자에 문외한이라면 펀드 같은 간접투자 상품에 100퍼센트 투자해야 하고, 본인이 직접투자를 잘한다면 100퍼센트 직접투자를 하는 게 맞다.

그렇다면 그에 따른 측정은 어떻게 해야 하는 것이 옳을까? 필자가 권하는 방법은 다음과 같다.

초보 투자자라면 자신의 나이와 같은 비율로 직접투자를 선택하는 것이 무난하다고 생각한다. 만약에 30대 직장인이라면 직접투자 30 대 간접투자 70을 선택하는 것이 좋다.

그리고 최소 2년이 지난 시점에 간접투자의 수익률과 직접투자의 수익률을 비교해보고 다시 결정하는 것이 좋다. 손실이든 수익이든 자신이 간접투자한 것보다 성과가 좋지 못하다면 굳이 직접투자를 선택할 이유가 없다. 만약 자신이 직접투자한 수익률이 5퍼센트이고, 간접투자한 수익률이 20퍼센트라고 하면 직접투자 비중을 줄이면 된다. 이것을 간단하게 도식화한다면 다음과 같다.

[표 4-3] **개인 투자자의 투자 선택 요령**

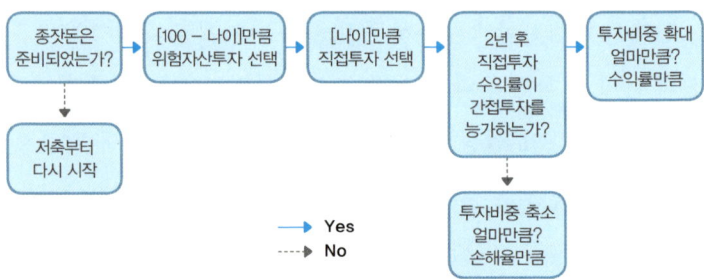

여기서 한 가지 주의할 점은 직접투자시 투자 기간은 최소 2년, 권장 3년이다. 그리고 나이가 많아질수록 직접투자 비중을 늘리고, 더 과감히 직접투자를 권하는 이유는 '100 – 나이'에서 이미 주식 같은 위험자산에 대한 투자 비중이 적어지기 때문에 간접투자보다 초과 수익을 낼 수 있는 직접투자가 더 낫다는 판단에서이다.

예를 들어 60대가 투자를 한다면 '100 – 나이'라는 공식에 적용해서 '100 – 60', 즉 위험자산에 40퍼센트를 투자해야 한다는 결론에 이른다. 이 위험자산 중에서 60퍼센트는 직접투자를 하고, 나머지 40퍼센트는 간접투자를 선택하면 된다. 60대 정도의 나이면 이미 생업에서 은퇴하였을 확률도 높으므로, 생업이 있는 젊은 투자자보다 개인 투자에 할애할 시간이 많이 생기는 것도 직접투자를 권하는 이유 중 하나이다.

8할 승부를 약속하는 종목 발굴법

 어떤 종목에 투자할 것인가?
: 종목 중심 접근법 – Bottom up 방식

이제부터 제일 중요한 종목에 대해서 본격적으로 살펴보기로 하자. 우리가 앞에서 이야기한 '기본적 분석에 의거한 기술적 분석'을 적용해보면 된다. 쉽게 말하면 현재 주가 대비 저평가된 가치주를 발굴하고, 기술적 지표를 점검해서 바닥권을 탈피할 때 그 종목을 매수하는 것이다.

이제부터 우리는 종목을 고를 것이다. 이 한 가지를 제대로 하기 위해서 앞에서 여러 가지를 공부한 것이다. 종목을 고르는 데는 크게 보면 두 가지 방법이 있는데, 어떤 것을 선택해도 무방하다. 첫 번째는 종목 중심의 접근법(Bottom up 방식)이고, 두 번째는 업종 중심의 접근법(Top down 방식)이다. 먼저 종목 중심의 접근법을 살펴보기로 하자.

종목 중심의 접근법은 먼저 종목을 고르고, 고른 종목에서 바닥권에서 탈피하는 유형을 찾아서 투자하는 방법이다. 필자가 가장 선호하고 가장 수익이 많이 나는 패턴이다. 일단 먼저 기본적 분석에 대한 자료를 찾아야 하는데, 다음과 같이 하면 아주 쉽게 자료를 찾을 수 있다. 몇몇 유료 사이트도 있지만 일단 무료로 기업정보가 제공되는 http://comp.fnguide.com로 접속하면 된다.

접속하면 위와 같은 화면이 보이는데, 여기서 상단에 있는 Ranking 분석 - 지표별 순위로 들어가면 된다.

No.	종목명	시장	부채비율	유보율	매출액 증가율	EPS 증가율	ROA	ROE	EPS (원)
1	KTB투자증권	유	221	38	3,956.25	흑전	2.51	6.68	439.
2	대성합동지주	유	24	4,993	907.64	122.66	0.98	1.19	2,903.
3	하나금융지주	유	28	974	483.15	-91.50	1.20	1.52	773.
4	아이씨디	코	60	2,214	303.56	716.34	26.90	50.94	2,058.
5	일진디스플	유	102	563	184.74	158.65	18.81	43.17	1,152.
6	동부CNI	유	177	491	167.40	적자	-0.68	-1.72	-500.
7	현대그린푸드	유	29	2,409	101.29	62.99	3.19	7.86	901.
8	대성산업	유	224	2,328	101.08	적전	-2.69	-8.56	-11,226.
9	웅진에너지	유	131	932	95.44	-60.16	3.59	6.97	347.
10	국제엘렉트릭	코	47	1,236	83.39	168.50	19.07	29.49	1,760.

그러면 이렇게 순위별로 정리된 화면이 보인다. 구체적으로 설정은 다음과 같이 하면 된다. 전체—개별(또는 연결재무제표)—PER(본인이 생각하는 핵심지표)—오름차순(지표에 따라 내림차순)으로 설정하고 search 버튼을 누른다. 그리고 엑셀 다운로드 버튼을 누른다.

그러면 다음과 같은 엑셀 화면을 다운받을 수 있다. 그리고 엑셀에 필터를 걸면 다음과 같은 화면이 생긴다.

이제부터 본격적인 종목 발굴에 들어갈 차례이다. 엑셀 맨 끝에 [ROE/(PER+PBR)] 을 만들고 수식을 걸어준다. 그리고 내림차순으로 정리한다.

그렇게 정리하면 아래와 같은 화면이 생성된다. 우리는 여기서 ROE를 PER+PBR로 나눈 값으로 정리한 값이 3 이상 되는 종목을 찾으면 된다. 일단 ROE를 PER와 PBR을 더한 값으로 나눈 이유는 다음과 같다.

ROE는 자기자본 대비 영업이익률을 나타내는 대표적 지표이고, PER와 PBR은 회사의 이익창출가치와 자산가치 대비 주가를 반영하는 지표이다. ROE는 클수록 좋고, PER과 PBR은 작을수록 좋다. 그래서 이렇게 나눈 지표로 종목을 발굴하는 것이다.

그리고 다음 두 가지 조건을 추가해서 필터를 걸어준다.

첫째, 부채 비율이 100퍼센트 이하인 종목을 선택한다.
둘째, 매출액 증가율이 마이너스인 종목을 배제한다.

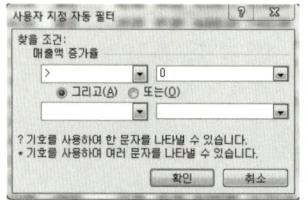
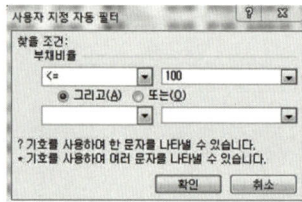

[표 4-4] 2012년 2월 24일 기준 종목 발굴

	A	B	D	E	F	G	H	I	J	K	L	M	N	O	Q
1	No	기업명	시장	부채비율	유보율	매출액증가율	EPS증가율	ROA	ROE	EPS(원)	BPS(원)	PER	PBR	EV/EBITDA	ROE/(PER+PBR)
523	2	원익	코스닥	93.72	1267.3	20.68	흑전	42.46	95.02	4,136.73	6,380.04	1.00	0.65	26.69	57.6
524	3	코스모신소재	유가증권시장	94.27	48.28	41.64	흑전	35.05	97.85	4,920.20	7,411.09	1.20	0.80	10.19	48.9
527	5	삼아제약	코스닥	26.2	1506.6	3.10	522.58	18.31	24.15	3,426.37	15,974.08	1.65	0.35	4.74	12.1
530	7	솔밀	코스닥	33.26	2759.8	11.39	343.56	17.04	23.35	2,955.55	15,568.56	2.07	0.39	2.84	9.5
531	24	인지디스플레	코스닥	83.97	375.82	36.02	282.03	18.56	36.96	737.89	2,375.45	3.32	1.03	5.65	8.5
536	10	한국공항	유가증권시장	44.72	1589.3	15.10	흑전	15.40	22.76	17,916.34	81,838.78	2.55	0.56	5.01	7.3
537	16	C&S자산관리	코스닥	29.33	67.73	2.88	190.73	18.58	22.76	1,074.41	4,193.30	3.05	0.78	7.77	7.3
541	33	시공테크	코스닥	51.18	602.34	38.76	2,669.17	19.89	30.27	865.92	3,491.79	3.60	0.89	5.52	6.7
542	97	에스텍	코스닥	36.15	1347.4	23.55	91.57	27.06	39.95	2,050.68	7,196.44	4.62	1.32	5.25	6.7
544	37	인팩	유가증권시장	59.41	838.77	23.24	99.08	19.12	31.12	1,279.69	4,463.73	3.70	1.06	6.48	6.5
545	42	아트라스BX	코스닥	29.29	2179.3	17.69	19.87	22.79	30.78	6,145.84	22,753.91	3.82	1.03	1.48	6.3
546	37	한일이화	유가증권시장	88.81	1242.1	30.81	28.79	14.80	28.79	1,663.40	6,667.84	3.70	0.92	6.51	6.2
547	11	진도	유가증권시장	95.75	1212.4	43.34	228.57	10.20	20.78	1,234.20	6,560.19	2.83	0.53	4.54	6.2
548	8	코스모화학(*)	유가증권시장	97.79	300.08	12.80	1,295.11	7.93	15.27	2,809.75	19,880.27	2.19	0.31	11.88	6.1
549	25	세우테크	코스닥	13.1	982.12	22.16	59.15	20.79	25.70	1,452.06	5,410.02	3.33	0.89	0.75	6.1
550	21	엔텔스	코스닥	80.57	1302.9	86.71	흑전	14.36	23.20	1,334.33	6,776.35	3.18	0.63	0.33	6.1
553	48	GST	코스닥	50.22	585.7	106.10	256.42	18.57	27.71	762.74	3,388.74	3.97	0.89	2.70	5.7
555	86	한빛방송	코스닥	9.83	255.74	44.81	5.74	28.17	31.41	4,613.17	17,786.94	4.50	1.17	4.52	5.5
556	19	F&F	유가증권시장	30.92	1853.4	11.95	75.12	14.46	20.15	1,785.92	9,767.08	3.11	0.57	2.82	5.5
557	78	CJ제일제당	유가증권시장	74.98	4000.8	3.23	148.26	15.22	29.33	49,782.64	203,753.20	4.36	1.07	11.79	5.4
558	153	하이닉스	유가유권시장	95.11	175.17	59.19	흑전	18.03	38.88	4,485.85	12,911.35	5.35	1.86	3.41	5.4

이제 이렇게 나온 종목들을 차트로 띄어놓고 주봉상에서 다음과 같이 검색하면 된다.

첫째, 주봉상 30주 이동평균선(30MA)이 하락하거나 보합세인 종목을 제외하고 상승 중인 종목을 고른다(반드시 주가는 30MA 위에 위치해야 한다).

둘째, 시가총액이 최소 1,000억 원 이상인 종목을 선택한다.

셋째, 회사의 매출액과 영업 이익이 최근 3년간 꾸준히 증가하는 종목을 고른다(회사의 자본이 꾸준히 늘고 부채가 급격하게 늘어나지 않은 종목인가도 고려해야 한다).

이렇게 나온 종목 중에 코스모화학(005420)의 주봉 차트를 살펴 보면 다음과 같다.

[표 4-5] 2012년 2월 24일 기준 종목 발굴 중 코스모화학 주봉 차트

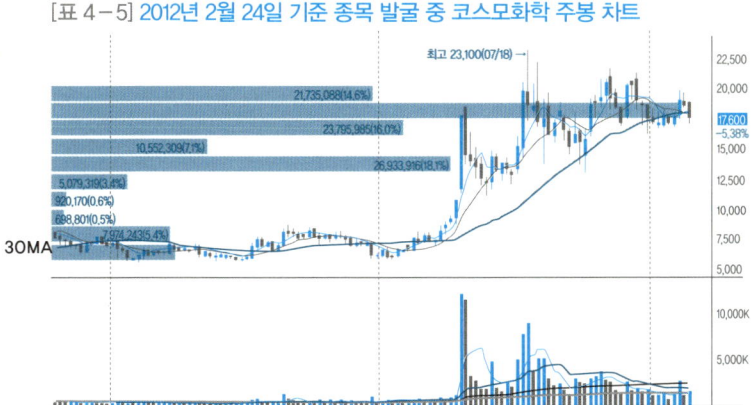

일단 파란색(—)으로 표시되는 주봉 30MA는 현재 우상향으로 상승 중이므로 합격점이다. 그 다음으로 이 종목의 시가총액을 살펴보면 2012년 2월 24일 기준으로 시가총액이 2,279억 원으로 최소 1,000억 원 이상이다(좀 더 공격적인 투자를 위해서는 시가총액 500억 원 이상 종목으로 기준을 낮춰도 되지만 그만큼 리스크가 증대된 다는 것을 명심해야 한다. 그래서 필자는 최소 시가총액 1,000억 원 미 만 종목은 투자 대상에서 제외하는 것이 좋다고 생각한다). 이제 마지 막으로 회사의 매출액과 영업이익이 최근 3년간 꾸준히 증가하 는가를 살펴보면 된다. 이제 다시 http://comp.fnguide.com으로

가서 기업정보에서 재무제표를 클릭하고 종목명을 입력한다.

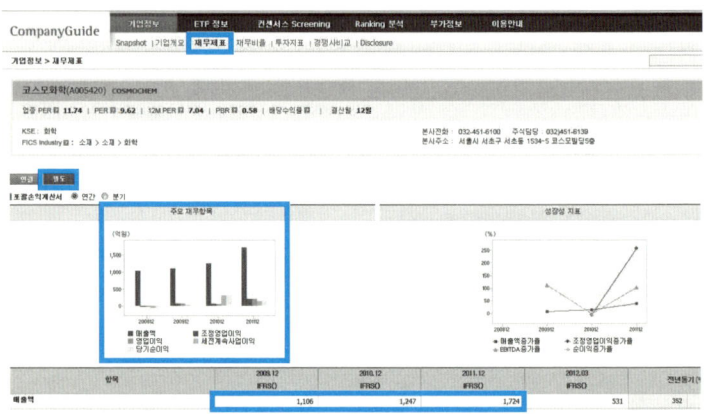

IFRS 기준에 따라 실질지배를 행사하는 종속기업을 제외하고 코스모화학만의 가치를 우선으로 봐야 하므로 별도를 선택하고 매출액 증가 추이를 살펴보자.

[표 4-6] 코스모화학 매출액 증가 추이

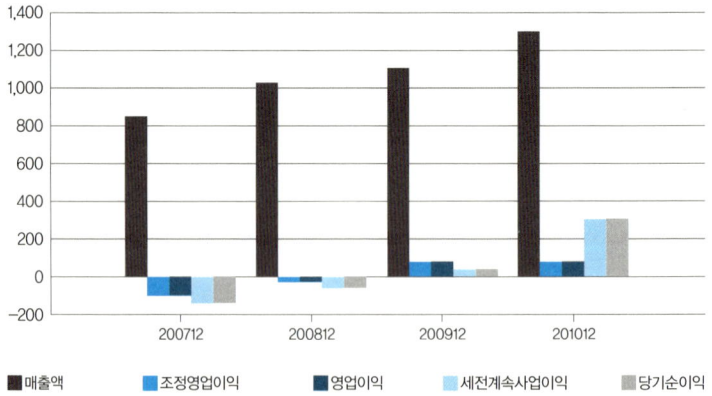

다행히도 이 종목은 매출액이 꾸준히 상승하고 있다(물론 별도로 보고난 후에는 연결재무제표도 다시 한번 확인해야 한다).

두 번째는 영업 이익이 꾸준히 증가하는지 살펴보자.

[표 4-7] 코스모화학 연도별 손익계산서

항목	2008.12 GAAP(개별)	2009.12 IFRS(개별)	2010.12 IFRS(개별)	2011.09 IFRS(개별)	전년동기	(%)
매출액	1,036	1,106	1,247	1,239	904	37.1
매출원가	938	898	997	923	716	28.9
매출 총이익	98	208	250	316	188	68.1
판매비와 관리비	122	143	191	149	131	13.7
조정영업이익	-24	64	59	167	57	193.0
영업이익	-24	64	59	167	57	193.0
EBITDA	85	174	171	257	139	84.9
비영업손익	-34	-42	250	-39	-41	적자지속
세전계속사업손익	-57	22	309	129	16	706.2
법인세비용						
당기순이익(순손실)	-57	22	309	129	16	706.2

영업 이익 또한 흑자 전환 후 꾸준히 증가하고 있다. 마지막으로 자본의 증가 현황과 부채의 증감 현황을 살펴보자.

[표 4 - 8] 코스모화학 연도별 대차대조표

항목	2008.12 GAAP(개별)	2009.12 IFRS(개별)	2010.12 IFRS(개별)	2011.09 IFRS(개별)
비유동자산	3,142	3,144	3,718	4,073
유동자산	404	304	629	964
자산총계	3,546	3,448	4,347	5,037
비유동부채	798	712	986	1,009
유동부채	932	887	1,163	1,576
부채총계	1,730	1,599	2,149	2,585
자본총계	1,816	1,849	2,198	2,452
순운전자본	159	60	107	557
순차입금	807	764	1,059	1,589
투하자본	3,143	3,009	3,188	4,002

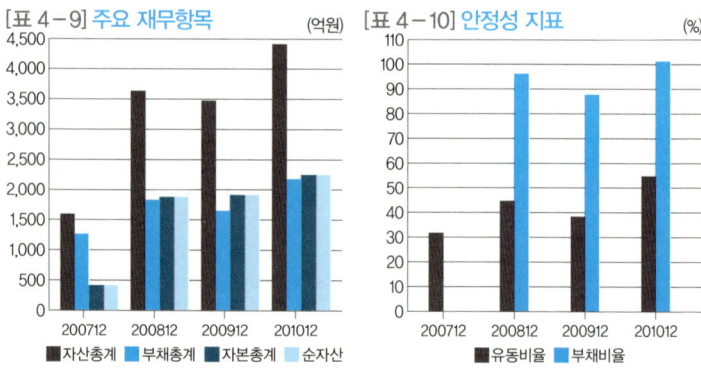

[표 4 - 9] 주요 재무항목 (억원)

[표 4 - 10] 안정성 지표 (%)

　　살펴본 결과 자본은 꾸준히 증가하고 있어 바람직하나 2010년 부터 부채도 꾸준히 증가했다. 그렇다면 이 부채의 성격 또한 살펴보아야 한다. 경영상 압박에 의한 부채가 늘어난 것이라면 위험하지만, 기계 구입 등과 같이 투자 활동으로 인한 부채 증가는 회사의 성장이 계속된다는 신호이기 때문이다. 그리고 우리는 이미 부채 비율 100퍼센트 미만의 우량 기업들만 골라내었기 때문에 추세만 파악하면 된다. 그렇다면 어떻게 자세한 내용을 알 수 있을까? 그에 대한 해답은 현금흐름표를 파악해보면 된다.

[표 4 - 11] 코스모화학 연도별 현금흐름표

항목	2008.12 GAAP(개별)	2009.12 IFRS(개별)	2010.12 IFRS(개별)	2011.09 IFRS(개별)
영업활동현금흐름	-73	199	104	85
당기순이익(손실)	-57	22	309	129
비현금수익비용가감	95	183	-108	162
운전자본증감	-111	37	-56	-167
투자활동현금흐름	26	-48	-639	-445
재무활동현금흐름	44	-144	536	366
기타현금흐름				
순현금흐름	-3	7	2	5
기초현금	3	1	8	9
기말현금	1	8	9	15

위에서 보면 영업 활동 현금 흐름은 늘어나고 있고, 투자 활동 현금 흐름은 2010년부터 마이너스를 보이고 있다. 만약에 영업 활동 현금 흐름도 지속적으로 마이너스를 기록하고 있다면 이 기업은 심각한 문제가 있지만, 투자 활동으로 인하여 일시적으로 부채가 증가한 것으로 본다면 이는 향후 성장을 위한 재투자가 이뤄졌다고 생각할 수 있다. 그렇다면 실제적으로 어디에 투자가 이뤄진 것인지 살펴보아야 한다.

[표 4-12] 코스모화학 현금흐름표 중 투자활동 현금흐름 파악

항목	2008.12 GAAP(개별)	2009.12 IFRS(개별)	2010.12 IFRS(개별)	2011.09 IFRS(개별)
투자활동현금흐름	26	-48	-639	-445
유형자산취득	-41	-59	-242	-432
유형자산처분	58	0	1	1
무형자산증감	-1		-16	-0
금융자산증감	-8	-11	259	8
기타	17	22	-652	-21

　세부 항목을 클릭해보았더니 2010년 유형자산 취득으로 표시된 것이 242억 원, 기타로 표시된 것이 652억 원이다. 우리는 여기서 유형자산 취득보다 3배가량 많은 기타가 무엇인지 찾아보아야 한다. 기사도 검색해보고 공시사항도 찾아보는데 다음과 같은 기사가 눈에 들어온다.

　2011년 11월 12일자 『머니투데이』 기사로 "GS그룹 방계회사인 코스모그룹이 사업다각화에 적극 나서고 있다. 지난해 광디스크 제조업체 새한미디어와 일본 골프용품업체 마루망을 인수하면서 영역을 넓히더니 올해는 독일 명품 스포츠웨어 브랜드인 보그너(BOGNER)와 합작, 패션사업을 강화하고 있다. 최근에는 미국 청소로봇 전문업체 '아이로봇(iRobot)'과 조인트벤처 설립도 추진, 공격적인 행보를 이어가고 있다. 그룹의 유일한 상장사이며 캐시카우 역할을 하는 코스모화학 의존도를 낮추고 새로운 그룹 성장 동력을 찾으려는 의도로 풀이된다.

그러나 갈 길이 순탄치만은 않다. 사업경쟁력을 갖추기 위해 지속적인 투자를 진행해야 하는데 그룹의 자금줄은 점점 마르고 있다. 허경수 회장이 사재를 털어 계열사 지원에 나서는 형편이다. 업체 간 경쟁도 심해 투자한 사업의 성패를 장담하기도 어렵다⋯" 등의 내용이었다.

결과적으로 살펴보면 코스모화학이란 기업은 수익성과 성장성이 높은 기업이지만, 2010년 이후 사업다각화로 인해 스포츠 명품, 전자부품 사업에 눈을 돌려 재무 흐름이 안 좋아졌다고 볼 수 있다. 이런 사업다각화는 두 가지 양면성을 가지고 있는데, 하나는 기업의 수익성을 높이기 위한 활발한 투자활동으로 향후 더 큰 수익을 낼 수 있는 가능성이 있다는 것이고, 반대로 코스모화학이라는 현업에 충실하지 못하고 다른 업종으로 사업을 늘려 나가는 것은 기업의 리스크가 증대하고 있다는 의미이기도 하다. 어쨌든 이 판단은 순전하게 독자들의 몫이다.

정리하면 코스모화학이라는 업종은 꾸준한 성장성을 담보로 기업가치로나 수익성으로나 주봉으로 살펴본 기술적 분석을 통해서나 투자 매력이 있는 종목임에는 틀림없으나 바닥으로부터 3배 이상 올라간 주가의 부담과 2010년 이후 왕성한 투자 활동으로 인한 재무구조가 약해졌다는 점이 약점으로 보인다.

현금흐름표 파악하는 법

현금흐름표는 기업의 자금 흐름을 3가지로 표현하는데 이것을 통해서 기업의 현금흐름을 파악할 수 있다.

1. 영업활동으로 인한 현금흐름… (+)여야 한다 (손익계산서와 관련)

영업활동으로 인한 현금흐름은 무조건 +여야 한다. 영업활동으로 인한 현금흐름이 +라는 의미는 기업 본질인 상품의 구매, 생산, 판매로 인한 영업활동으로 인하여 꾸준히 돈이 들어오고 있다는 이야기이고, 반대로 −라는 의미는 영업활동으로 인하여 돈이 들어오지 못하고 있다는 이야기이다.

2. 투자활동으로 인한 현금흐름… (−)인 것이 좋다 (자산과 관련)

투자활동으로 인한 현금흐름은 −인 것이 좋다. 투자활동으로 인한 현금흐름이 −라는 것은 투자활동으로 인해 돈이 빠져나가고 있다는 것이고, 이것은 미래의 기업 성장을 위해 재투자가 되고 있다고 생각하면 된다. 반대로 +라는 의미는 기업이 가지고 있는 부동산, 주식, 채권 등의 자산을 매각하여 돈이 들어오고 있다는 이야기로 투자에 보수적이라는 이야기이다.

3. 재무활동으로 인한 현금흐름… 상황에 따라 다르다 (부채와 자본과 관련)

재무활동으로 인한 현금흐름은 상황에 따라 다르다. 재무활동으로 인한 현금흐름이 −라는 것은 잉여현금으로 차입금을 상환하고 있거나 유상감자(실제로 주주가치에는 변동이 없지만 해외투기자본이 국내기업을 매수하여 투자자본을 회수할 때 주로 쓰는 방법)를 통해 자본금을 줄인다는 뜻이며, 차입금을 상환하고 있고 적정부채 비율로 가는 것은 좋은 신호이지만 무리하게 부채를 상환하거나 유상감자를 통해 자본금을 축소하면 실질적으로 회사가치에 손실을 입히는 경우가 대부분이다. 반대로 +인 경우에는 (유무상)증자나 차입을 통해서 자금을 조달하고 있다는 뜻이다. 물론, 기업의 확장과 투자를 위해서 (유무상)증자나 차입을 하는 경우는 바람직하지만 자금난으로 인한 유상증자나 차입은 부정적이므로 특히, 불경기의 경우 재무활동으로 인한 현금흐름이 +인 기업은 다시 한번 점검해보는 것이 좋다.

1	영업활동(+) 투자활동(−)	영업활동으로 꾸준히 돈이 들어오고 또한 활발하게 재투자가 이뤄지는 이상적인 기업의 현금흐름이다

2	영업활동(+) 투자활동(+)	영업활동으로 꾸준히 돈이 들어오는데도 보유자산 매각을 통해 현금을 마련하고 있는 상황이다. 차후 재투자가 이뤄지지 않을 경우 현 사업에서의 성장이 정체될 가능성이 높다고 생각하면 된다. 아니면 다른 사업 진출 등을 모색할 경우 이런 현금흐름이 나타난다.
3	영업활동(-) 투자활동(+)	영업활동으로 돈을 벌지 못하고 반대로 보유자산을 매각하여 현금을 마련하고 있는 상황으로 꾸준히 이런 현금흐름이 지속된다면 기업이 어려움에 처해 있다고 생각하면 된다.
4	영업활동(-) 투자활동(-)	영업활동으로 돈을 벌지 못하고 있지만 무리한 재투자를 하고 있는 상황으로 영업활동으로 인한 현금흐름이 좋아지지 못하면 향후 자금상황에 큰 위기가 올 수도 있다.

어쨌든 지금 필자의 방법을 통해 발굴한 코스모화학이란 종목은 100퍼센트 확신이 드는 종목이라고 말할 수는 없지만, 다른 기업들보다 향후 주가 상승을 꾸준히 이루어낼 수 있는 가능성이 높은 종목임에는 틀림이 없다. 다만 다른 이상적인 기업들의 경우를 콕 찍어내지 않고 필자가 위 종목을 예로 든 것은 여태까지 재무제표상 나타난 매출 증가, 영업이익 증가가 뛰어나고 차트 또한 상승 추세라고 할지라도 추가적으로 더욱 세밀한 분석이 필요하다는 것을 보여주기 위해서이다.

만약 이런 기업을 우리가 발굴하였다면 최소 2년 이상의 투자를 생각하고 매수에 가담해야 한다. 또한 시가총액이 작은 종목은 변동폭이 크다는 것을 염두에 두고, 중간에 주가가 30MA 밑으로 빠질 때에는 추가 매수 전략을 가지고 접근해야 한다(단 30MA는 반드시 우상향으로 진행 중이어야 한다). 중간에 주가가 빠진다고 쉽게 흔들리지 말라는 것이다. 만약 이런 기업을 거래량이 급증하던 2011년 4월 초 이전에 발견하고 매수했다면 금상첨화이었을 것이다. 이때 주가는 30MA선 위에 있었고, 외국인들도 관심을 두고 조금씩 거래를 늘려가던 시기였다.

[표 4−13] 코스모화학의 주봉 차트

더군다나 이 종목의 추가 상승이 더 유력한 이유는 표 4-14와 같이 월봉으로 보았을 때 2003년 중반부터 거의 7년에 가까운 박스권을 유지한 데 있다. 그렇기 때문에 필자는 이런 종목이 단기간 바닥권에서 3배 상승을 했지만 향후 더 큰 상승을 할 수 있다고 보는 것이다.

더불어 엑셀 시트 두 번째에 위치해 있는 코스모화학의 최대주주인 자회사 코스모신소재도 유심히 봐야 할 것이다. 마지막으로 한 가지 유의할 점은 종목 중심 접근법이라고 해도 업종별 차트는 마지막으로 한 번 확인해주어야 한다.

위와 같은 화학 종목은 경기에 매우 민감한데 향후 중국의 경기가 나아지면 화학 종목도 다시 한번 수혜를 입을 것으로 보인다. 경기 침체가 지속될 경우 화학업종의 주가가 못 올라가는데 이 종목만 올라가기는 매우 어려운 일이기 때문이다.

[표 4 - 14] 코스모화학의 월봉 추이

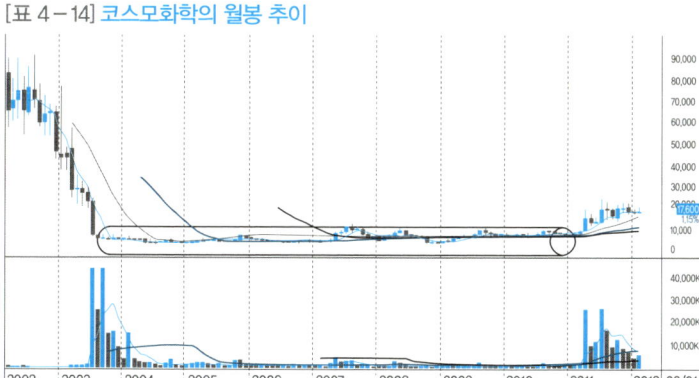

[표 4 - 15] 2012년 5월 25일 기준 종목 발굴

기업명	시장	부채 비율	매출액 증가율	ROA	ROE	EPS(원)
신세계	유가증권시장	93.7	9.10	38.62	73.2	176,483
소프트포럼	코스닥	19.1	24.22	21.28	40.5	1,363
에스티아이	코스닥	99.6	9.25	18.25	44.7	693
키스톤글로벌	유가증권시장	33.2	1,555.65	65.52	95.2	1,127
에스맥	코스닥	92.5	128.92	25.65	55.9	2,347
대창단조	유가증권시장	79.0	28.45	16.23	37.2	10,884
에스비엠	코스닥	14.0	43.99	28.26	32.8	604
GS홈쇼핑	코스닥	59.3	14.37	22.38	39.0	30,837
조선선재	유가증권시장	37.9	8.78	27.95	42.8	9,276
SG&G	코스닥	14.4	76.92	2.41	24.7	581

BPS(원)	PER	PBR	ROE/ (PER+PBR)	30MA 상승	시가 총액
194,391	1.39	1.26	27.6		
3,886	1.25	0.44	24.0	○	317
1,889	2.97	1.09	11.0		
1,875	5.49	3.30	10.8		
4,921	4.11	1.96	9.2	○	1,813
33,877	3.29	1.06	8.6	○	850
3,348	3.51	0.63	7.9	○	450
94,654	3.76	1.23	7.8		
25,996	4.06	1.45	7.8		
2,413	2.80	0.68	7.1		

2012년 5월 25일 기준으로 발굴한 종목 한 가지만 더 예로 들어보자. ROE/(PER+PBR) 값이 3 이상인 종목들 중에 30MA가 우상향 중이고, 시가총액이 1,000억 원 이상인 종목 중 '에스맥 (097780)'이란 종목을 살펴보자.

[표 4 – 16] 에스맥의 주봉 추이

일단 파란색(—)으로 표시되는 주봉 30MA는 현재 우상향으로 상승 중이므로 합격점이다. 이 종목의 시가총액을 살펴보면 2012년 5월 25일 기준으로 시가총액이 1,813억 원으로 최소 1,000억 원 이상이다. 이제 마지막으로 회사의 매출액과 영업이익이 최근 3년간 꾸준히 증가하는가를 살펴보면 된다. http://comp. fnguide.com로 가서 기업정보에서 재무제표를 클릭하고 종목명을 입력한다.

[표 4-17] 에스맥 매출액 증가 추이 (단위: 억 원)

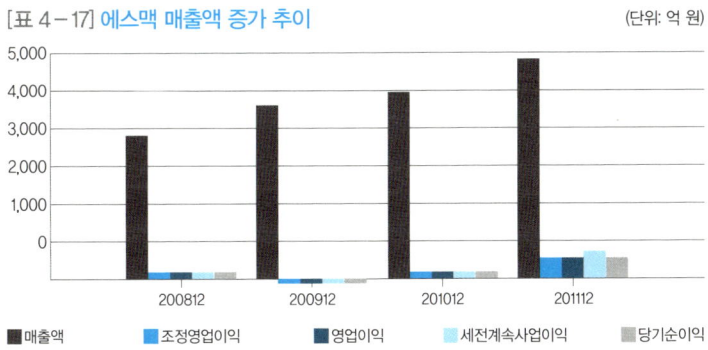

일단 매출액은 2009년부터 2011년까지(1,432억 — 2,053억 — 4,700억) 급증한 것을 알 수 있다. 일단 3년간 매출액 증가에서는 합격점이다. 이제 두 번째로 영업이익을 살펴보자.

[표 4 − 18] 에스맥 손익계산서

항목	2009.12 GAAP(개별)	2010.12 IFRS(별도)	2011.12 IFRS(별도)
매출액	1,432	2,053	4,700
매출원가	1,400	1,882	4,271
매출총이익	32	171	429
판매비와 관리비	50	63	97
조정영업이익	−18	108	332
영업이익	−18	118	342
EBITDA	1	127	364
비영업손익	3	15	52

[표 4 − 19] 에스맥 대차대조표

항목	2009.12 GAAP(개별)	2010.12 IFRS(별도)	2011.12 IFRS(별도)
비유동자산	254	298	333
유동자산	265	776	1,215
자산총계	520	1,074	1,548
비유동부채	34	69	32
유동부채	237	564	712
부채총계	271	633	744
자본총계	249	441	804
순운전자본	130	20	529
순차입금	131	−130	47
투하자본	356	282	823
자산총계(지분법적용)	520	1,074	
부채총계(지분법적용)	271	633	
자본총계(지분법적용)	249	441	

영업 이익 또한 직전 3년간 급증한 것을 볼 수 있다(−18억 − 118억 − 342억). 영업 이익에서도 합격이다. 이제 세 번째 부채와 자본 증감을 살펴보자.

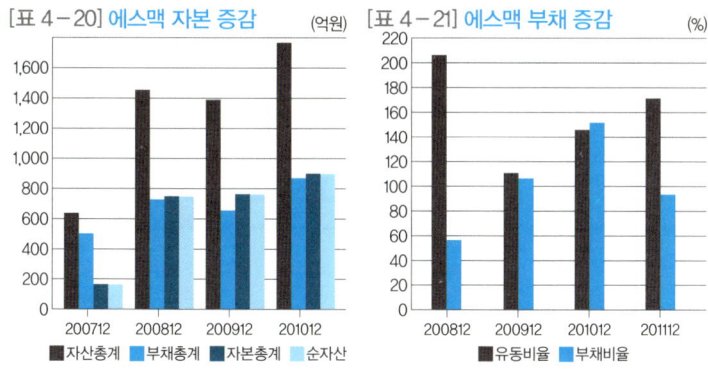

[표 4-20] 에스맥 자본 증감 (억원)

[표 4-21] 에스맥 부채 증감 (%)

자본은 꾸준히 증가해서 합격점이지만, 부채도 꾸준히 증가하고 있어서 이 부채가 어디에 쓰인 것인지 자세히 살펴봐야 한다. 재무제표상에는 유동부채(1년 미만)가 증가한 것으로 나와 있다. 좀 더 자세한 분석을 위해 현금흐름표를 분석해보자.

현금흐름표를 보니 매출 채권 증가로 인한 현금 흐름이 안 좋아졌던 것을 알 수 있다. 매출 채권의 회수가 잘 이뤄지지 않아 생긴 현상인데, 2012년 3월 마감기준으로 보면 329억 원으로 +로 전환되어 매출 채권의 회수가 해소되고 있음을 보여준다. 결과적으로 현금흐름표상도 크게 문제는 없어 보인다. 이제 좀 더 자세한 기업 분석을 위해 에스맥이란 기업에 대해 검색해보면 된다.

[표 4-22] 에스맥 현금흐름표

항목	2008.12 GAAP(개별)	2009.12 IFRS(별도)	2010.12 IFRS(별도)	2011.09 IFRS()
영업활동현금흐름	-77	247	-142	251
당기순이익(손실)	-14	123	336	77
비현금수익비용가감	40	76	83	23
운전자본증감	-103	56	-555	170
매출채권증가	-20	-191	-675	329
재고자산증가	-59	-97	44	27
매입채무증가	16	353	32	-154
기타	-39	-9	44	-31
투자활동현금흐름	-97	-42	-61	-54
재무활동현금흐름	120	30	21	-23
기타현금흐름				
순현금흐름	-55	234	-183	175
기초현금	78	23	257	74
기말현금	23	257	74	249

2012년 1월 3일자 『머니투데이』 기사에는 무상증자에 따라 신주 약 815만 주가 발행되어 에스맥 주식이 사실상 2배로 불어났다는 기사가 보였다. 무상증자를 통해 자본을 확충해서 견실한 회사가 되어가고 있음을 볼 수 있다. 2012년 5월 4일자 기사는 터치스크린에 쓰이는 강화유리 회사에 지분투자를 통해 안정적인 부품공급을 도모하고 있다는 내용이었다. 또 2012년 5월 31일자 기사는 ITO패턴 내재화(ITO센서 자체제작)를 통해 터치스크린 모듈업체에서 터치스크린패널 제조회사로 변모를 꾀하여 영업이익률 개선이 기대되고 있다는 내용이었다.

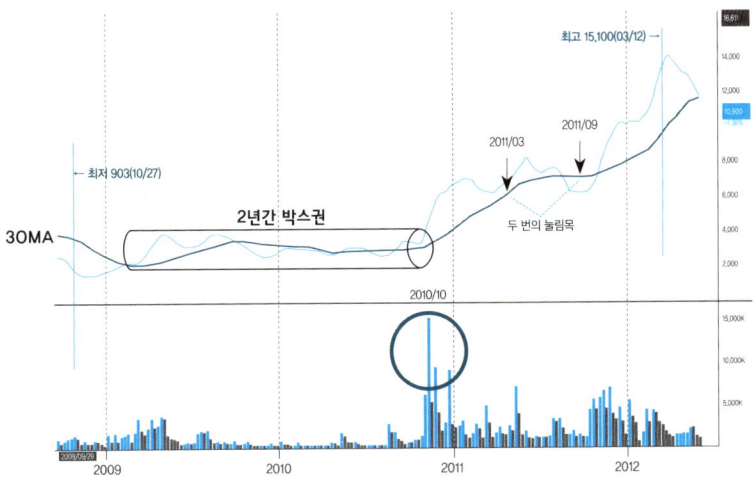

[표 4 – 23] 2008년 10월~2012년 5월까지 에스맥의 주봉 차트

2008년 10월 27일 최저가 903원을 기록한 이후로 에스맥은 2년 간 2,000~4,000원대의 박스권에서 등락을 보이다가 2010년 10월 드디어 급등을 보인다. 2010년 10월간 엄청난 거래량과 더불어 거의 70퍼센트대의 급등을 보였다. 이제는 스마트폰뿐 아니라 테블릿PC 수요의 급증으로 이 종목의 수혜가 예상되리라 생각하여 이 종목을 선투자했다면 모르지만 이런 때에는 급등주 따라잡기는 피하고 눌림목을 기다려야 한다. 이후 눌림목은 30MA선이 맞닿는 2011년 3월과 30MA선 이하로 빠진 2011년 9월 두 번 6,000원 초반대에 가격의 기회를 주었다. 일시적으로 30MA 이하로 빠졌지만 지나고 나니 최대의 매수 기회가 된 것이다.

물론 이때도 30MA는 하락 추세로는 접어들지 않았다. 만약

2010년 10월 이전에 투자한 가치 투자자라면 최소 2년을 볼 때 두 번의 눌림목에서 흔들리지 않고 추가 매수를 해야 한다는 것을 보여주고 있다. 이후로 주가는 무상증자를 거쳐 2012년 3월 최고점인 15,100원을 찍고 11,000원대까지 하락하였다. 최근 5월 그리스로 인한 증시 급락으로 고가 대비 많이 빠져서 상대적으로 저가 매수의 기회를 주고 있다고 보면 된다. 물론 주가는 더 빠질지, 다시 상승할지 아무도 모르지만 밸류에이션을 기초로 보면 앞으로 추가 상승의 여력은 충분히 있는 종목이다.

단, 우리가 IT주를 투자할 때 유의할 점은 IT주는 기술 변화에 아주 민감하기 때문에 현재 많은 이익을 내는 기업도 기술 변화에 대응하지 못하면 금세 회사가 어려워지고 주가가 폭락할 수 있음을 명심해야 한다. 예를 들어 삼성전자에 LCD 관련 부품을 전량 공급하고 있는 회사라 할지라도, 향후 시장이 LED로 가게 되면 금세 회사가 어려움에 처할 수 있다는 것이다. 필자는 이런 경우를 많이 겪어봤기 때문에 IT 기술주나 부품주에는 더욱 신중을 기하고 있다. 물론, 리스크가 있는 만큼 수익을 줄 때는 어떤 주식보다 많은 이익을 준 것도 사실이다.

지금까지 2월과 5월의 데이터를 활용해서 두 가지 종목을 발굴해 보았다. 이것이 종목 중심의 발굴법이다. 이런 식으로 종목을 하나하나 발굴해가면 많은 시간을 들이지 않고도 매력적인 종목을 발굴할 수 있다.

　여기 나열한 두 종목은 완벽하게 모든 조건을 가진 종목이 아니라, 조금 더 상세한 분석을 요하는 종목이었음을 밝혀둔다. 단지 독자들은 이 방법을 참조해서 자신에 맞는 종목을 발굴하면 되는 것이다. 종목 발굴이 끝나면 마지막으로 해당 업종에 대한 전망과 주봉 차트를 확인하고, 마지막으로 주식시장에 대한 전망과 주봉 차트를 확인해야 한다. 종목 – 업종 – 시장순으로 분석해서 문제가 없다면 두세 번 정도 나눠서 매입하면 된다. 그리고 2~3년 목표치를 정하고 기다리면 된다.

 어떤 업종에 투자할 것인가?
　　: 업종 중심 접근법 – Top down 방식

　이제 살펴볼 것은 업종 중심의 접근법으로, 이것은 Top down 방식에 의거한 것이다. 앞에서 설명한 것과 같이 주식의 대세상승기에는 주도 업종이 있다. 주식장이 상승해야 주도 업종이 있을 것인데, 우리는 가까운 1년 안에 주도 업종이 될 수 있는 업종 중 바닥을 찍고 올라오고 있는 종목을 찾아내는 것이다. 이 방법의 특징은 앞에서 살펴본 종목 중심 접근법과 같이 기본적 분석을 먼저 하고 기술적 분석을 통해 종목을 찾아내는 것이 아니라, 기술적 분석을 중심으로 종목을 찾아내는 것이다. 단 주의할 점은 종목 중심 접근법보다 주식시장이 좋고 나쁨에 영향을 많이 받으므로, 지금의 대세상승을 끌어가는 주도주에 투자하는 것이 아니라 업종은 순환매를 한다는 전제하에 1년 앞을 보고 남보다 앞서 미래의 주도주에 선투자하는 개념으로 생각하면 될 것이다. 방법을 구체적으로 알아보면 다음과 같다.

1. 지금의 주도업종과 주도주에 투자하지 말고, 바닥을 찍고 턴어라운드하는 업종과 종목을 발굴한다(업종 발굴은 앞에서 배운 대로 주봉상 30MA가 상승으로 돌아서고 바닥에서 많은 거래량이 실리는 업종으로 업종 차트를 보고 먼저 선택한다).

2. 업종 차트를 통해 업종을 찾았으면 해당 업종 중에서 현재 상승을 주도하는 종목을 발굴해낸다(종목 발굴 또한 주봉상 30MA가 상승으로 돌아서고 바닥에서 많은 거래량이 실리는 종목으로 선택하면 된다). 단, 업종 차트 내에 속하는 종목 확인이 어려운 경우에는 종목을 먼저 찾고 업종 차트를 확인하는 방법도 무방하다. 여하튼 종목 차트(업종 차트) 확인은 필수이다.

3. 매수는 30MA를 많은 거래량으로 돌파시에 한 번, 그리고 한 번 주가가 조정을 받아 30MA에 가까워지는 눌림목에 한 번, 최소 두 번 이상에 걸쳐서 매수하도록 한다(추세 전환의 신빙성을 파악하기 위해 RSI를 보조지표로 사용하면 더욱 좋다).

필자가 이런 방법을 통해 조선, 기계, 철강 등 주식시장이 한창 활황이던 2008년 초에 발굴한 대표 종목은 기아차, 삼성SDI, LG 마이크론(현 LG이노텍), CJ CGV였다.

[표 4-24] 운수장비업종 주봉 차트

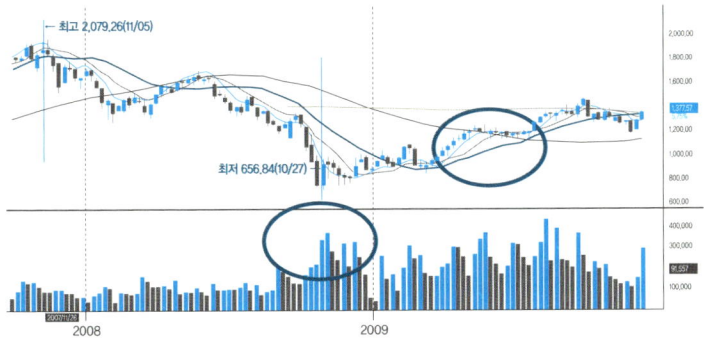

[표 4-25] 기아차 주봉 차트

대표적인 기아차의 사례를 먼저 살펴보자. 우선 운수장비업종의 주봉 차트와 기아차의 주봉 차트를 같이 보고 분석해보자.

표 4-24와 4-25를 살펴보면 운수장비 업종이나 기아차 모두 파란색 원 안에서 보이는 주가 하락의 종결을 나타내는 브레이크 거래량이 나온 것을 알 수 있다. 그러나 이때 바로 매수에 들어가는 것이 아니라 향후 추이를 주의 깊게 지켜봐야 한다. 2008년 9월 리먼 사태이후 10~12월까지 저가 매수가 많이 나온 것을 거래량으로 알 수 있다.

그런데 금융위기 같은 전 세계적인 주가 폭락 사태로 인한 거래량 급증은 거의 대부분의 종목에서 나오는 현상이므로, 우리가 이때 발굴해야 할 종목은 여태까지 상승장에서 소외받았던 종목이어야 한다는 것이다. 이후 3월 말에서 4월 초에 30MA를 뚫는 주가 상승이 나오는데, 이때 우리는 첫 번째 매수를 시도하고, 두 번째 6월 초에 나오는 눌림목에서 추가 매수를 해야 한다. 이때 추가 매수 시점인 6월 초에 30MA와 주가 사이에 이격도가 크게 벌어진 것으로 보아 추후 상승폭이 클 것임을 짐작할 수 있다. 이때 추가로 살펴볼 것이 RSI인데, 이 또한 저점을 높여가는 추세이면 더욱 신빙성이 크다고 할 수 있다.

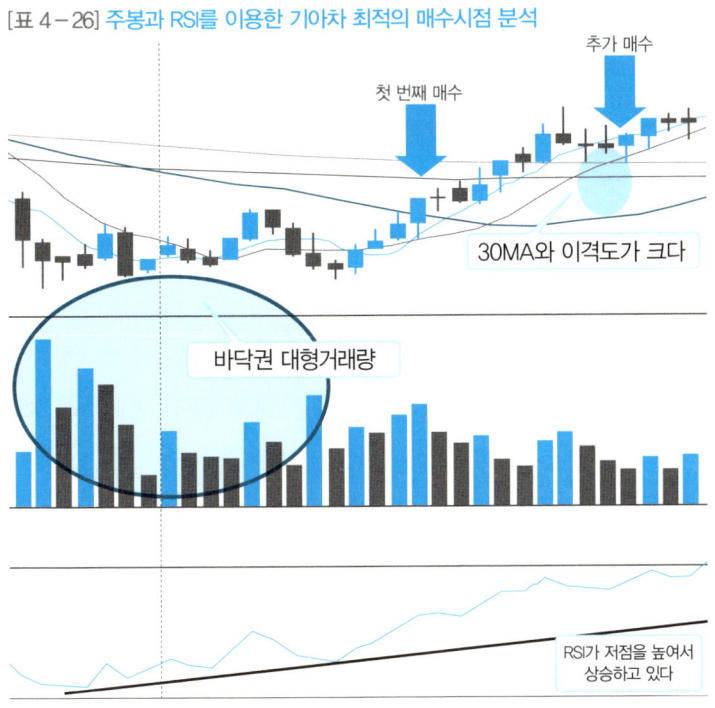

[표 4 - 26] 주봉과 RSI를 이용한 기아차 최적의 매수시점 분석

추가 매수

첫 번째 매수

30MA와 이격도가 크다

바닥권 대형거래량

RSI가 저점을 높여서
상승하고 있다

 저점매수의 신빙성을 더해주는 RSI

주가가 바닥권을 탈피해서 상승으로 전환할 때 꼭 참조해야 할
보조지표가 바로 RSI인데, RSI(Relative Strength Index) 상대강도 지
수는 다음과 같이 산출이 된다.

$$RSI = 100 - [100/(1+RS)]$$

$$RS = [N일간의\ 상승폭의\ 평균/N일간의\ 하락폭의\ 평균]$$

그래서 만약 RS의 값이 1보다 크게 되면(N일간의 상승폭의 평균 > N일간의 하락폭의 평균) RSI는 50 이상의 값을 가지게 되고, 반대로 RS의 값이 1보다 작게 되면(N일간의 상승폭의 평균 < N일간의 하락폭의 평균) RSI는 50 이하의 값을 가지게 된다. 한마디로 RSI는 추세의 강도를 객관적인 수치로 표현하는 분석방법으로, 웰레스 윌더에 의해 개발되었다. 기본적으로 14일 RSI를 사용하고 상황에 따라서 9일, 25일도 일반적으로 사용되는 수치이다(주봉상에서 바닥권 탈출의 신호 파악으로는 RSI 14, 중장기 추세 파악은 RSI 25를 설정하길 권한다).

RSI의 값은 0과 100 사이에 있게 되는데, 보통 RSI가 30 이하이면 과매도 구간으로 매수 신호로 파악하고, RSI가 70 이상이면 과매수 구간으로 매도 신호로 파악한다. 보통 주봉에서 파악할 때 RSI는 주가보다 약간 선행하게 되는데, 바닥권에서 저점을 높혀가는 RSI가 그려진다면 이것은 좀 더 확실한 추세 전환 신호로 파악할 수 있고, 반대로 주가는 올라가는데 RSI가 고점을 낮춰서 하락하고 있다면 이는 추가적으로 하락이 나올 수 있다는 신호로 해석하면 된다.

[표 4 – 27] 저점을 높여가는 주가와 RSI 신호의 예(강력 매수 신호)

매수 포인트 종가: 11,900원

30MA 상승 전환

최저 5,720(11/24) →

바닥권 대형 거래량

RSI가 저점 상승 추세
(RSI 14 설정)

2009

  정리하면 30MA선이 턴어라운드해서 상승 추세를 보이고, 주
가는 30MA 위에 있으며, RSI는 사전에 계속 저점을 높이고 있고,
바닥권에서 대형 거래량을 동반하고 있다면 30MA 돌파 후 눌림
목에서 매수하면 된다(보통 돌파 후 눌림목은 2달 내에 출현하고 눌림
목의 비율은 앞에서 배운 피보나치 수열을 활용하면 된다).

  물론 돌파시에 한 번 매수하고 눌림목 출현시 다시 한 번 매수

하는 것도 좋은 방법이긴 하지만, 30MA가 완벽하게 턴어라운드
해서 상승으로 향하지 않았다면 조금 주의가 필요하다. 우리는
몇 개월 이내의 단기 매매가 아닌 보통 2년 정도의 장기 매매를 해
야 하기 때문에 완벽하게 바닥에서 돌아선 후 투자하는 보수적인
접근이 필요하다.

 ## 언제 매도해야 하는가?

앞의 두 가지 방법 중 하나를 써서 우량주를 저가에 매수하였
다면 언제 매도할 것인가? 바로 이것이 고민이 된다. 필자가 생각
하는 투자는 최소 2~3년간의 장기 투자이다. 이제부터 매도 시
점을 잡는 방법에 대해서 알아보고, 이에 맞는 합리적인 목표가
선정에 대해 알아보자.

먼저 한 가지 질문을 던지겠다. 종목 중심 접근법에 의한 투자
방법과 업종 중심 접근법에 의한 투자방법 중에서 어떤 방법이 더
많은 수익을 주겠는가? 필자의 경험에 의하면 전자가 평균적으
로 후자보다 평균 1.5배 이상의 수익을 안겨주었다. 그러나 10가
지 종목을 골랐다면 종목 중심 접근법보다 업종 중심 접근법이 더
많은 수의 종목이 상승하는 확률을 보여줬다.

쉽게 말하면 종목 중심 접근법은 수익률이 큰 만큼 더욱 신중

한 종목 선정이 필요하고, 업종 중심 접근법은 상승 확률은 높은 대신에 종목 중심 접근법처럼 대박을 기대하기보다는 일정 수준의 목표값을 정하고 수익을 챙겨야 한다는 것이다.

어쨌거나 우리는 어떤 방법을 선택하든지 너무 일찍 팔아도 문제가 되고, 너무 늦게 팔아도 문제가 된다. 그렇다면 합리적으로 납득할 수 있는 시점을 잡아야 하는데, 기술적 분석과 기본적 분석이 모두 필요하다.

우리는 앞에서 시장이 제일 중요하고, 그 다음이 업종이고, 그 다음이 종목이라고 배웠다. 그렇다면 목표가 선정도 이런 방식으로 진행되는 게 맞겠지만, 일단 우리는 종목부터 시작해서 업종을 보고, 그 다음에 시장을 보는 방식으로 목표가 선정 및 매도 시점 파악에 들어가도록 한다.

 종목의 1차 목표가와 2차 목표가 산정법

필자는 장기 투자를 목표로 하기 때문에 여기에서는 장기 목표가 선정에 대해 다루도록 하겠다.

우선 바닥권에 떨어져 있는 주식을 제대로 매입해서 상승 중이라면 1차 목표가와 2차 목표가 산정을 염두에 두고 가격대를 관찰해야 한다. 그 판단은 주봉상 30MA가 꺾이기 시작한 고점에서

30MA가 돌아서는 지점과의 차이값(A)을 기준으로 산정한다.

그런데 여기서 어떻게 직전고점과 직전저점 값을 선정할지 고민에 빠질 수밖에 없는데, 이것은 30MA선을 고점을 찍고 대세하락하는 시점의 주봉상 최대값과 30MA선이 바닥을 찍고 돌아서는 대세상승 시점에서의 주봉상 최소값을 정하면 된다.

어쨌거나 목표가 선정은 기본 A값을 바탕으로 선정된다. 쉽게 이것을 '스윙갭'이라 하자. 1차 목표값은 직전고점에서 직전저점을 뺀 스윙갭이 되고, 2차 목표값은 스윙갭의 2배가 된다. 1차 목표가에 다달았을 때 30MA가 아직 상승 중이고 주가가 30MA 위에 있다면 계속 투자를 해도 된다. 그러나 고점에서 쌍봉을 만들고 30MA가 하락 추세로 돌아선다면 1차 목표가에서 매도를 고려해야 한다.

[표 4-28] 스윙갭을 활용한 주봉상에서 목표가 선정법

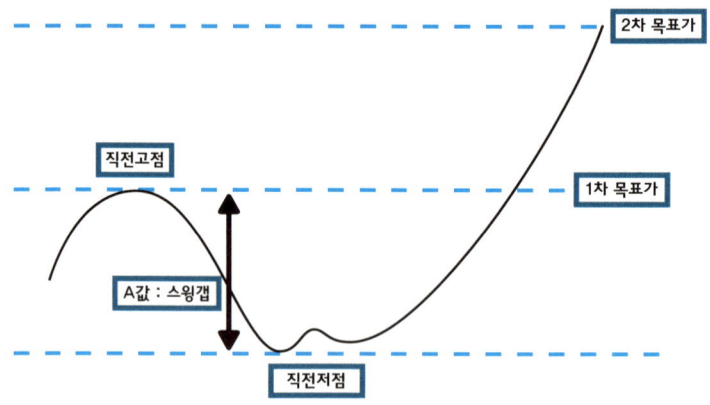

코스피를 통해서 알아보는 주식의 매수와 매도 시점

[표 4 – 29] 2008년 코스피 대세하락장 주봉 차트

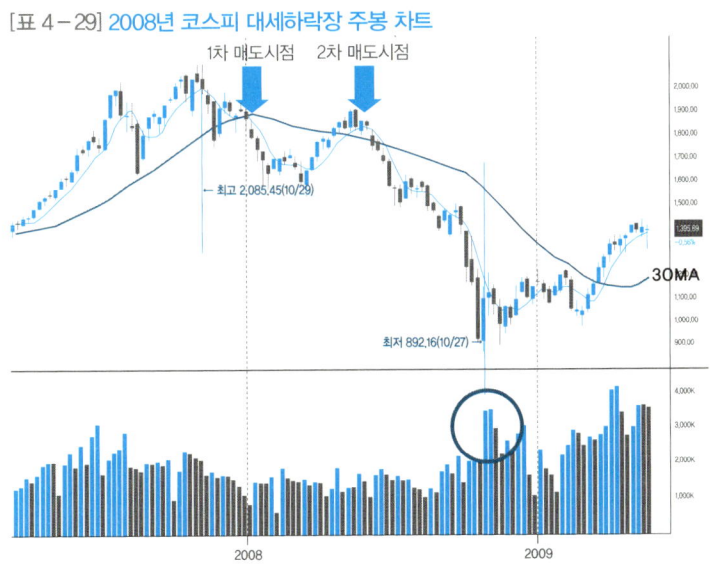

2007년 10월 최고가 2,085포인트를 찍고 2008년 1월부터 본격적인 대세 하락장이 시작되었음을 보여주는 코스피 주봉 차트이다. 여기서도 파란선으로 표시된 30MA선을 보면 2008년 1월부터 본격적인 하락세로 접어들었음을 알 수 있다. 게다가 본격적인 하락 추세 전에 쌍봉의 고가가 있어 전형적인 고점에서의 차트 패턴을 보여주어 대세하락 가능성의 신빙성을 더해준다.

좀 더 자세히 살펴보면, 2007년 7월에도 2,015포인트를 찍고 폭락하여 2007년 8월 1,626포인트까지 떨어졌는데, 이때는 매도

타이밍이 아님을 알아야 한다. 왜일까? 30MA선이 아직 상승 중이고, 주가는 30MA 위에 있어서 추세가 살아 있었기 때문이다. 이후 2007년 10월 29일 다시 한 번 2,085포인트로 고점을 갱신한다. 그리고 2008년 1월 드디어 30MA선은 하락세로 돌아서고 주가도 30MA선 밑으로 떨어진다. 본격적인 하락세를 알리는 신호가 된 것이다. 물론 2007년 11월 1,745포인트까지 떨어지면서 상승세인 30MA선을 일시적으로 깨는 신호로 이미 한 번의 위험신호를 보낸 바 있다. 여기까지 쉽게 정리하면 다음과 같다.

주봉상 30MA선의 상승 추세가 살아 있을 경우에는 일시 하락에도 매도하지 말고 반등을 기다리면 되고, 주봉상 30MA선의 상승 추세가 꺾였을 경우에는 반드시 매도해야 한다.

그러면 2008년 1월에 매도 시기를 놓친 투자자는 언제 매도를 해야 하는 것일까? 2008년 1월 말경에 1,570포인트의 저점에 다달았고, 3월 중순경에 1,537포인트의 저점을 기록한다. 투자자들은 이때에 고민하게 된다. 과연 더 떨어질 것인가? 아니면 일시적인 반등 이후 추가적인 폭락이 올 것인가? 둘 사이에서 다른 선택을 하게 될 것이다. 여기서도 주요하게 볼 것은 역시 30MA의 추세이다. 30MA선이 이미 우하향의 하락세로 돌아섰기 때문에 섣부른 투자를 하면 안 되고, 반등시에 매도를 해야 하는 것이다.

반등치 값을 앞에서 배운 공식대로 적용해보면 다음과 같다.

직전고점 2,085포인트에서 저점인 1,537포인트를 빼면 548포

인트가 나온다. 여기서 피보나치 수열을 적용하여 반등치를 계산
하면 다음과 같다.

최소반등치 : 38.2퍼센트 : 548×38.2퍼센트 = 209포인트
따라서 1,537 + 209 = 1,746포인트
중간반등치 : 50퍼센트 : 548×50퍼센트 = 274포인트
따라서 1,537 + 274 = 1,811포인트
최대반등치 : 61.8퍼센트 : 548×61.8퍼센트 = 339포인트
따라서 1,537 + 339 = 1,876포인트

물론 우리는 보수적인 방법으로 매도하는 것이 좋기 때문에 필
자라면 최소반등치인 38.2퍼센트 지점인 1,746포인트에 다다랐
을 때 보유 종목의 절반 이상을 매도했을 것이다. 실제의 반등값
은 얼마가 나왔을까? 주봉에서 확인해보면 2008년 5월 중순에 고
가로는 1,900포인트, 종가로는 1,823포인트가 나왔다. 종가로 따
지면 중간반등치 50퍼센트 값에 다달았고, 고가로 따지면 최대반
등치 61.8퍼센트를 넘어서는 값이 나온 것이다.

결론지어 생각하면 다음과 같다.

1월 초에 매도 시점을 놓친 투자자는 한 달 만에 무려 300포인
트 이상 빠지는 급락장을 겪었지만 속된 말로 쫄지 말고 한 번의
반등을 기다려야 하는 것이다. 시장은 1월 초에 매도의 기회를 놓

친 투자자들에게 5개월 뒤에 1,900포인트에서 다시 한 번 매도
할 기회를 준 것이다. 여기서 기억해야 할 것이 하나 있다. 이탈
된 직전저점은 새로운 저항선이 된다는 것이다. 주봉상으로는
1,745~1,920포인트가 반드시 뚫어야 할 저항선이 되었다는 것
이다. 그런데 주가가 하락할 때 반드시 나와야 할 브레이크 거래
량도 없고 1,745포인트를 뚫고 1,900포인트에 다다를 때까지 나
와야 하는 액셀러레이터 거래량도 없다.

　　다시 한번 기억하자. 거래량 없는 반등은 일시적인 반등일 뿐
이다. 진짜 바닥이 아니라는 점이다. 설상가상으로 30MA는 여전
히 하락 추세를 유지하고 있다.

[표 4-30] 2008년 코스피 대세하락장의 저항선

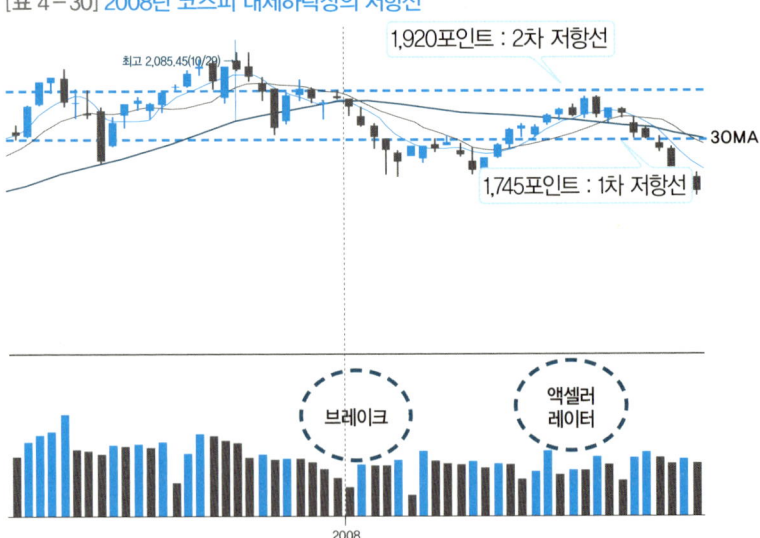

그렇다면 뚫어야 할 무너진 직전저점의 최소값(1,745포인트)과 최대값(1,920포인트)은 어떻게 산출하는 것일까? 우선 직전저점에서 나온 장대음봉의 최소값이 1,745포인트이고 이후에 나오게 되는 양봉의 최대값이 1,920포인트라는 것에서 힌트를 얻으면 된다. 결국 주가는 1차 저항값은 1,745포인트는 뚫었지만 2차 저항값인 1,920포인트는 뚫지 못했다.

보통 주가대세 하락기에는 두 번의 큰 하락이 나오는데, 이것을 'N자형 하락'이라 한다. 일단 N자형 하락의 1차 하락과 반등은 마무리가 되고 2차 하락이 기다리는 것이다.

[표 4−31] 2008년 코스피 대세하락장의 N자형 하락

이때 N자형 하락의 특징은 1차 하락폭보다 2차 하락폭이 같거나 크다는 것인데, 1차 하락폭(2,085포인트-1,537포인트=548포인트) 때문에 이후 나오는 2차 하락은 최소한 1,537포인트에서 548을 뺀 989포인트 정도가 될 것임을 예상해야 한다. 현명한 투자자라면 최소한 2008년 5월에 보유 주식의 전량을 매도하여 수익을 챙기고, N자형 하락의 끝을 예상하고 현금을 준비하여 기다리면 되는 것이다.

이제 두 번째 하락에 대해서 살펴보도록 하자. 2007년 10월 고점에서 시작된 대세하락장은 2008년 3월에 548포인트의 1차 하락 후 2008년 5월 360포인트의 반등을 주고 다시 2차 하락했다. 우리가 예상한 2차 하락의 최소값은 989포인트 수준이었으나 최저값은 이보다 100포인트 더 빠진 892포인트였다. 예상보다 좀 더 빠지긴 했지만, 2008년 10월 리먼 사태로 공포의 끝을 달리던 그 시점이 바로 투자의 최적 시점이었던 것이다.

현명한 투자자는 이 시점에 단기 낙폭이 컸던 우량주를 저가 매집했을 것이다. 이런 시점에는 개별주가 아닌 우량주를 매매해야 한다. 더군다나 좌우로 보이는 브레이크 거래량과 액셀러레이터 거래량을 보아 확실한 바닥으로 보아도 무방할 것이다. 또한 30MA선도 2009년 4월 이후 우상향으로 바닥을 찍고 돌아서고 있다. 좀 더 공격적인 투자자는 2008년 10월에 투자를 하고, 안정적인 투자자는 주가가 엄청난 거래량을 뚫고 일어서는 2009년 3~4

월에 우량주를 매집하면 되는 것이다.

지금까지 우리가 배운 모든 것들을 코스피를 통해서 알아보았다. 그렇다면 바닥권에서 매집한 우량주의 첫 번째 매도 시기는 언제일까? 그것은 1차 목표치＝스윙갭＝2,085－892＝1,193포인트가 되는 것이다. 1차 목표가는 직전고점인 2,085포인트이고, 2차 목표가는 3,278포인트가 되는 것이다. 이후의 상승 추세를 보고 다시 확인해보면 다음과 같다.

[표 4－32] 2008년 대폭락 이후 2년간의 대세상승기

코스피는 1년간 하락했지만 상승은 2년 동안 지속되었다. 만약에 매도 시점을 2,085포인트로 1차 목표가로 안전하게 잡은 투자자라면 2011년 1월에 2,100포인트를 넘어선 시점에서 매도를 했

을 것이다. 그러나 30MA선의 지속적인 상승을 보고 2차 목표가를
잡고 투자한 투자자는 매도를 하지 않았을 텐데, 필자는 안전하
게 1차 목표가 시점에서 절반을 매도하는 것을 권한다. 매도를 하
지 않고 계속적인 투자를 하던 투자자라도 2011년 4월 신고점인
2,231포인트를 찍고 2011년 7월 2,192포인트로 전고점보다 낮아
진 상태에서는 매도를 고려해야 한다. 전형적인 헤드앤숄더형의
천정형 패턴이 출현한 것인데, 이때 오른쪽 어깨에 해당하는 고점
(2011년 7월 고가 2,192포인트)이 이상적인 매도 시점이 된다.

헤드앤숄더 패턴(Head&Shoulders Top Reversal)의 이해

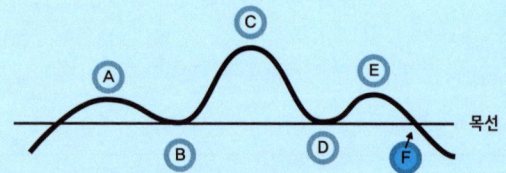

머리어깨형 패턴은 주가의 천정에서 전형적으로 나타나는 패턴이다. 보통 왼쪽 어
깨에 해당하는 A지점보다 오른쪽 어깨에 해당하는 E지점에서 거래량이 늘어나는
것이 많이 관찰되고 있으며, 목선에 해당하는 라인을 하향 돌파하는 F지점에서 거
래가 급격하게 늘어난다면 하락 추세에 접어들었다고 생각해도 무방하다. 다만 F지
점에서는 급격한 하락으로 매도하기가 어려우므로 E점에서 매도하는 것이 정석이
며, F점에서도 매도를 놓친 투자자는 향후 목선까지 주가가 반등할 때 매도를 고려
하면 된다. 추가적으로 B와 D지점의 목선이 다를 경우에도 주의가 필요하다. B보다
D가 더 낮다면 추가 하락의 폭이 클 확률이 높고, 반대로 B보다 D지점이 높을 경우
에는 추가 하락폭이 상대적으로 작을 수 있다.

2012년 5월 기준으로 뽑아보는 유망 종목

2012년 5월 현재 유럽 분위기는 상당히 좋지 않다. 그리스에서 다시 불거진 정치적 리스크로 인하여 다시 한번 유럽 위기가 고개를 들고 있다. 5월 말 10년 만기 스페인 국채는 6.5퍼센트를 넘어서고 있다. 코스피 또한 최근 과대 낙폭으로 업종 차트도 좋지 못하다. 그래도 앞으로 위기를 잘 넘기면 향후 기대되는 업종을 순서대로 꼽아보면 다음과 같다.

1. 음식료업
2. 전기전자
3. 운수장비
4. 전기가스
5. 건설업
6. 운수창고
7. 금융, 은행, 증권, 보험업
8. 제조업

이 중에 유망한 종목 몇 가지를 살펴보자.

첫 번째 종목은 삼성생명(032830)이다. 우리가 잘 알다시피 국내 1위 생명보험사이다. 삼성생명은 2010년 5월 공모가 11만 원으로 상장한 이후로 2011년 12월 최저가인 79,500원을 찍고 상승 전환 중이다. 최고점 121,000원 대비 35퍼센트 빠진 79,500원이 바닥이 된 것이다. 실제로 삼성생명보다 못한 대부분의 공모주는 공모 이후 50퍼센트 정도의 하락을 겪는 경우가 허다하므로 이때 를 노려서 바닥을 확인하고 투자에 들어가는 것도 좋은 투자법 중 하나이다.

그런데 삼성생명의 30MA선을 보면 우리가 찾고 있는 바닥에서 돌아서고 양봉으로 돌파가 이뤄진 패턴이 보인다. 반갑지 않은 가? 종목 창을 띄워놓고 이런 종목을 찾아야 한다.

[표 4-33] 삼성생명 주봉 차트

게다가 바닥권에 다다르기 전에 불뚝 솟은 두 개의 브레이크 거래량이 보인다. 30MA선을 돌파하는 시점에 거래량이 실리지 못한 게 조금 아쉽지만 차트로만 보면 합격점이다. 돌파할 때 매수, 눌림목에 매수하면 되고 10만 원 이하의 가격대는 충분히 매력적인 가격이다.

[표 4-34] 삼성생명 주봉 차트 - 확대

두 번째 종목은 삼성테크윈(012450)이다. 삼성테크윈은 자주포, 항공엔진과 관련한 국방산업부터 헬기, 로봇, 보안, 에너지, 반도체부품 등 여러 가지 사업 분야를 가지고 있는 회사이다. 2010년 12만 원을 고점으로 30MA는 계속 하락하여 2011년 9월에는 48,900원으로 절반 밑으로 떨어졌다. 아마도 이 종목을 고점에서 매수한 사람들은 그동안 많이 어려움을 겪었을 것이다. 그런데 최근 흐름이 아주 좋다. 30MA는 우상향으로 돌아섰고 눌림목에서 이격도를 벌리면서 상승 중이다. 차트를 볼 때 이 종목 또한 합격점이다.

삼성생명보다 눌림목에서 이격도는 크지 않지만, 바닥권에서 브레이크 및 액셀러레이터 거래량이 많이 나온 것으로 보아 신빙성을 높혀주고 있다. 이 종목 또한 매수 포인트는 2012년 2월 돌파시 그리고 2012년 4월 눌림목이다.

[표 4-35] 삼성테크윈 주봉 차트

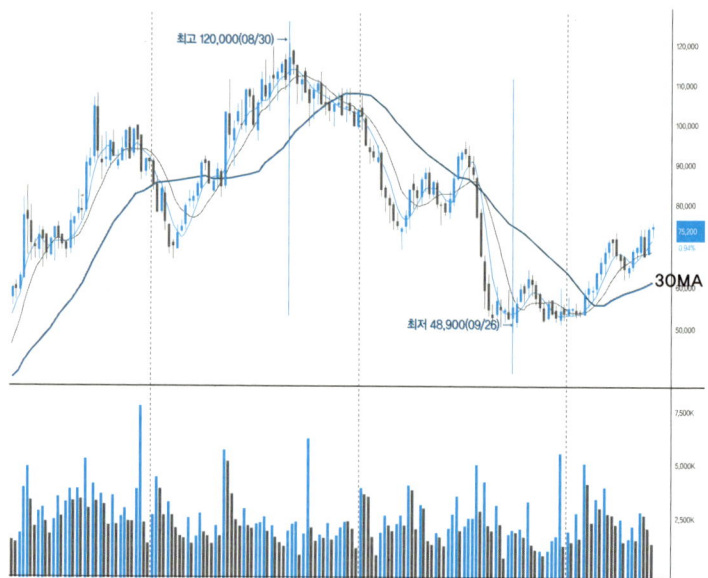

[표 4 - 36] 삼성테크윈 주봉 차트 - 확대

마지막 종목은 한국가스공사(036460)이다. 이 종목은 천연가스
공급을 100퍼센트 독점하는 공기업이다. 공기업의 특성상 상승
탄력이 상당히 더디고 느리지만 요즘같이 주식시장이 안 좋을 때
는 경기방어주 성격을 띠고 있어서 장기 투자에 적합한 종목이다.

이 종목은 2008년 8월 88,000원을 고점으로 3년간 지속적으로
하락하여 2011년 8월 최저점인 27,750원을 찍었다. 이 종목은 필
자와 참 사연이 깊은 종목인데, 2009년의 차트를 유심히 보면 그
이유를 잘 알 수 있다.

2009년 5월 30MA선이 완벽하게 돌아서지 않은 상태에서 거래 가 급증하며 주가가 30MA선을 돌파했는데 필자는 이것을 보고 47,000원대에 한국가스공사를 매집하며 최근까지도 3년간 적자 를 회복하지 못했다. 쉽게 말하면 공기업주에 물린 것이다.

원인은 무엇일까? 정답은 30MA가 완벽하게 돌아서기 전에 들 어갔다는 것이다. 이후에 한국가스공사는 2010년 초에 가스비 인 상 관련 호재로 올라설 것 같더니 주가는 계속 하락하여 3만 원 밑 으로 추락해버렸다. 그런데 최근에 흐름을 보면 30MA를 완벽하 게 돌아서고 눌림목을 주고 있다. 다음의 최근 차트를 유심히 살 펴보자.

[표 4 – 38] 한국가스공사 주봉 차트 – 2011~2012년 현재

바닥권에서 엄청난 거래량을 동반하지는 못했지만, 2011년 11월 30MA를 돌파하고 2012년 3월 눌림목을 깊게 주고 다시 상승 중이다. 물론 종목 특성상 눌림목에서 이격도가 없는 것으로 보아 향후 상승폭은 여타 두 종목(삼성생명, 삼성테크윈)보다는 낮을 것이다. 그러나 상승 기간은 더 길게 갈 것으로 필자는 보고 있다.

이제 마지막으로 확인할 것은 종목별 차트이다. 각 종목별로 속한 업종을 살펴보면 삼성생명(보험), 삼성테크윈(전기전자), 한국가스공사(전기가스)이다. 이제 업종별 차트를 확인한다. 종목 차트 또한 30MA선이 바닥을 돌아섰는가만 확인하면 된다.

업종별 차트를 보면 전기전자만 30MA를 우상향으로 돌려놓았고, 보험과 전기가스는 아직 30MA를 돌려놓지 못해서 좀 더 흐름을 지켜봐야 할 것으로 생각된다. 필자라면 세 가지 종목 중에 우선적으로 삼성테크윈에 투자하겠다. 이런 식으로 투자하는 것이 종목 중심 접근법이다.

[표 4-39] 보험업 주봉 차트

[표 4-40] 전기전자 주봉 차트

[표 4 − 41] 전기가스업 주봉 차트

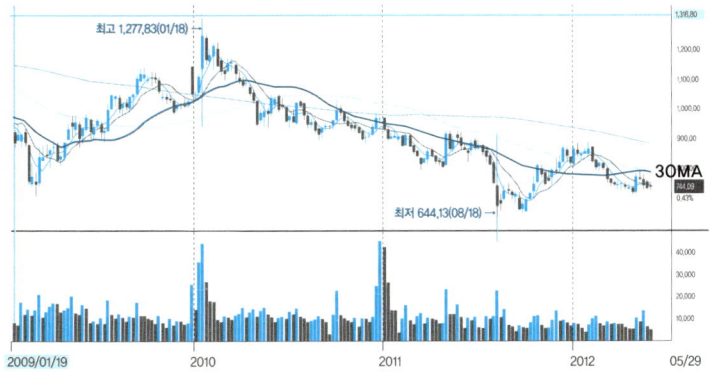

삼성테크윈의 RSI지표 또한 저점을 높혀 상승 중이므로 8~9
만 원대의 두터운 매물벽만 뚫으면 지속적인 상승이 예상된다.

[표 4 − 42] 삼성테크윈 주봉 차트 − RSI 포함

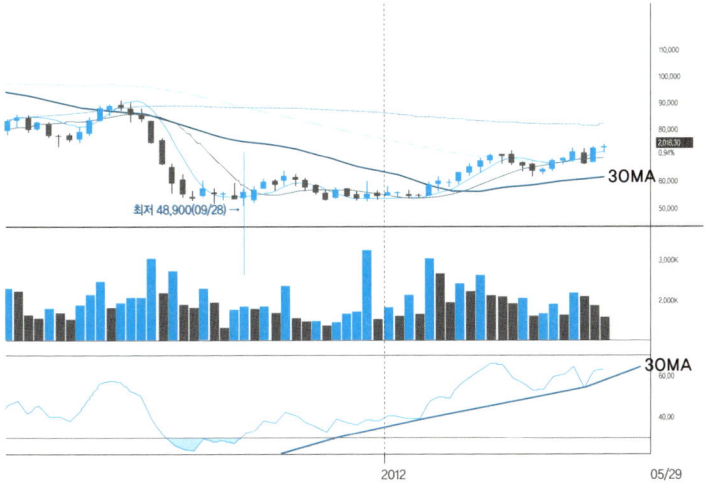

3 적립식 투자 똑바로 알기

be careful!

적립식 투자는 개인들이 냉정한 투자시장에서 살아남기 위한 필수적인 투자방법이다. 2012년 2월 기준으로 우리나라의 적립식 펀드 설정액 총액은 300조 원이다. 이 중에 국내주식형 펀드의 설정액은 약 90조 수준이다. 현재 우리나라 국내 증시 시가 총액이 약 1,000조를 넘어서는 금액임을 감안할 때, 10퍼센트 정도의 큰 금액이 국내 증시에 펀드라는 간접투자 형식으로 투자되고 있다는 것이다.

그런데 투자를 하기 전에 적립식 투자의 효과를 정확하게 이해해야 한다. 필자는 앞에서 위험자산 및 적립식 투자비중을 '100 −

본인 나이'만큼 가져갈 것을 권했다. 나이가 젊을수록 간접 투자의 효과를 충분히 누릴 시간을 확보하고 있기 때문이다.

펀드 가입시 보통 가입 금액의 2.5퍼센트에 해당하는 수수료를 전문운용사에 지불하고 있다. 만약 거치식으로 1억 원을 맡겼다면 연간 수수료는 250만 원이고, 그것을 3년간 투자했다면 수수료는 750만 원이 된다. 만약에 3년간 거의 수익을 내지 못하는 펀드에 가입했다면 최초에 투자한 나의 원금 1억 원은 9,250만 원이 되는 것이다.

그렇기 때문에 간접투자를 할 때에도 두 가지를 신중하게 선택해야 한다. 우선 언제 투자하고 언제 팔 것인지 투자의 시기를 결정해야 한다. 그리고 어떤 펀드를 선택할 것인지 결정해야 한다.

적립식 투자는 대세상승기가 아닌 대세하락기에 시작하는 것이 수익률에 도움이 되고, 보통 2~3년 정도 기간을 두고 투자하면 된다. 펀드 선택은 창구에서 권하는 펀드가 아닌, 각 회사를 대표하는 얼굴 마담 펀드, 즉 대표 펀드에 투자하면 된다. 이런 펀드들은 대부분 다른 펀드보다 설정액이 크다. 그래서 펀드매니저뿐 아니라 회사에서 더욱 신경을 써서 관리하기 때문에 대표 펀드를 선택하는 것이 좋다.

이런 펀드들은 잘나가는 영화처럼 인기가 좋기 때문에 1호, 2호, 3호…… 이렇게 추가적인 상품이 나오게 된다. 그리고 펀드의 수익률을 따질 때에는 최고의 수익률을 내준 펀드를 무조건적으로 선택하지 말고, 일정 이상의 수익률을 3년 이상 꾸준히 달성하는 펀드 중에서 최근 하락장에서 남보다 마이너스를 덜 내는, 즉 방어를 잘하는 펀드에 투자하는 것이 좋다.

 ## 처음과 끝이 중요한 거치식 투자와
모든 과정이 중요한 적립식 투자

거치식 투자는 처음에 넣은 돈을 약정된 만기까지 가져가는 투자이다. 속된 말로 뭉치돈이 들어가는 몰빵 투자이다. 은행으로 따지면 정기예금이고, 보험으로 따지면 일시납이다.

반면에 적립식 투자는 보통 매월 정해진 날짜에 약정기간 동안 동일한 금액을 불입하는 형태의 투자이다. 이런 적립식 투자의 원조는 바로 보험인데, 예를 들어 10년납 15년 만기라는 저축성 보험은 10년동안 매월 또는 매년 일정 금액의 돈을 불입하고 15년째 되는 만기시점에 만기환급금을 수령하는 형태의 보험이다. 은행으로 따지면 정기적금에 해당한다.

펀드 투자에 있어서 거치식 투자는 처음과 끝이 중요하다. 중간에 투자 대상의 가격이 얼마나 변했는지 전혀 상관이 없다. 반대로 적립식 투자는 처음부터 끝까지 모든 과정이 중요하다. 가격이 하락할 때 투자를 했는지 떨어질 때 투자를 했는지가 중요하고, 중간에 얼마나 올라가고 떨어졌는지도 중요하다. 그리고 언제 샀느냐보다 언제 팔았느냐가 훨씬 더 중요하다.

[표 4-43] 적립식과 거치식 투자의 구분

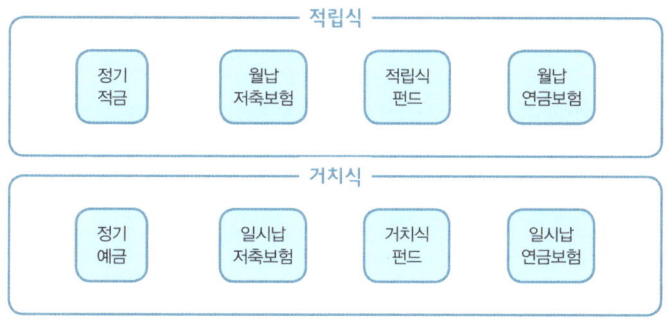

적립식 투자는 언제 시작해야 하는가?

우리가 적립식 투자를 시작하는 대부분의 시기는 주가 상승기이다. 연일 이어지는 주가 상승의 뉴스를 듣고 직접투자는 꺼려하는 대부분의 투자자들이 이 시기에 투자를 시작하기 때문이다. 그런데 실제로는 주가 상승기에 투자하는 것보다는 주가 하락기에 시작하는 것이 더 좋은 결과를 가져온다. 물론 펀드 투자를 적립식으로 3년 정도 가정했을 경우의 이야기이다.

먼저 다음의 두 가지 경우에 적립식 투자와 거치식 투자의 수익률을 비교해보자. 총 3억 원을 3개월에 걸쳐 적립식으로 주가지수(KOSPI200)에 투자했다고 가정하자. 3개월간 주가지수의 변동은 다음과 같았다. 계산 편의를 위해 모든 펀드는 1좌＝1원이지만, 1좌＝1,000원이라 가정하겠다(즉 기준가×매입좌수＝펀드평가액이라 가정. 원래는 기준가×매입좌수÷1,000＝펀드평가액임).

[표 4-44] 주가 상승기의 적립식 투자

구분	첫 번째 달	두 번째 달	세 번째 달
KOSPI200 기준가	1,000	1,500	1,000
투자 금액	1억	1억	1억
구입 좌수	10만좌	6.7만좌	10만좌

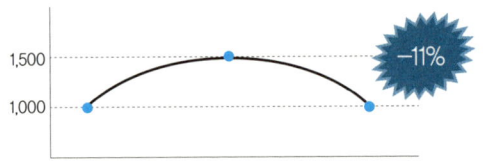

이렇게 투자를 하게 되면 3개월 뒤는 26.7만좌를 보유하고 기준가는 1,000원이므로 평가액은 1,000원×26.7만좌＝2억 6천 7백만 원이 되어서 약 11퍼센트의 손실을 보게 된다.

만약에 이 경우 거치식으로 투자했다면(수수료를 고려하지 않을 시) 3개월 뒤 투자 원금의 손실은 없다. 첫 달에 30만좌를 구입했을 것이고, 3개월 뒤가 되었던 3년 뒤가 되었던 기준가가 떨어지지 않는 한 손실은 없다.

그럼 반대의 경우는 어떠할까? 자세히 살펴보자.

[표 4 - 45] 주가 하락기의 적립식 투자

구분	첫 번째 달	두 번째 달	세 번째 달
KOSPI200 기준가	1,000	500	1,000
투자 금액	1억	1억	1억
구입 좌수	10만좌	20만좌	10만좌

이번 경우에는 두 번째달의 KOSPI200지수가 500으로 절반가량 떨어졌다고 가정하자. 그렇게 되면 두 번째 달에는 20만좌를 구입할 수 있고 결국 3개월간 보유좌수는 40만좌가 된다. 3개월 뒤 기준가는 1,000원이므로 평가액은 1,000원×40만좌＝4억 원이 되어서 33퍼센트의 수익을 올리게 된다.

그런데 이상하지 않은가? 두 번째 달의 펀드 기준가가 1,000에서 1,500으로 50퍼센트 오른 것보다 1,000에서 500으로 50퍼센트 떨어진 것이 오히려 수익률에 도움을 주었다. 게다가 첫 번째 경우에서는 수익률이 −11퍼센트인 것에 비하여, 두 번째 케이스에서는 수익률이 33퍼센트로 주가가 올라갔다가 제자리에 올 때보다 주가가 떨어졌다가 제자리로 온 것이 투자 수익률에는 도움이 되었다는 것을 알 수 있다. 결국 적립식 투자기법은 손실은 최소화하고 수익은 극대화한다는 것을 알 수 있다.

이것을 코스트에버리징 효과(Cost Averaging Effect)라고 하는데, 정액으로 분할 투자를 할 경우 기준가가 떨어지면 오히려 매입하는 주식이나 펀드의 수가 늘어나고, 반대로 기준가가 높아지면 매입하는 주식이나 펀드의 수가 줄어들어서 평균 단가를 맞춰간다는 것이다. 그런데 이런 코스트에버리징 효과에서 주의할 것은 첫 번째 경우와 같이 주가가 상승했다가 하락하는 구간에서는 수익이 나기 어렵고, 두 번째처럼 주가가 떨어졌다가 상승하는 구간에서는 수익이 난다는 것이다.

그렇다면 적립식으로 투자할 경우는 언제 투자해야 하는 것일까? 그렇다. 대세상승장보다 오히려 대세하락장의 중간쯤에서 시작하는 것이 큰 도움이 된다. 다음의 두 가지 사례를 보면 그 차이는 분명해진다.

[표 4 – 46] 하락장의 적립식 투자 vs 상승장의 적립식 투자

구분	첫 번째 달	두 번째 달	세 번째 달	네 번째 달	다섯 번째 달	여섯 번째 달
KOSPI200 기준가	1,000	500	1,000	1,500	2,000	2,500
투자 금액	1억	1억	1억	1억	1억	1억
구입 좌수	10만좌	20만좌	10만좌	6.7만좌	5만좌	4만좌

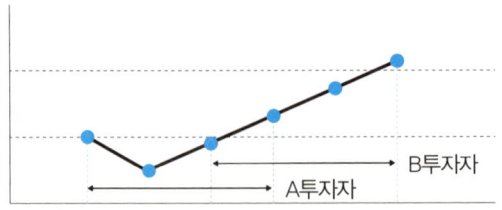

만약에 똑같은 4억 원을 적립식으로 첫 번째 달~네 번째 달에 투자한 사람(A)과 세 번째 달~여섯 번째 달에 투자한 사람(B)의 수익률은 어떤 차이가 있을까? KOSPI200지수는 1,000에서 500으로 빠졌다가 이후 500씩 올라갔다고 가정하자.

A의 수익률은 네 번째달 기준가 1,500원×46.7만좌=7억 원이므로 투자 원금 4억 원 대비 75퍼센트의 수익률이다.

B의 수익률은 여섯 번 째 달 기준가 2,500×25.7만좌=6.4억 원이므로 투자 원금 4억 원 대비 60퍼센트의 수익률로 오히려 A보다 못한 결과를 가져왔다.

역설적으로 말하면 주가가 폭락하는 기간에도 적립식 투자를 쉬지 않았던 투자자는 주가가 올라갈 때만 적립식으로 투자한 투자자보다 더 많은 수익을 챙겼던 것이다.

따라서 우리는 적립식으로 투자할 경우 두 가지를 기억해야 한다. 주가가 떨어질 때에도 적립식 투자를 쉬지 말아야 하고, 주가 활황기의 끝물에 시작하는 투자보다 오히려 주가 폭락 후 시장이 바닥을 찾고 있을 불황기에 미리 투자하는 것이 더 큰 수익을 준다는 것을 잊지 말아야 한다.

다시 정리하면, 3년을 보고 투자할 때에 주가 하락기의 초반에 들어가는 것은 상당히 위험하지만 1년 정도 하락이 지속된 시점에서 들어가면 오히려 주가 상승기보다 더 큰 수익을 안겨준다.

[표 4 – 47] 적립식 투자 최적의 투자 시점

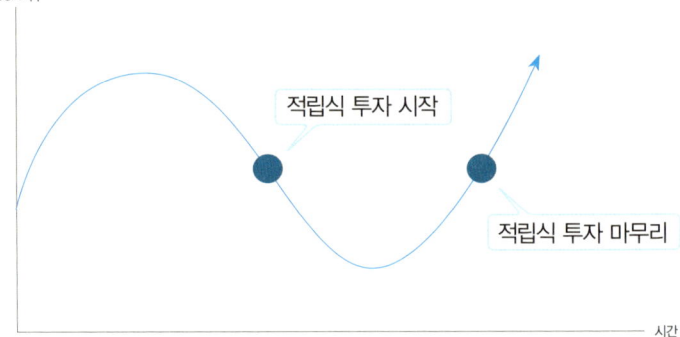

KOSPI지수

적립식 투자 시작

적립식 투자 마무리

시간

 2,000포인트에 투자해서 1,600포인트에 본전 뽑는 적립식 투자의 비밀

적립식 투자는 최초 투자시 기준가보다 환매시 기준가가 높아야 수익이 날까? 결론적으로 말하면 적립식 투자는 최초 투자시 기준가보다 환매시 기준가가 낮아도 수익을 낼 수 있다. 그러나 거치식 투자는 최초 투자시 기준가보다 환매시 기준가가 무조건 높아야 수익을 낼 수 있다. 실제로 2007년 10월 주가 폭락 이후 2년이 지난 2009년 9월 1,700포인트를 돌파했을 때 펀드런이라고 불리는 대량 환매(대략 2.4조 원)가 일어났는데, 2007년 고점에서 적립식으로 투자한 투자자들도 2,000포인트가 되지도 않은 시점에서 대부분 본전을 찾았다. 바로 이것이 적립식 투자의 매력이다.

[표 4 - 48] 2007년 10월 고점에서 적립식 투자를 시작한 경우

해당년월	2007/10	2007/11	2007/12	2008/01	2008/02
코스피지수(월중 평균)	2,005	1,925	1,904	1,732	1,690
적립식 투자액(단위 : 천 원)	1,000	1,000	1,000	1,000	1,000
매입좌수	499	520	525	577	592

2008/03	2008/04	2008/05	2008/06	2008/07	2008/08	2008/09
1,651	1,777	1,847	1,758	1,570	1,538	1,447
1,000	1,000	1,000	1,000	1,000	1,000	1,000
606	563	541	569	637	650	691

2008/10	2008/11	2008/12	2009/01	2009/02	2009/03	2009/04
1,202	1,074	1,115	1,156	1,140	1,140	1,322
1,000	1,000	1,000	1,000	1,000	1,000	1,000
832	931	897	865	877	877	756

2009/05	2009/06	2009/07	2009/08	2009/09	합계	
1,401	1,395	1,460	1,578	1,659		
1,000	1,000	1,000	1,000	1,000	24,000	
714	717	685	634	603	16,358	

[표 4 - 49] 코스피지수(월중 평균)

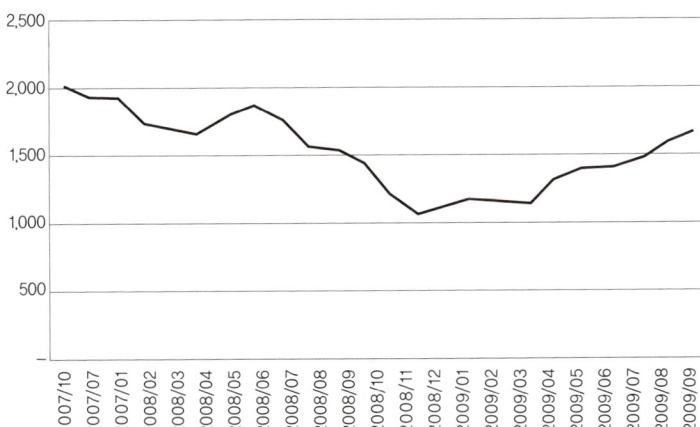

코스피지수에 투자하는 상품이 있다고 가정하고 2007년 10월부터 2009년 9월까지 매년 1백만 원씩 2년간 적립식으로 투자한 경우 어떻게 되었는지 살펴보자. 2007년 10월 월중 평균 2,005포인트가 넘는 고점에서 적립식으로 투자한 투자자는 2년이 지난 2009년 9월 월중 평균 1,659포인트의 주가에서도 약 13퍼센트의 수익을 거둘 수 있었다(기준가×매입좌수＝1,659포인트×16,358좌＝27,138,000원). 원금 2천 4백만 원 대비 수익이 난 것이다. 물론 이 당시 주가는 2,000포인트를 다시 회복하지 못했다. 정리하면 적립식 투자의 경우 최초 매입시의 기준가보다 환매시 기준가가 낮더라도 수익은 날 수 있다.

하락 기간이 길어야 좋을까, 상승 기간이 길어야 좋을까?

1년 동안 일정한 밴드 안에서 주가가 하락을 했다가 다시 제자리를 찾았다고 가정하면, 주가의 하락 기간이 더 길어야 수익이 날까, 아니면 주가가 상승한 기간이 더 길어야 수익이 날까?

결론부터 얘기하면 하락폭에 따라 약간의 결과 차이는 있지만, 대부분의 경우 상승 기간보다 하락 기간이 더 긴 경우 적립식 투자의 수익률은 증가하고, 무엇보다 중요한 것은 다음 네 번째의 경우처럼 주가가 바닥권에 머무르는 기간이 늘어날수록 수익률은 극대화된다. 바닥권에 머무르는 기간에 가장 싼 값으로 많은 양의 주식을 매입할 수 있으므로 코스트에버리징 효과가 극대화되기 때문이다.

[표 4 − 50] 적립식 투자 시뮬레이션

구분	1개월	2개월	3개월	4개월	9개월	10개월	11개월	12개월	합계
주가1	2,000	1,900	1,800	1,700	1,700	1,800	1,900	2,000	
월투자액	1,000	1,000	1,000	1,000	1,000	1,000	1,000	1,000	12,000
매입좌수	500	526	556	588	588	556	526	500	6,924

총평가액 13,847
수익률 15.4%

구분	1개월	2개월	3개월	4개월	9개월	10개월	11개월	12개월	합계
주가2	2,000	1,800	1,600	1,500	1,820	1,900	1,980	2,000	
월투자액	1,000	1,000	1,000	1,000	1,000	1,000	1,000	1,000	12,000
매입좌수	500	556	625	667	549	526	505	500	6,905

총평가액 13,809
수익률 15.1%

구분	1개월	2개월	3개월	4개월	9개월	10개월	11개월	12개월	합계
주가3	2,000	1,920	1,840	1,760	1,600	1,700	1,800	2,000	
월투자액	1,000	1,000	1,000	1,000	1,000	1,000	1,000	1,000	12,000
매입좌수	500	521	543	568	625	588	556	500	6,955

총평가액 13,910
수익률 15.9%

구분	1개월	2개월	3개월	4개월	9개월	10개월	11개월	12개월	합계
주가4	2,000	1,700	1,500	1,500	1,600	1,700	1,800	2,000	
월투자액	1,000	1,000	1,000	1,000	1,000	1,000	1,000	1,000	12,000
매입좌수	500	588	667	667	625	588	556	500	7,357

총평가액 14,714
수익률 22.6%

그래서 특정업종(자동차, 화학, 음식료 등)에 투자하는 펀드의 경우 하락 후 바닥을 다지고 있는 업종을 적립식으로 투자하는 것이 지금 상승하고 있는 업종에 투자하는 것보다 좋은 투자전략이 될 수 있다.

[표 4-51] 하락 기간과 상승 기간의 차이에 따른 적립식 투자 수익률

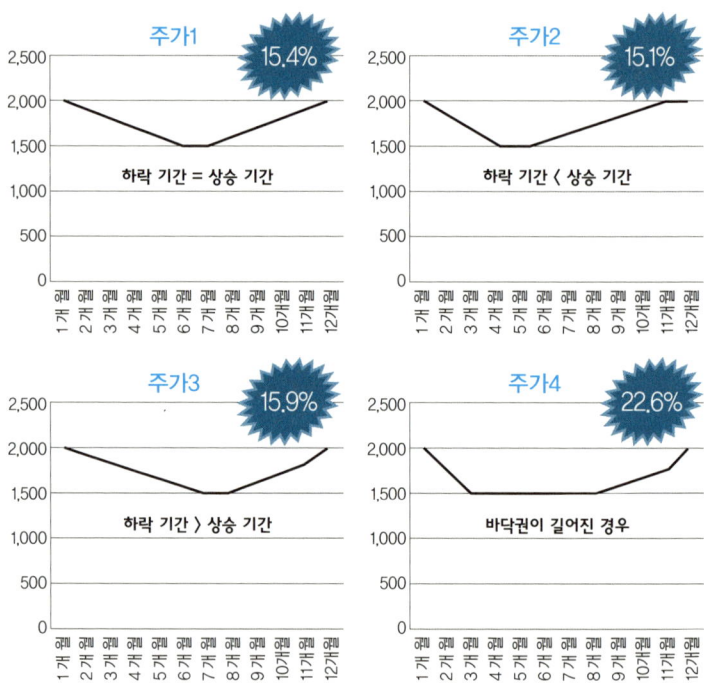

적립식 투자의 TOP 시크릿

1. 적립식 투자라고 해서 무조건 수익이 나는 것은 아니다. 주가가 하락했다가 상승하는 구간에 투자하는 것이 수익을 극대화 하는 전략이다(U자형 구간).

2. 반대로 주가가 상승했다가 다시 제자리로 오는 경우 수익률은 마이너스를 기록한다(역U자형 구간). 그러나 이때의 마이너스 수익률은 주가가 하락했다가 다시 제자리로 오는 경우 기록하는 플러스 수익률의 절대값보다 적다.

3. 적립식 투자의 경우 바닥을 완전히 확인하고 들어가지 않아도 되므로 주가 하락기에 시기적으로 일찍 투자를 시작하면 수익률을 극대화할 수 있다(단 주가가 우상향으로 상승한다는 가정 아래 수익이 나는 것이다).

4. 최초 매입시 기준가(주가)보다 환매시 기준가(주가)가 다소 떨어지더라도 수익은 날 수 있다. 이 또한 코스트에버리징 효과 때문이다.

5. 주가가 하락하는 기간이 길어질수록 투자 수익률은 증가한다. 그러나 가장 중요한 것은 주가가 바닥권에서 머무는 시간이 길어질수록 투자 수익률이 극대화된다는 사실이다. 그래서 특정 섹터나 업종에 투자하는 적립식 펀드의 경우에는 현재 주도업종이 아닌 바닥을 다지는 소외업종에 투자하는

것이 장기적으로 투자 수익률을 올려줄 가능성을 높혀준다.

6. 모든 적립식 투자가 성공하려면 평균 매입 단가도 중요하지만, 매도시의 환매기준가가 수익률을 최종으로 결정하므로 투자 시기에 유의해야 한다(매입좌수×환매기준가＝펀드평가액). 그렇기 때문에 투자 활황기보다 투자 침체기에 투자를 시작하는 것이 좀 더 많은 수익을 얻을 기회를 부여한다 (2000년 이후 주가는 길어도 3년 안에 다시 원상태로 회복되었다).

7. 적립식 투자의 경우 최소 2~3년 정도를 보고 투자하는 것이 적절하며, 2년간 투자를 하더라도 만기시 기준가가 떨어져서 수익이 나지 않는 경우 향후 기준가가 올라가서 수익이 날 때까지 환매시점을 늦추면 투자 수익률을 높일 수 있으므로 무엇보다 적립식의 투자 만기를 넉넉하게 설정해야 한다.

마지막으로 한 가지만 더 얘기하면, 적립식 투자의 경우는 2년 만기로 투자할 경우에도 느긋하게 3년을 보고 투자하길 권한다. 만약에 2년을 투자하면서 2년 뒤 주택 구입의 중도금이나 잔금을 맞추는 일정을 가지고 펀드 만기를 맞춰놓았다면 자금 사정상 어쩔 수 없이 환매를 해야 하기 때문에 일시적으로 주가가 빠져서 기준가가 낮아진 경우에 기다리지 못하고 손실을 봐야 하기 때문이다. 이 사실은 펀드 또한 여유자금으로 운용해야만 투자 수익을 극대화할 수 있다는 것을 말해준다.

또한 적립식 펀드라는 간접투자의 수단이 아니라도 직접투자에서도 한두 번에 걸쳐서 매수하는 것보다 적립식 투자를 활용하면 조금 더 먼저 우량주를 선취할 수 있는 기회를 얻게 되어 더 유리하고 안정적인 투자를 할 수 있다. 2000년 이후 주가 폭락시 기간은 1년 반을 넘지 못했다. 그래서 지속적으로 주식 투자를 하지 않더라도 주가 폭락 후 1년 전후로 투자를 시작하는 것이 좋은 투자 대안일 수 있다. 그리고 최소 2년 만기로 3년을 보고 투자하자!

4 경기 사이클에 따른 실전 투자

앞에서 경기 사이클에 따른 투자법을 배웠다. 간단히 다시 정리하면 경기 사이클은 기준금리를 통해 파악할 수 있고, 기준금리가 낮을 때는 경기가 저점이고, 기준금리가 높을 때는 경기가 정점임을 알 수 있다고 설명했다.

앞에서도 소개한 표 4-52를 보면 A시점에서는 주식 투자, B시점에서는 부동산 투자, C시점에서는 채권 투자, D시점에서는 현금을 보유하거나 현물에 투자하는 것이 대안이 된다고 설명하였다. 쉽게 '주부채현'으로 기억하자.

지금까지 주식 투자에 대해 집중적으로 설명했는데 나머지 B—

C-D점에서도 투자할 때 고려할 사항들과 최근에 투자하기에 괜찮은 몇 가지 상품을 이야기해보자.

[표 4-52] 경기 사이클과 투자방법

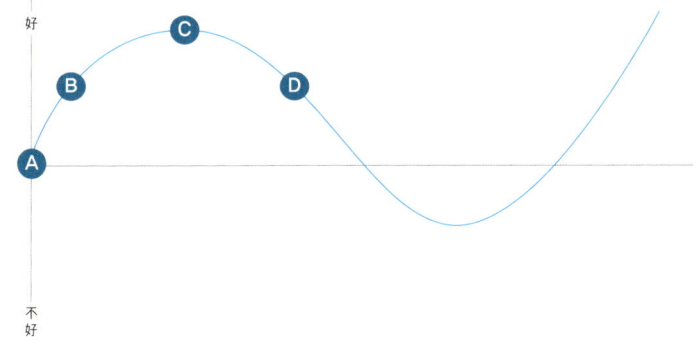

 2012년 부동산 투자 괜찮은가?

B시점에서 부동산 투자를 결정하는 것은 기준금리를 보고 판단하기도 하지만, 더 중요한 것은 우리나라의 인구구조 및 주택 수요 등을 고려해야 하므로 경제에 대한 더 깊은 이해가 필요하다. 왜냐하면 우리나라의 35~54세에 해당하는 주택 수요 인구가 2011년부터 감소세에 접어들었기 때문이다. 일본은 1990년, 미국은 2007년, 우리나라는 2011년을 정점으로 35~54세 주택 수요 인구가 감소했다. 그런데 아이러니하게 일본과 미국은 그 이듬해부터 부동산 폭락으로 인한(일본의 '잃어버린 20년', 미국의

'서브프라임 모기지론 사태') 대규모 경기침체를 경험했다.

물론 우리나라는 1990년 일본과 2007년 미국처럼 DTI(총부채상환비율), LTV(주택담보인정비율)가 높지 않아서 버블 붕괴 속도는 다소 완만하게 진행될 것으로 보이지만, 그래도 인구 감소로 인한 노령화가 급격히 진행되는 지금 상황을 보아 우리나라 또한 부동산 가격 하락, 특히 주택 가격 하락은 피해갈 수 없는 숙명으로 보인다. 실제로 5년 전부터 수도권 중대형 아파트 가격이 떨어지고 있고, 그나마 가격이 덜 빠진 곳은 수도권 역세권의 소형 평수대의 아파트나 오피스텔이다.

1차 베이비부머 세대의 대규모 은퇴가 2011년부터 본격적으로 시작되었다. 이들의 평균자산은 3억 4천만 원 수준인데, 이 중 75퍼센트인 2억 5천만 원이 부동산이다. 그들은 부동산을 담보로 대출을 받거나(역모기지론), 부동산을 처분하지 않으면 노후자금을 충당할 수 없을 것이기에 앞으로 주택 처분 물량은 더 늘어날 것으로 보인다.

그렇다면 3, 40대는 어떠한가? 집은 가지고 있으나 실제로 주택 가격은 구입가보다 떨어지고, 원리금 상환에 허덕이고 있는 대다수의 3, 40대를 최근에 '하우스 푸어'라고 부르고 있다. 2011년을 돌아보면 수도권 아파트 가격은 떨어지는데 지방권은 올라가는 기현상을 보이기도 했다. 또 수도권에서는 전셋값은 올라가는데 매매가는 떨어지는 현상이 지속되고 있다.

[표 4 – 53] 일본, 미국, 한국의 35~54세 인구 정점과 부동산 버블 붕괴

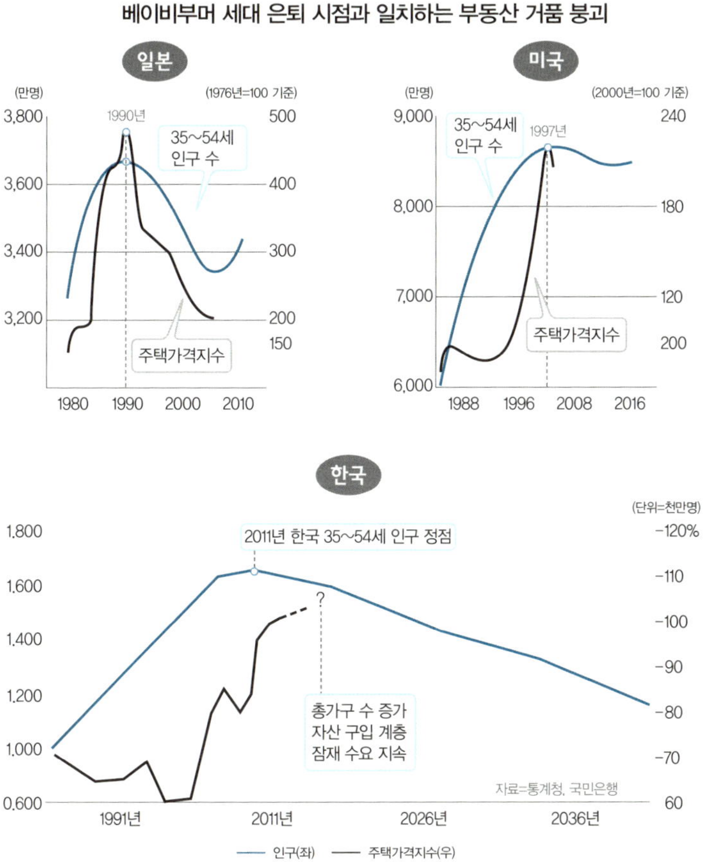

베이비부머 세대 은퇴 시점과 일치하는 부동산 거품 붕괴

일본

(만명)　　　　　　　　(1976년=100 기준)

1990년

35~54세
인구 수

주택가격지수

미국

(만명)　　　　　　　　(2000년=100 기준)

35~54세
인구 수

1997년

주택가격지수

한국

(단위=천만명)

2011년 한국 35~54세 인구 정점

?

총가구 수 증가
자산 구입 계층
잠재 수요 지속

자료=통계청, 국민은행

—— 인구(좌)　—— 주택가격지수(우)

　　사실 전세 제도가 존재하기 위해서는 레버리지(부채)를 활용한
주택 구입이 활성화되어야 한다. 왜냐하면 LTV(주택담보인정비율)
가 60퍼센트 수준이라고 가정하면, 3억 원짜리 주택을 구입할 때

대출은 1.8억 원 받고 내 돈은 1.2억 원을 투자하면 집을 살 수 있는데, 투자 목적으로 집을 사는 사람들은 당연히 전세를 놓게 된다. 이때에 전세가와 매매가의 차이가 적을수록 투자하는 내 돈은 더 줄어든다. 그동안 내 돈은 조금만 투자하고도 이런 레버리지를 이용한 투자로 부동산 투기가 조장되었던 게 사실이다.

그런데 지금은 어떤가? 금리도 낮고 전셋값 또한 많이 올라가도 사람들은 좀처럼 집을 사려 하지 않는다. 대다수의 사람들이 집값이 올라가지 않을 것으로 예상하기 때문에 실수요자(생애최초 1주택 구입자)도 전세를 살려 하고, 투기 수요자(다주택자) 또한 집을 구매하려 하지 않기 때문이다. 2012년 5월 10일 정부가 강남 3구 투기지역해제로 불리는 부동산 대책을 발표해도 시장이 꿈쩍도 하지 않는 것도 이 같은 잠재 수요의 구매 의사가 줄어든 이유라고 생각되어진다.

필자는 LTV, DTI 규제완화 및 재건축 시장에 대한 규제가 완전히 풀리지 않는 한 부동산 경기가 되살아나기는 어렵다고 보고 있다. 만약에 올해 유럽발 금융위기도 잘 해소되고 경기가 좋아지면 부동산 경기도 다소 살아날 수도 있다고 생각한다. 하지만 부동산 경기가 살아난다 해서 그 상승폭과 기간은 1980~2000년 초반에 경험한 주택 가격 폭등과는 다른 소폭의 짧은 기간 동안의 상승으로 마무리될 확률이 높고, 결국 다주택자에게 주택을 팔 수 있는 마지막 기회만 줄 것으로 생각되어진다.

필자는 부동산 전문가는 아니지만, 여러 가지 경제변수가 얽혀 있고 투자 금액이 큰 만큼 부동산 투자는 좀 더 신중을 기해야 한다고 생각한다. 단, 부동산 투자에서 아직도 가능성이 남아 있는 부분은 매달 임대수익을 지급하는 수익형 부동산이다. 역세권에 있는 오피스텔 및 상가를 생각하면 된다. 베이비부머의 은퇴가 시작되는 지금 매월 돈이 나오는 금융상품(즉시연금, 월지급식 펀드)이나 안정적인 수익형 부동산은 당연히 인기가 높을 수밖에 없다. 그러나 최근 들어 수익형 부동산도 수익률이 연 7퍼센트 이상 되는 물건을 찾아보기 어렵다. 그만큼 수익형 부동산도 수익률이 낮아지고 있는 추세이다. 항상 수요(수익형 부동산 세입자)보다 공급(수익형 부동산 구매자)이 많으면 수익률이 떨어진다. 당연한 이치이다.

추가로 실제 부동산 투자를 하기엔 금액도 크고 부동산 구매에 따른 여러 가지 문제들이 신경이 쓰인다면 부동산 펀드를 고려해 보는 것도 괜찮은 방법이다. 우리나라에서는 아직 주식형 펀드처럼 활성화되어 있는 단계는 아니지만 향후 시장성은 충분히 있다고 본다. 또한 주식형 펀드에 비해서 수수료도 다소 저렴해서(1~1.5퍼센트 수준) 투자자의 부담이 적다.

부동산 펀드의 종류를 살펴보면 임대형, 대출채권형, 혼합형, 경·공매형, 해외부동산 펀드 등이 있는데, 우선 임대형은 부동산 펀드로 조성된 자금으로 상가, 사무실, 오피스텔 등 수익형 부동산을 사들여 임대를 해주고 임대 수익을 펀드 투자자들에게 나눠주는 펀드이다. 대출채권형은 펀드 자금을 상가, 오피스 빌딩, 아파트 등을 짓는 건축자금으로 대출해주고 건축을 담당하는 시행사나 시공사로부터 대출이자를 받아 펀드 투자자에게 수익을 배분하는 펀드이다. 혼합형은 임대형과 대출형을 섞어서 운용하는 방식이며, 경·공매형은 경매나 공매에 참가해 부동산 매입 후 이를 임대하거나 매각해 수익을 올리는 방식이고, 해외부동산 펀드는 해외에 상장된 리츠('Real Estate Investment Trusts'의 약자로 부동산 투자를 전문으로 하는 뮤추얼 펀드)에 재투자하거나 해외에 상장된 부동산개발 회사의 주식에 투자하는 형태가 대부분이다. 다음은 2012년 5월 말 검색한 국내 부동산 펀드의 수익률 현황이다.

거의 부동산 임대나 대출채권에 의해 조성된 펀드인데, 주식형펀드보다는 손실의 위험이 적지만, 경기 악화로 공실률이 늘어나거나 시공사나 시행사의 부도로 대출채권의 회수가 어려울 경우에는 원금에 손실이 날 수도 있음을 알아야 한다. 또한 경·공매형이나 해외부동산 펀드 등은 좀 더 위험이 크기 때문에 투자 전에 신중한 판단이 요구된다. 그래도 괜찮은 국내 부동산형 펀드들은 연 7~8퍼센트 정도의 수익을 주는 것을 볼 수 있어 시중 예금보다는 매력적인 상품이다.

[표 4 - 54] 국내 부동산 펀드 수익률 현황 - 2012년 5월 말 기준

펀드명			수익률(%)		
			1개월	3개월	1년
맵스프런티어부동산 13 설정일 2005.08.12 설정액 771억 원 선취수수료 0.50%	유형 운용사 총보수	부동산형 〉 부동산임대 미래에셋맵스자산운용 0.7400%	3.93%	4.57%	7.27%
산은건대사랑특별자산 2 설정일 2005.03.28 설정액 100억 원 선취수수료 없음	유형 운용사 총보수	부동산형 〉 부동산대출채권 산은자산운용 0.9425%	0.67%	2.01%	8.25%
산은건대사랑특별자산 1-1 설정일 2005.03.28 설정액 166억 원 선취수수료 없음	유형 운용사 총보수	부동산형 〉 부동산대출채권 산은자산운용 0.9930%	0.62%	1.87%	7.68%
동양강남대기숙사특별자산 1 설정일 2005.09.14 설정액 139억 원 선취수수료 없음	유형 운용사 총보수	부동산형 〉 부동산대출채권 동양자산운용 0.3000%	0.61%	1.83%	7.49%
산은건대사랑특별자산 1-2 설정일 2005.03.28 설정액 51억 원 선취수수료 없음	유형 운용사 총보수	부동산형 〉 부동산대출채권 산은자산운용 1.4425%	0.59%	1.77%	7.22%

 저금리 시대에 살 만한 물가연동국채

표 4-52를 통해 본 금리가 많이 올라간 C점에서는 주식시장에서 발을 빼서 채권에 투자하는 것이 좋다. 과거에는 채권 투자 규모가 커서 개인들이 접근하기가 어려웠지만 최근에 채권 투자는 개인들도 증권사 HTS를 통해서도 쉽게 접근할 수 있다. 채권은 크게 보면 국공채와 회사채로 나눌 수 있는데, 회사채가 국공채

보다 금리가 높지만 부도날 수 있는 신용 리스크가 존재하기 때문에 되도록 국공채 투자부터 시작해보길 권한다.

2012년 5월을 살펴보면 3년 만기 국고채 금리가 3.3퍼센트(2012년 5월) 수준이니 시중 은행의 정기예금보다도 떨어지는 것은 사실이다. 그래서 채권 투자는 금리가 높은 시점에서 시작하는 것이 정석이다. 보통 채권을 투자할 경우에는 이자를 6개월이나 1년 단위로 지급하는 이표채에 투자하게 되는데, 우리가 투자를 할 때는 이자 수익만 보고 하는 것이 아니라 채권을 중도에 팔게 될 경우에 생기는 매매차익까지 염두에 둬야 한다. 시중 금리와 채권 가격은 반대로 움직이는데, 만약 시중 금리가 높아지면 채권 가격은 싸지고 시중 금리가 낮아지면 채권 가격은 비싸진다.

쉽게 얘기하면, 1년 전 3.5퍼센트의 10년 만기 국채를 발행했는데 금리가 지속적으로 상승해서 지금 10년 만기 국채 발행 금리가 4.5퍼센트라고 하면 1년 전 발행한 국채는 매입시 액면가에 할인을 해줘야 팔 수 있을 것이다.

반대로 금리가 지속적으로 하락해서 지금 10년 만기 국채 발행 금리가 2.5퍼센트로 떨어졌다고 가정하면 1년 전 발행한 국채는 매입시 액면가에 할증을 해줘야 구입할 수 있을 것이다. 이런 이유로 금리가 정점에 있을 때는 채권을 매입하는 것은 좋은 투자법이다. 높은 표면 이자뿐 아니라 향후 금리가 하락시에 매매차익까지 덤으로 얻을 수 있기 때문이다.

최근에 판매되는 국채 중에 추천할 만한 상품은 물가연동국채이다. 특징을 간단히 살펴보면 다음과 같다.

[표 4 – 55] 물가연동국채의 특징

구분	물가연동국채	비 고
만기	10년	
표면이자율	2.75% 또는 1.5%	과세대상(분리과세 신청 가능)
이자 지급	연 2회	
원금보장	비보장 또는 보장	
상품 특징	물가상승률만큼 만기시 돌려받는 원금 상승	물가상승분에 대해서는 비과세
투자법	물가가 안정될 때 매수 물가가 높을 때 매도	

물가연동국채에 대해서 쉽게 설명하면 연 2회 지급하는 표면금리는 다른 국공채 금리보다 낮은 1.5~2.75퍼센트 수준이지만, 만기에 돌려받는 금액이 매년 물가상승률만큼 올라가서 원금이 늘어나는 상품이다. 예를 들어 2012년 5월 액면가가 10,000원인 물가연동국채를 구입해서 1년 뒤 2013년 5월에 매도했다고 가정하자. 이 기간 동안 물가는 3.5퍼센트POINT 상승했고 이자율은 1.5퍼센트인 채권이었다고 가정하면 1년 뒤 채권의 가격은10,350원이다.

10,000원×103.5퍼센트=10,350원

이자는 올라간 액면에 표면이자율을 곱한 155원을 받게 된다.

10,350원×1.5퍼센트=155원

수익률을 계산해보면 10,350+155원=10,505원으로 투자금액 대비 5퍼센트 정도의 수익률을 올리게 되어 물가가 상승할 경우보다 좀 더 높은 수익을 줄 수 있는 상품이다. 특히 중요한 것은 세금에 대한 혜택인데, 기존 채권의 경우 이자 수익의 전액이 과세대상이 되지만, 물가연동국채의 경우 물가상승분에 대해서는 비과세가 되어서 금융소득종합과세의 리스크가 있는 고액 자산가들에게는 유리한 상품이라 할 수 있다.

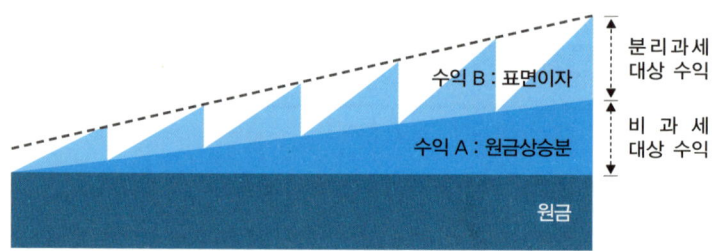

[표 4-56] 물가연동국채의 상품 구조

또한 지난 6년간의 소비자물가 상승률을 염두에 두었을 때 연평균 5퍼센트 이상(물가상승률 3.5퍼센트+이자수익률 1.5퍼센트)의 수익률이 예상되어 일반 국공채보다 높은 수익률을 기대할 수 있는 상품이라 할 수 있겠다(표 4-57에서 보듯이 우리나라의 2005~2011년 6년간 평균 소비자물가상승률은 3.65퍼센트였다).

[표 4-57] 소비자물가 상승률 추이

구분	2005	2006	2007	2008	2009	2010	2011	2012.01	2012.02	2012.03
소비자물가상승률	2.8	2.2	2.5	4.7	2.8	2.9	4.0	3.4	3.1	2.6

실제로 작년부터 개인들의 투자 비중이 높아지는 추세인데, 이는 고물가 시대 그리고 실질금리 마이너스 시대에 새로운 대안 투자로 많은 호응을 얻고 있음을 반증하는 것이다.

다만 유의할 것은 일반 채권은 금리가 높을 때 투자하는 것이 정석이지만, 물가연동국채는 금리뿐아니라 시중의 소비자물가도 반드시 고려해야 한다. 물가가 안정되고 있다는 뉴스가 들리는 시기에 투자해서 요즘 물가 때문에 정부에서 난리가 났다라는 뉴스가 들리는 시기에 팔면 된다.

그래서 물가연동국채를 매수하는 최적의 시기는 금리는 높은데 물가는 안정되는 경기의 정점이 될 수 있겠다. 그래서 B점에서 금리가 상승한다고 덜컥 매수하기보다는 금리가 꾸준히 올라서 정점을 이루고 있고, 그로 인해서 물가가 안정되었을 시점에 매수하는 것이 가장 이상적이다.

 ETF를 통해 현물에 자유롭게 투자하자

경기가 정점을 찍고 경기 하락이 본격화되면 각국의 중앙은행은 경기부양을 위해 통화정책을 실시한다. 금리를 내려서 시중에 돈이 많이 돌게 하는 것이다. 이렇게 경기가 좋지 않을 때는 이미 주가는 고점에서 많이 떨어져 있는 상태이고, 금리도 낮아지는 상태라서 마땅히 투자할 상품을 찾기가 어렵다. 설상가상으로 스태크플레이션(stagflation, 경기침체는 계속되는데 물가는 오르는 상태로 stagnation과 inflation의 합성어이다)이 되면 계속되는 물가상승으로 인하여 본인의 자산가치는 계속 하락한다. 이럴 때는 현물 투자가 대안인데, ETF(상장지수펀드)를 활용하면 금, 은, 구리, 원유, 농산물, 콩의 원자재에 투자할 수 있다. ETF는 Exchange Trade Fund의 약자로, 펀드의 일종이지만 거래소에 상장되어 주식처럼 거래될 수 있는 펀드로서 다음과 같은 장점을 가진다.

1. 펀드와 달리 주식처럼 HTS를 통하여 실시간으로 매수, 매도가 가능하다.

2. 다양한 섹터(자동차, 화학, 보험, 채권, 원자재, 해외주가지수)에 손쉽게 분산 투자가 가능하다.

3. 저렴한 거래비용으로 수수료를 줄일 수 있다(0.3퍼센트 증권 거래세 면제, 펀드 수수료 연 0.5퍼센트 수준)

4. 소액으로도 손쉽게 투자할 수 있다(1주당 가격은 1만 원 내외).

5. 주가 하락기에도 수익을 낼 수 있어 리스크 헷징이 가능하다 (인버스 ETF는 주가지수 하락시 수익이 나는 구조이다).

6. 일반 펀드나 주식 대비해서 변동성이 적으므로 주가 하락기에 손실을 최소화할 수 있다.

7. 레버리지 ETF에 투자하면 주가지수 상승시 2배에 달하는 높

은 수익을 얻을 수 있다.

다만, 일반 주식처럼 쉽게 매매할 수 있는 장점이 잦은 매매로 이어질 수 있어서 일반 펀드처럼 장기간의 투자 효과를 누리기 어려울 수 있는 것이 유일하게 꼽을 수 있는 단점이라 하겠다.

[표 4 – 58] 2012년 5월 판매되고 있는 주요 ETF 상품

운용사	섹터	채권	유가증권	해외	상품
TIGER (미래에셋맵스)	KRX100, 은행, 반도체, 미디어통신, 그린, 제약&바이오, IT, 경기민감, 경기방어, 금융, 증권, 생활소비재, 에너지화학	국채3, 인버스국채3Y	200, 인버스, 레버리지	라틴, 브릭스, 차이나, 나스닥 100	원유선물(H) 농산물선물(H) 금속선물(H) 금은선물(H)
KODEX (삼성)	반도체, 은행, 자동차, 운송, 조선, 증권, 보험, 에너지화학, 철강, 건설, 태양광	국고채 단기채권	200, 인버스, 레버리지	China H Japan Brazil	골드선물(H) 은선물(H) 구리선물(H) 콩선물(H)
KINDEX (한국투자)	밸류대형, 코스닥스타	국고채	200, 인버스		
KStar (KB)	5대그룹주, 수출주, 우량업종, 코스닥엘리트 30	국고채, 우량회사채	200, 레버리지		
KOSEF (우리)	KRX100, IT, Banks, 블루칩, 고배당, 펀더멘탈 대형주	단기자금, 통안채, 국고채, 10년국고채	200, 인버스	미국달러선물, 미국달러선물 인버스	

2012년 5월 현재 매매되고 있는 주요 ETF를 살펴보면 표 4-58 과 같다.

따라서 우리가 주가 대세하락기에 특별하게 투자할 상품들이 없다면 상품군에 해당하는 ETF에 투자하는 것이 좋은 투자 대안이 된다. 간략하게 ETF로 현물(現物)에 투자하는 방법을 알아보면 다음과 같다. 참고로 대부분의 상품들이 환율에 대해서는 영향을 받지 않는(끝에 H자가 붙음) 종목들이므로 기초자산인 상품의 가격에 따라 ETF의 가격이 변동되는 상품이다.

1. 상품군(원유, 농산물, 금, 은, 구리, 콩 등) 중 어떤 것에 투자할 것인지 차트를 통해 살펴본다.
2. 차트를 통해 바닥권을 탈피하고 상승 중인 종목을 고른다. 물론, 이때에도 30MA선을 기초로 판단하면 무리가 없다.
3. 적립식 투자를 통해 매월 조금씩 일정액의 ETF를 매수한다 (물론 ETF를 투자할 때도 한꺼번에 거치식 투자를 하기보다는 적립식으로 ETF를 매수하는 것이 바람직하다).

주요 상품군의 최근까지 ETF 주봉 차트를 살펴보면 다음 표와 같다.

[표 4-59] KODEX골드선물(H)

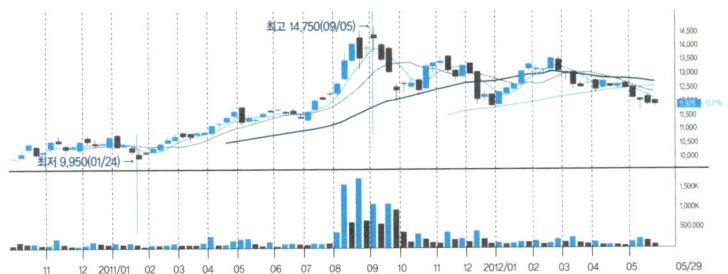

[표 4-60] KODEX은선물(H)

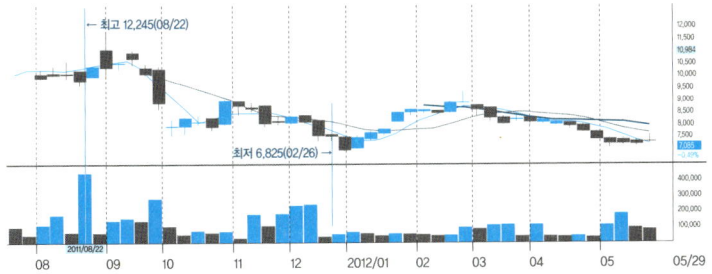

[표 4-61] KODEX구리선물(H)

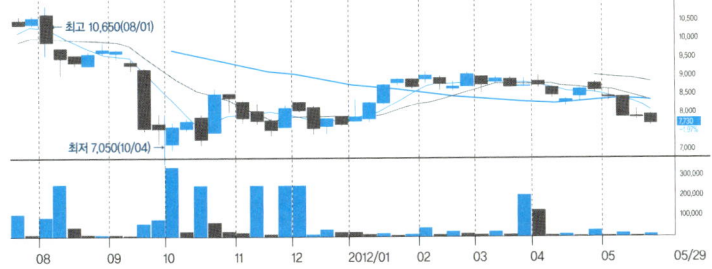

[표 4-62] KODEX콩선물(H)

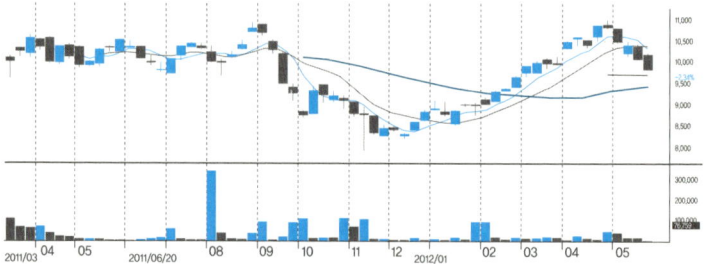

[표 4-63] TIGER원유선물(H)

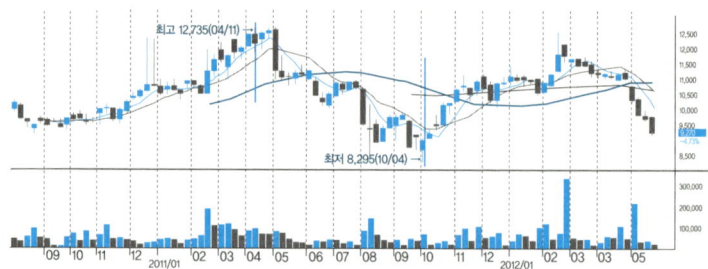

　　차트상으로 보면 최근에 투자할 만한 현물 상품은 KODEX콩선물(H)로 보인다. 그러나 필자는 금, 은, 구리, 원유도 바닥을 다지고 있고 추가로 상승할 여력이 크므로 직전저점의 가격에 도달하면 조금씩 적립식으로 매수하는 것도 좋은 투자방법이라고 생각한다.

　　어쨌거나 금은방에 가서 금은을 사지 않고도, 또 주유소에 가서 드럼통으로 기름을 사지 않고도, 시장에 가서 콩을 몇 자루씩 사지 않고도 다양한 현물 상품에 투자할 수 있다. 지금은 종목 수가 많지는 않지만 ETF의 성장세로 봐서는 향후 더 다양한 현물 상품이 선보일 것으로 생각된다. 주봉 차트를 보고 투자하는 방법은 현물이나 주식이나 똑같다. 이제 바닥을 찍고 돌아서는 ETF에도 관심을 가져보자. 향후 유럽발 재정위기가 지속되고 경기가 회복되지 않는다면 현물 상품의 가격은 장기적으로 보면 높아질 가능성이 높다. 주식뿐 아니라 현물시장에 대해 이해하기 위해서도 ETF에 조금씩 투자해보자.

 위기 때 자산 손실을 방어해주는 ETF 종목

2012년 5월 현재 글로벌 증시가 전반적으로 좋지 않다. 국내 증시도 1,900선을 깨고 1,800선도 위협을 받고 있다. 외국인들은 2012년 5월에만 3조 8천억 원을 매도했다. 필자는 N자형 하락의 두 번째 하락이 아니길 간절히 바라고 있지만, 만약 1,700선도 무너진다면 1,500선 밑으로 추가 하락할 수 있다고 본다. 그렇다면 지금 같은 위기에는 어떻게 자산을 지켜야 할까?

필자는 세 가지의 조합을 권한다. 인버스, 달러선물, 금이다. 그럼 금을 제외한 나머지 두 가지 ETF에 대해 먼저 알아보자.

보통 경제위기나 금융위기가 찾아오면 외국인들의 대량 순매도로 인하여 환율이 치솟고(원화 평가절하, 달러 평가절상), 실물경제 위기가 오면 시장금리인 회사채 금리가 치솟고, 마지막으로 국가 경제에도 위기가 오면 국채 금리가 치솟는다고 앞에서 이 야기했다. 그래서 주가가 떨어지고, 환율이 치솟을 때 수익을 낼 수 있는 ETF가 바로 KODEX인버스(114800) 같은 주가지수 인버스 ETF 또는 KOSEF달러선물(138230)이다. 최근 5월 말까지의 흐름 을 보면 다음과 같다.

[표 4-64] KODEX 인버스 주봉 차트

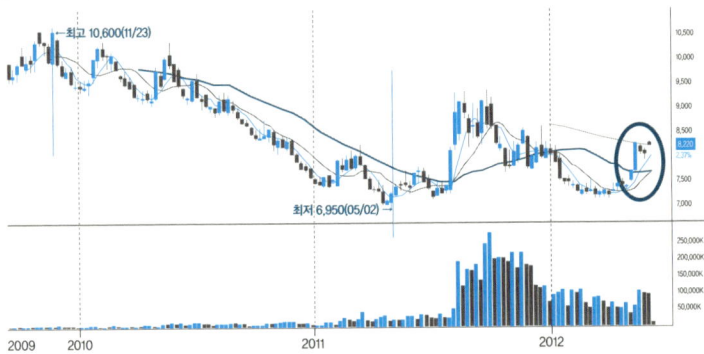

[표 4-65] KOSEF달러선물 주봉 차트

2012년 5월 불거진 위기와 주가 하락에 따라 둘 다 급등하는 것을 알 수 있다. 물론 이들의 상승폭은 개별 주식의 하락폭보다 작기 때문에 투자자산으로 활용하기보다는 주가하락기에 자산을 지키는 리스크헤지용으로 투자하는 것이 좋다.

 중국은 우리에게 기회인가, 위험인가?

이미 전 세계인구가 70억 명을 넘었다. 우리나라도 2012년 6월 중으로 5천만 명을 넘을 것으로 보인다. 70억 인구 중 14억 명이 중국인이다. 정확히 전 세계 인구의 20퍼센트, 5명 중 1명은 중국인인 셈이다.

그렇다면 미국은 인구가 얼마일까? 3.1억 명이 조금 넘는다. 미국의 인구는 중국의 1/5 수준이다. 물론 아직 전 세계 GDP의 1위는 미국이다. 2011년 기준으로 15조 달러이고, 전 세계 GDP 70조 달러의 20퍼센트를 차지하고 있다. 전 세계에서 차지하는 GDP 비중은 1951년 27퍼센트에서 지속적으로 하락 중이다. 그런데 중국은 1인당 GDP가 이제 5천 달러를 갓 넘어섰다. 우리나라의 경우 1988년 서울올림픽 이후 5천 달러를 넘어섰는데 그때 우리나라의 모습이 현재 중국의 모습이라고 생각하면 된다.

1인당 GDP 5천 달러 시대에 소비가 급증하는 것은 무엇일까?

세 가지를 꼽으라면 주택, 자동차, 이동통신이다. 그리고 더불어 의류나 가전과 같은 항목이 소비가 는다. 14억 명이 본격적으로 소비를 시작한다면 어떻게 될까? 2010년 기준으로 중국의 평균 연령은 35세이고 15~64세 인구가 전체의 74퍼센트를 차지한다. 아직 중국의 소비 인구는 젊다. 따라서 중국소비재관련 펀드(중국 소비재 관련 국내 주식에 투자 – 아모레퍼시픽, 호텔신라, LG생활건강 등)나 중국에 직접 투자하는 펀드(홍콩H펀드, 중국본토펀드)도 아직 성장 가능성이 많다고 본다.

[표 4-66] 펀드닥터 중국 관련 펀드 조회

대유형	소유형	기간	기준일	
해외주식형 ▼	중국주식 ▼	3년 ▼	20120618	검색

1) 운용규모 100억원 이상 펀드입니다.
2) 운용규모 : 동일 패밀리 클래스펀드들의 순자산액을 합산한 금액으로 실질적인 운용자산금액 입니다.
3) 펀드명을 클릭하시면 상세내역을 보실 수 있습니다.
4) 복수의 클래스가 존재하는 펀드인 경우 대표클래스만 조회됩니다.

다운로드

[대상펀드 : 40]   [단위 : 억원, %, %p] 등록 비교

NO	펀드명 / 운용사	소유형	순자산액 운용규모	3년 ↓	유형 초과	선택
1	삼성차이나자 1[주식](A) 삼성운용	중국주식	47 949	23.68	21.83	☐
2	프랭클린템플턴차이나드래곤자(A)[주식-재간접] 프랭클린템플턴	중국주식	394 394	14.54	12.69	☐
3	삼성GREAT CHINA자 1[주식](A) 삼성운용	중국주식	77 127	14.39	12.55	☐
4	NH-CA코리아차이나올스타 1[주식]Class A NH-CA운용	중국주식	1,031 1,035	11.14	9.29	☐
5	피델리티차이나자(주식)종류A 피델리티운용	중국주식	4,607 7,084	8.03	6.18	☐
6	하나UBS차이나포커스해외 자[주식-재간접] 하나UBS	중국주식	145 145	6.62	4.77	☐
7	미래에셋차이나솔로몬 1(주식)종류A 미래에셋자산	중국주식	14,778 14,778	6.54	4.69	☐

[표 4 - 67] 중국소비재 관련 펀드 예시 – TIGER 중국소비테마 ETF

펀드개요	상품정보	일별기준가	차트분석	성과분석	위험분석
포트폴리오분석	보유내역	펀드톡톡			

KR5225A75083 (단축: A7508)   펀드등록   인쇄하기

펀드현황 (2012.06.22)

기준가격(일등락) 6,122.55 (+59.23원)   제로인리포트📄

제로인 평가유형	기타인덱스		운용회사	미래에셋자산
성과 평가 등급	3년	-	관련 펀드명	-
	5년	-	투자지역❓	한국
과거경력	2010년	-	투자비용률	1년간 연0.50% (평균수준)
(수익률%순위)	2011년	-		3년간 연0.50% (평균수준)
펀드출범일	2011.12.15 (0.5년)		판매 수수료	-
패밀리 운용규모	77억원 (초소형급)		신탁보수율	0.5% (판매보수 0.1% 포함)
클래스 순자산액	77억원		환매 수수료	수수료없음

대신에 장기 투자를 염두에 두고 해외 펀드는 국내 펀드와 달리 매매차익에 대해서 배당소득으로 15.4퍼센트의 과세를 하는 것과 펀드에 따라 환리스크에 노출될 수 있는다는 것(펀드 뒤에 UH라고 붙으면 unhedged의 의미로 환율 리스크에 대해서 헷징하지 않는다)을 반드시 고려하고 투자해야 한다.

물론 중국 증시도 상해종합지수를 기준으로 봤을 때 2007년 최고점인 6,092포인트에서 2008년 11월 1,706포인트로 최저점을 기록한 뒤 2012년 6월 현재 2,260포인트로 고점 대비 1/3가량 떨어진 상황이다. 그러나 앞으로 유럽위기가 안정화되고 미국의 경제지표가 호전되고 중국의 소비가 본격적으로 늘어나게 되면 중국주식은 어떤 주식들보다 높은 상승을 보일 것으로 예상된다. 그래서 앞으로 세계 경제의 소비를 좌지우지할 중국에 대한 관심

은 우리에게 필수불가결한 것이다. 중국이 지속적으로 경제성장
이 이뤄지고 소비가 급증하면 우리나라도 많은 혜택을 입을 것이
분명하기 때문이다. 더군다나 위완화까지 지속적으로 평가절상
이 이뤄진다면 환차익까지 노릴 수 있어 일거양득일 것이다.

만약 개별 주식을 직접 투자하길 원한다면 개인들은 홍콩H증
권시장을 통해 상장된 중국 주식을 매매할 수 있다. 어쨌거나 중
국 증시에도 지속적인 관심을 가져보자. 2008년 베이징올림픽을
치른 중국은 1988년 올림픽을 치른 우리나라 그 당시와 매우 흡
사하다. 2002년 이후 우리나라 주식 중에서 어떤 업종이 엄청난
성장을 이뤘는지 조금만 노력을 기울이면 큰 수익을 내는 종목을
찾을 수 있을 것으로 예상된다. 물론, 개별 주식이든 펀드이든 적
립식 투자는 필수이다.

 비과세와 투자 수익을 동시에 챙기는 법

외국인이 한국 사람을 표현할 때 가장 많이 쓰는 단어는 무엇
일까? 아마도 '빨리빨리'라는 단어를 떠올리지 않을까? 우리는
1970년대 이후 "빨리빨리"를 외치며 특유의 근면성과 추진력으
로 한강의 기적을 일궈냈다. 자원 하나 제대로 나지 않는 불모지
같은 땅에서 조선, 자동차, 반도체, 철강 같은 1등 기업들을 일궈

냈다. 그리고 IMF 위기 때는 국가적인 금 모으기 운동으로 위기를 정면 돌파했다. 그래서 '빨리빨리'는 부정적인 면보다 긍정적인 저력을 보여주는 표현이 아닌가 싶다.

그런데 투자에서는 '빨리빨리'의 문화가 부정적인 요소가 되었음에 틀림이 없다. 기다리지 못하는 조급증은 투자에 있어서 치명적인 단점이기 때문이다. 필자는 앞에서 10년 이상의 장기 저축을 통해서 종잣돈을 만들 것을 강조해왔다. 그런데 이 얘기를 들은 대부분의 사람들은 기간이 길다는 이유로 고개를 젓는다. 10년 동안 수많은 금융상품들이 나오고 좋은 투자 기회들이 있을 텐데, 아무리 꾸준한 수익이 이긴다고 해도 돈을 묶어두기가 싫다는 것이다. 물론, 필자도 이런 현실을 인정하고 동의한다. 그래서 저축과 투자를 병행하기는 어렵지만 그런 사람들을 위해서 비과세와 수익을 동시에 챙기는 방법을 소개하기로 한다.

일단 10년 이상의 비과세 저축성보험을 가입한다. 물론, 선택하는 보험사는 우량한 기업이어야 하고, 사업비는 저렴하고, 공시이율은 높은 상품을 선택하면 된다. 이런 투자에서 투자형 상품은 금물이고, 금리가 낮아질 경우에도 최저보증이율을 보장하는 상품을 선택하면 된다. 다시 한번 정리하면 다음과 같다.

1. 우량한 보험사의 상품을 선택할 것.
2. 10년 이상의 비과세 저축형 상품일 것.

3. 사업비가 낮은 상품을 선택할 것.

4. 공시이율이 높은 상품을 선택할 것.

5. 최저보증이율이 높은 상품을 선택할 것.

6. 중도인출이 가능한 상품이며, 추가납입 수수료(1.5퍼센트 미만)가 적은 것을 선택할 것.

보통 이런 상품을 잘 선택하면 5년 이상이면 원금 보전이 충분히 가능하고, 10년이 지나면 은행에 넣은 것보다 훨씬 더 많은 이자를 챙겨준다. 이는 앞에서 설명한 것과 같이 복비 효과(복리와 비과세)의 혜택 덕분이다.

그런데 어떻게 추가로 투자 수익을 챙길 수 있을까? 앞에서 배운 바닥에서 투자하는 방법들을 잘 적용하면 된다. 저축성보험의 경우 보통 2년이 지나면 해지환급금의 80퍼센트 수준의 금액을 한도로 수수료 없이 중도인출을 할 수가 있다. 금리는 저점이고, 환율은 낮아지고 있으며, 시장PER 또한 낮은 시점(일드갭 6퍼센트 이상)에서 투자형 상품에 중도인출을 통해 투자하는 것이다. 물론 기간은 2~3년을 보고 투자한다. 여기서 수익이 나면 다시 중도인출한 금액과 수익금을 보험에 추가 납입하는 방법이다. 즉, 평소에는 저축을 통해 목돈을 모으면서 중간에 투자할 찬스가 올 때에는 중도인출을 통해 투자형 상품에 투자하는 것이다. 이때에는 직접투자를 해도 되지만, 되도록이면 간접투자 상품(펀드, ELS,

ETF 등)을 적립식으로 투자하는 것이다. 적립식 투자는 최소 6개월에서 1년 동안 매월 정해진 날짜에 똑같은 금액을 넣는 것으로 투자하는 것이 좋다. 이렇게 투자를 해가면 저축과 투자를 병행할 수 있다. 물론, 리스크는 존재하지만 우리가 배운 것을 잘 적용하고 적립식 투자를 잘 활용한다면 충분히 수익을 낼 수 있다.

그리고 우리가 목돈을 찾는 시점은 10년 뒤이기 때문에 조급해하지 않고 투자 기간을 넉넉하게 설정하고 기다릴 수 있다. 투자 수익을 낸 돈을 5년 뒤에 넣는다고 해도 보험기간은 10년만 지나면 전부가 이자 소득에 대해 비과세가 되므로, 절세 효과까지 충분히 누릴 수 있는 것이다.

[표 4 - 68] 비과세 저축성보험을 이용한 투자법

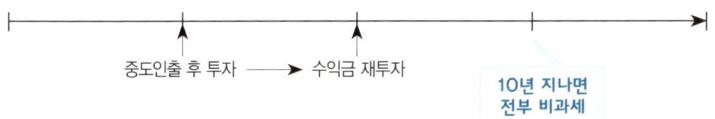

중도인출 후 투자 ——▶ 수익금 재투자

10년 지나면
전부 비과세

성공 투자를 위한 첨언

IMF를 겪으면서 우리는 많은 변화를 경험했다. IMF 이전의 시장은 시장금리에 투자해도 연 12퍼센트 이상을 챙겨주던 환경이었지만, 이제는 시장금리를 쫓아 투자를 해도 세금을 고려하면 연 4퍼센트의 수익률도 올리기가 어려운 환경이다. 뿐만 아니라 최근 이슈가 되고 있는 변액연금 등 여러 가지 복잡한 금융상품들은 일반인들이 이해하기엔 너무 어렵고, 또 투자의 목적에 맞지 않는 금융상품에 가입해 낭패를 보는 일도 많아졌다. 그래서 이 책에서는 주식투자에 대한 이야기와 함께 여러 가지 금융상품에 대해 이해할 수 있도록 지면을 할애했다.

또한 이제 가치보존의 시대가 오고 있다. 2008년 서브프라임발 금융위기, 2011년 유럽발 재정위기, 그리고 2012년 6월 그리스 문제로 또다시 고개를 들고 있는 유럽발 재정위기의 여파를 겪으면서 부자들은 더욱 부자가 되었지만, 평범한 샐러리맨과 자영업자들은 더욱 가난해졌다. 주식시장에서의 손실을 제외하고도 최근 5년간 중산층 자산의 대부분을 차지하는 주택 가격이 하락한 것만 보아도 우리는 이제 재테크로 돈을 벌기보다 있는 자산만 잘 지켜도 성공하는 시대에 살고 있는 것이 분명하다. 그렇다고 아무 곳에도 투자하지 않는다면 물가라는 인플레 리스크가 자산을 갉아먹을 수밖에 없다. '하우스 푸어' '워킹 푸어'라는 말들이 유행이 된 지금 우리는 무엇보다 우리의 자산을 잘 지키고 차근차근 늘려 나갈 수 있는 지혜가 필요한 것이다.

아무쪼록 투자에 관심 있는 당신이 이전보다 더 많은 투자의 열매를 맺는 데 이 책이 조금이나마 도움이 되기를 바란다. 끝으로 성공 투자를 위한 원칙들을 정리해보자.

1. 재테크로 부자가 되기보다는 먼저 자신의 업(業)을 통해서 부를 축적해야 한다. 그것이 가장 빠른 길이다. 재테크는 종잣돈이 모인 후에 시작해도 늦지 않다. 성공 투자의 가장 빠른 지름길은 종잣돈의 크기를 최대한 빨리 키우고, 시간을 잘 활용하는 것

이다. 그리고 이 종잣돈이 진정한 여웃돈이 되었을 때 우리는 여유를 가지고 기다리는 투자를 할 수 있다.

2. 투자에 있어서 가장 중요한 것은 자신을 잘 통제하는 것이다. 수년간 쌓아왔던 수익률도 순간의 과욕이나 리스크 관리에 실패해서 날리는 경우를 주변에서 쉽게 볼 수 있다. 반드시 위험을 감당할 수 있는 한도 내에서만 투자하고, 부채를 이용한 레버리지 투자는 삼가해야 한다. 선물, 옵션시장은 쳐다보지도 말고, 리스크 헷지 차원에서 하락장에 방어할 목적으로 투자한다면 KODEX인버스 같은 ETF 상품에 투자하는 것으로도 충분하다.

3. 투자에 있어서 원금을 잃지 않는 것은 무엇보다도 중요하다. 나의 성향과 투자 목적에 맞는 금융상품에 투자하고, 단기 투자보다 중장기 투자를 하자. 그러면 원금을 잃을 가능성을 줄일 수 있다. 단, 중장기 투자를 할 때는 목표수익률을 반드시 정하고 목표수익률 달성시 미련 없이 수익을 챙기는 것이 중요하다.

4. 현재 투자 트렌드는 부동산에서 금융 투자로 많이 옮겨가고 있다. 실제로 이는 인구구조와도 깊은 연관이 있는데, 향후 주택시장을 포함한 부동산 시장은 과거 1980~2000년 초반처럼 급등할 수 있는 가능성이 매우 적다. 2000년 이후 현재까지 평균 출산

율은 1.2 수준으로 인구가 2030년부터 줄어들 가능성이 높고, 인구 고령화로 인한 생활 패턴의 변경으로 주택 또한 소유가 아닌 이용의 관점으로 바뀌고 있다. 그런데 우리는 물가 이상의 수익률은 거두어야 하는 어려운 현실에 직면해 있으므로 다양한 금융 상품에 적절하게 자산을 배분하는 것이 중요하다. 부동산 투자보다 금융 투자에 더 관심을 가지자. 초보자라면 금융 투자에 있어서, 특히 주식 투자는 직접투자보다는 간접투자를 먼저 시작하는 것이 좋다.

5. 자신의 연령에 따른 간접투자와 직접투자 비율을 선택하고 꾸준히 수익률을 점검하는 노력을 해야 한다. 펀드를 고를 때에는 설정액이 큰 각 회사의 대표 펀드로 투자하되, 높은 수익률보다 꾸준한 수익률을 내는 펀드를 찾고 주가상승기보다 주가하락기에 투자를 시작해야 한다. 그리고 되도록 적립식으로 투자를 하자.

6. 만약 직접 주식 투자를 한다면 철저하게 대중과 반대로 가는 투자가 필요하다. 주식상승기에 투자를 시작하지 말고 주식하락 및 침체기에 투자를 시작하라. 너도 나도 주식에 투자할 때는 항상 지나고 나면 고점이었다. 주식 침체기에 싼값으로 우량주를 매수하여 투자를 하고 기다리면 된다. 여윳돈으로 투자할수록 기다릴 수 있는 여유가 생긴다.

7. 그리고 무엇보다 시장의 흐름을 잘 파악할 수 있는 눈이 필요하다. 기준금리와 시장금리를 유심히 보고 돈의 흐름을 파악할 줄 알아야 한다. 번거롭더라도 시장의 흐름을 꼭 파악하라. 금리, 환율, 시장PER 정도만 파악할 수 있어도 큰 흐름은 이해할 수 있을 것이다.

8. 직접투자할 종목 발굴시에는 절대로 소문을 듣고 주식에 투자하지 말고, 기본적 분석에 의거해 가치주를 발굴하고 기술적 분석을 통해 바닥을 확인하고 턴어라운드 하는 종목에 2~3년정도 투자하라. 그리고 자신이 선택한 종목이 다소 중간에 주가가 떨어지더라도 흔들리지 말라. 일단 선택한 종목은 3년은 보유하고, 살 때는 2~3번에 걸쳐서 나눠 사고 팔 때는 1~2번에 나누어 팔아라. 살 때보다 팔 때 더욱 신속해야 한다.

9. 잘 찾아보면 은행 금리 이상의 시가배당율을 가지고 있는 고배당주가 있다. 고배당주는 배당뿐 아니라 주가 또한 꾸준히 올라갈 확률이 높다. 아직 우리나라의 배당 성향은 1.3퍼센트(시가배당율기준)가 조금 넘는 수준밖에 안 되지만 향후 배당율은 높아질 것이다. 주주에게 꾸준히 이익을 돌려주는 고배당주에 선투자 해보자.

10. 부모님께 아무것도 물려받지 못한 평범한 샐러리맨들이 부자가 되기 위해서는 무엇보다 근검절약해서 종잣돈을 빨리 모아야 한다. 평범한 진리이지만, 이것이 항상 정답이었다. 일확천금을 벌게 해준다는 허무맹랑한 재테크 기술에 속지 말고 많이 아끼고 많이 공부하라. 그리고 자신의 생업에서 최고가 되라. 느린 것 같아도 이 방법이 가장 빨리 경제적인 자유를 얻는 길이다.

마지막으로 많이 부족한 저에게 원고를 쓸 수 있도록 지혜를 주신 하나님께 먼저 감사드리고, 늘 응원해주고 격려해주던 하이인재원 선후배님들과, 2011년 8월부터 2012년 6월까지 대부분의 주말을 함께 해주지 못했지만 이해해주고 응원해준 아내와 아빠 언제 책 다 쓰냐고 항상 물어보던 아들 채현이, 그리고 가족들에게 고맙고 사랑한다고 전하고 싶다.

그리고 지금도 자신의 자리에서 최선을 다하며 부자가 되기를 꿈꾸는 대한민국의 모든 샐러리맨과 자영업자들의 성공 투자를 기원한다.

수익률의 새빨간 거짓말

1판 1쇄 2012년 8월 20일

지 은 이 박용제

발 행 인 주정관
발 행 처 북스토리
주　　소 경기도 부천시 원미구 상3동 529-2 한국만화영상진흥원 311호
대표전화 032-325-5281
팩시밀리 032-323-5283
출판등록 1999년 8월 18일 (제22-1610호)
이 메 일 bookstory@naver.com

ISBN 978-89-93480-87-0 13320

※잘못된 책은 바꾸어드립니다.

이 도서의 국립중앙도서관 출판시도서목록(CIP)은 e-CIP 홈페이지
(http://www.nl.go.kr/ecip)에서 이용하실 수 있습니다.
(CIP제어번호 : CIP2012003373)